U0154451

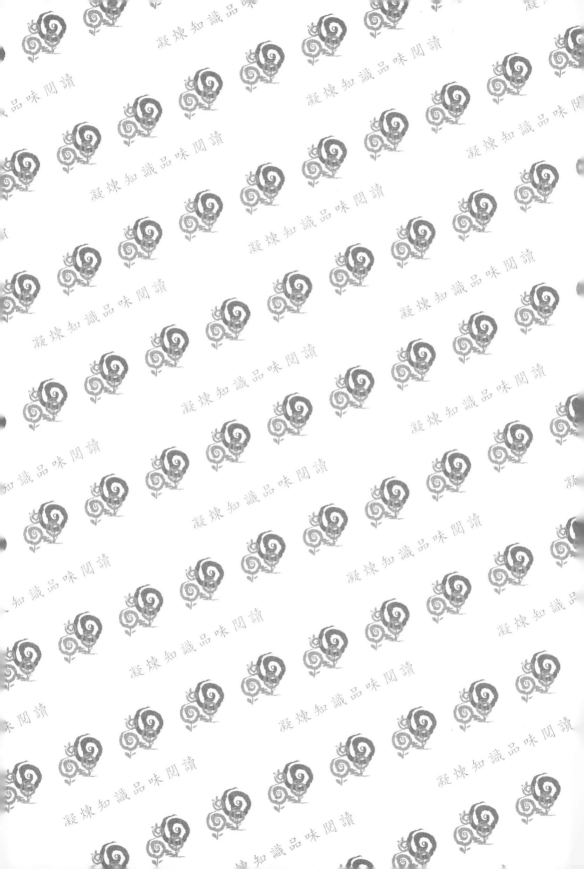

社會設計：理論與方法
(Social Design: Theory and Method)

廖世璋　著

五南圖書出版公司 印行

謝誌

　　本書《社會設計：理論與方法》（*Social Design: Theory and Method*）之出版，感謝兩位匿名審查委員提供寶貴的審查意見，以及國立臺灣師範大學社會教育學系研究生郭玉心的多次校稿，以及五南圖書公司的副總編輯陳念祖、編輯李敏華、美編姚孝慈等人的共同努力，在此表達感謝之意。

　　本書之撰寫爲因應社會發展需要而來，希望能完整論述分析重要但卻散落各處之中、片段不完整的社會設計之相關理論與方法，期望本書所建立的社會設計知識系統，能爲世界各地進行中或未來的「社會設計」與「設計社會」有所幫助與貢獻，也期待更多社會設計的相關書籍能孕育而生。

廖世璋

臺北／臺灣師範大學／研究室

2022 年 9 月 1 日

序（兼導讀）

　　當今，設計與社會之間出現了歷史的交叉點，「設計是社會的、社會也是設計的」二者交互影響已經密不可分。在本書所論述的「社會設計」並不只是設計有關社會的產品而已，而是將設計融入整個社會的社會設計，因此，在本書「社會設計」範圍是「設計社會與社會設計」。另外，推展社會設計重要工作的專業者，我們賦予一個執業的身分：「社會設計師」（social designer），而本書正是爲「社會設計師」所需要的相關知識而論述。

　　在第一章「社會生成的藝術與設計」，第一節主要先從社會的角度分析藝術與設計行動的差異，藝術是一種個人內在心靈透過這種媒介的外在表現，設計是一種蒐集公眾們各種外在資訊後的創造行動，因此，與個人藝術創作不同，設計更是考慮公眾使用（需求、問題、機能、美感等）。不過，無論如何藝術與設計都與當時社會發展的特性有關，藝術與設計的典範以及典範移轉過程亦是如此。因此，在第二節中講述設計是社會的（設計朝向社會方向發展）及社會是設計的（社會朝向設計方向發展），在當今社會與設計二者發展產生了歷史性的交叉點與其有趣的現象特徵。

　　在第二章「設計態：社會設計典範及移轉」，第一節主要論述社會設計的典範特徵及其移轉因素，並進一步分別以設計與社會二種不同角度分析的社會設計特質。並且在此處，強調「社會設計師」執業的角色，以及需要的專業素養、工作職場領域等方面。而在第二節，重新再次定義「社會設計」，並提出一個「設計態」概念，以及在當今逐漸發展出一個「社會設計態」的現象特徵，並以被號稱「天龍國」的臺北市爲例，進行「生活在設計中，設計在生活中」的「社會設計態」分析，重新思考與擴大界定社會設計的領域，以及強調社會設計要達

成的「smaup」目標，包括：永續（sustainable）、多元（multiple）、近用（accessible）、通用（universal）、參與（participate）。最後，進一步以本體論、認識論及方法論等各層面，分析社會設計的科學哲學內容。而在第三節，再整理與論述相關社會設計理念的重要文獻與研析。

在本書第三章與第三章之後的所有章節中，每一個單元中以「概念論述、行動方法、問題反思」等三大部分分別論述。其中，「概念論述」主要說明概念、理論或定義等，由於社會設計強調社會實踐行動，「行動方法」主要講述如何操作，「問題反思」則主要講述此種概念與方法，其極限之處、不足之處、問題之處，或是應注意之處。

在第三章「社會設計的『設計』方法」，主要是以「設計觀點」敘述社會設計的各種方法。第一節中，從最基本的圖解思考開始論述，到後面內容愈來愈複雜的各種設計方法，像是：為使用者而設計、創新設計、反思設計等。在第二節中，主要論述利害關係分析與服務設計方法，先敘述利害關係人地圖與變項分析，再分析服務設計與顧客旅程設計等理論、方法並反思其問題。

在第四章「社會設計的『社會』方法」，主要是以「社會觀點」分析社會設計的各種方法。在第一節中，論述社會學觀點的各種方法，主要是民俗誌研究法、行動研究法等。在第二節中，論述重要的社會設計三個原則：「因果關係原則、因案而異原則、因地制宜原則」。之後，以社會角度強調人本設計，以社會議題為導向的議題設計，強調社會參與的民眾審議設計等理論、方法及反思其問題。而在第三節中，以「社會理念」的社會設計方法為主，主要包括：重視原有「地方性」（或「社會性」）順勢而為的順勢設計，強調社會設計需要對於地方（或社會）有機能性的功用設計，以及現階段，不僅是無障礙設計而已，而是不同社會階層或階級、角色與位置的民眾，皆能全民無礙的通用設計。最後，講述目前社會普遍講求創新發展的社會創新設計。

在第五章「社會設計的地方理念設計」，分析整理「地方」發展相關的社會設計理念。在第一節為「自然」理念型設計，包括：里山倡

議、強調永續的生態設計（包括：自然生態設計、人文生態設計兩大層次）、樸門永續設計等。在第二節爲「人文」理念型設計，包括：將「慢設計」（slow design）運用在社會設計中的各個層面，在遊戲中設計社會以及在社會中產生遊戲等社會遊戲設計，以及在資本主義社會背景中，我們習慣以交易方式進行各種社會活動，而提出「社會貨幣設計」，又在高科技資訊社會的發展中，在此分析社會設計運用的區塊鏈設計，且進一步區分營利與非營利的理論、方法與反思。

在第六章與第七章都與「地方創生」有關，是基於內容過於豐富而分成兩個章來分別加以論述。其中，第六章「社會設計的地方盤點設計」，主要與進入一個地方對於當地如何進行盤點、調查的相關理論與方法，也期許各地透過各種方法建構屬於自己在地的地方知識學。其地方盤點調查方法，主要包括：第一節的地方整體調查設計（地方文化資源盤點、地方承載力分析與疊圖法），以及第二節的地方行爲調查設計（沉浸式調查設計、環境行爲研究設計），以及第三節的地方心理調查設計（心理認知地圖調查設計、生命中最重要的三個物件調查設計）等。因此，第六章內容分別以地方整體、地方居民外在行爲、地方居民內在心理等，三個層面所需的理論、方法與反思進行論述。

在第七章「社會設計的地方創生設計」，主要針對第六章的地方盤點分析之後的各種地方創生設計。在第一節爲「地方自然」方面的創生設計（生態跳島設計、地方防災設計、食物森林設計、社區協力農業設計等）。在第二節主要爲在「地方人文」方面的創生設計（地方編輯設計、地方故事設計、社會植栽設計等）。另外，由於地方創生工作相當重視地方上的產業振興，因此，在第三節講述「地方商業」方面的創生設計，包括：年輕人如何返鄉（故鄉或他鄉）在地創業，以及如何將觀光客引入地方來振興經濟的文化觀光設計等概念、操作方法及反思需要面對的相關問題，上述兩種都是地方創生重要的策略與做法。

有鑒於「社會設計」在全世界各地正在崛起之中，本書不僅爲臺灣第一本本土化的社會設計書籍，更是有系統的整理分析與論述社會設計

的相關知識，建構一套社會設計的知識系統，目的在於推廣讓更多人理解、學習與實踐於我們社會之中，更期許社會設計能成為一股潮流與顯學，進而跨領域全面推動。

　　由於，我們的日常生活就是個人與社會之間所接觸、連結與展開的各種活動，各種設計環繞在我們生活周遭之中，因此，社會設計就是設計社會。

廖世璋

臺北／象山／端午節／2022 年 6 月 3 日

目 錄

圖目錄

表目錄

社會設計：理論與方法
Social Design: Theories and Methods

第 1 章

社會生成的藝術與設計

第一節　藝術與設計的社會分析

在社會中，「藝術」（art）與「設計」（design）二者都是人們在日常生活中的創作，釐清「藝術」與「設計」二者之異同，以及二者與社會的關係，將有助於我們正式論述「社會設計」時，能有更深層的了解與認識。

一、藝術與社會關係

「藝術」（art）的起源幾乎與早期社會（社群）的起源同步，藝術是一種社會生活的經驗[1]，而「設計」是在近期工業革命之後，進入工業時期才逐漸成為主流。

「藝術」的定義是「個人內在心靈透過各種媒介的外在表現」[2]，進一步分析，如下：

1. 個人內在：如信仰、精神、思考、情感、情緒等[3]。
2. 各種媒介：如視覺藝術的油畫、版畫、雕塑的材料及其工具；音樂及表演藝術的歌唱、音樂、演出活動等及其相關樂器等器具；文學的文字表達及書寫所需的相關工具；工藝的各種金工、木工、陶藝等材料

---

[1] Dewey, John（2019）認為藝術即經驗，也就是藝術來自於日常生活，將經驗看作人與環境相互作用的結果，是各種情感和意志的表現，並認為藝術只能在日常生活經驗中才能找到，即便是審美觀也是一種知覺經驗。

[2] 就如同曾肅良（2016）也認為藝術「自古至今具有頗大差距，因為人類對審美觀念、藝術材料、技巧的不斷演進，人類發展出各種審美理念及各種新的藝術表現形式，但即使藝術外在表現有極大變化，藝術內在本質仍是永恆不變，藝術的本質源於人類內心需求反映思想與生活，藝術是人類心靈面對宇宙人生產生的各種思維和感情的具體化表現。」

[3] Henri, Robert（2017）認為我們每個人心中都住了一位藝術家，而且深信藝術與每個人的生活密切相關，而藝術的存在就是為了讓你盡情生活、活出自我。另外，史然（2000）也同樣認為真正偉大的藝術作品本身就有感染力，人們自己去感受藝術而不需要有藝術史的學位才能做到。

及其所使用的相關工具；影音藝術的攝影及錄音等器材媒介；或是數位藝術所運用的數位媒材等。

3. 外在表現：如「正式」的視覺、表演藝術、音樂、工藝、美術、文學等所謂的「作品」，以及「非正式」每個人的隨機創作、書寫、拍照、日記、塗鴉等各種展現。

　　藝術的起源不僅和社會生活有關，藝術也與宗教信仰息息相關（甚至於涉及權力[4]），而宗教信仰也是凝聚個人成為社群，以及社群形成社會的重要精神因素。例如：各地擁有自己的神及其信仰定義，而在其中：讚美神的詞句成為文學、讚美的曲調化為音樂、祭典儀式衍生成為舞蹈、繪製神的樣貌與故事產生繪畫、敬神的器具成為工藝等等，從對於神的敬仰開始並逐漸多樣化到日常生活成為各種藝術類型，甚至宗教儀式中的供品後來發展為地方社會或文化社群的特色美食[5]等等，藝術從對於神的內在信仰透過各種媒介在社會日常生活中產生各種外在豐富化的展現。

　　而藝術主要是以個人的手及其延伸的工具進行創作的各種生產，在過去歷史中由上而下的，從對於神的服務，逐漸轉為服務少數貴族及社會上層階級，一直到個人內心為主的外在展現，就像是過去西方的藝

4　Groys, Boris（2015）則認為「藝術力是衝突之間的權力平衡與協商」以及「宗教、政治、藝術之間終將會有一種新的平衡。」他認為藝術與社會密不可分，尤其是藝術與社會各種權力之間的互為關係。

5　宗教儀式供品發展為地方特色美食之案例，現在的美食「包子」以前稱為「饅頭」。而「包子是一種古老的傳統麵食……相傳由三國時期諸葛亮發明（距今1,800多年）。……相傳三國時期，蜀國諸葛亮率兵攻打南蠻……班師回朝途中經過瀘水渡江，突然狂風大作……。此時諸葛亮召來孟獲問明原因……。大軍若要渡江，須用 49 顆蠻軍的人頭祭江……。諸葛亮心想：兩軍交戰死傷難免，豈能再殺 49 條人命？……即命廚子以米麵為皮，內包黑牛牡羊之肉，捏塑出 49 顆人頭。然後，陳設香案，灑酒祭江。從此，在民間有饅頭一說……。明代郎瑛《七修類稿》記載：饅頭本名蠻頭，蠻地以人頭祭神，諸葛之征孟獲，命以麵包肉為人頭以祭，謂之蠻頭，今訛而為饅頭也。……至於包子這個名稱的使用則始於宋代。」（中文百科知識，2022）

術歷史發展歷程，從宗教壁畫、貴族肖像畫，到個人內心的表達等發展歷程。在中國，也是同樣的對於佛教與道教的宗教壁畫、捲軸、帝王畫像到文人書畫等過程。從高處的神逐漸擴大往下到皇族、社會上層階級，再擴大到各個社會階層，在近代則每個人都是藝術的欣賞者、生產者及擁有者。不僅現實物質世界如此，在目前，網路媒介發達更加促使各種不同社會階層、位置與角色的社會成員，皆可透過即時網路以及使用便利的各種軟體，進行快速的創作與即時的分享。然而，無論在哪一個時期運用何種創作媒介，藝術都是「個人內在心靈透過各種媒介的外在表現」。

二、設計與社會關係

「設計」（design）的蓬勃發展與工業革命息息相關[6]，為了因應機器的生產方式以及社會大眾對各種產品的大量需求，「設計」隨著歐洲工業革命開始到全世界各地普遍的擴展開來。由於設計與各種產品生產、市場商品化有關，設計工作並不像藝術創作是「個人內在心靈透過各種媒介的外在表現」，設計師需要因應工業機械化生產模式等條件，以及如何賣得更好的商業化訊息等外在因素來進行設計，因此，設計本身是具有外在社會性的特定功能與特定目的，更進一步說，在工業革命加速各地社會發展資本主義之下，設計工作推生各式各樣的眾多商

---

[6] 林崇宏（2010）認為 18 世紀蒸氣機發明掀起工業革命，機器替代手工生產，在 1851 年倫敦「水晶宮」展覽會成功的將工業技術與美學結合，引發初始「設計」（design）概念，當時設計師所設計的產物都需要遷就於鋼鐵材料及製造技術。20 世紀由於專業分工進而影響設計發展，受到經濟市場、社會文化結構、生活型態等外在影響，以及美學、生態學、心理學等內在影響，設計需要對於社會有整體了解，20 世紀中期出現更為豐富且複雜的設計理論及方法。他並且認為「人類生活和社會文化的演進就是一部設計史。」（林崇宏，2010：52-53）另外，工業革命也催生新的美學運動，由於為炫耀工業革命的偉大成果，英國倫敦「水晶宮」第一個世界博覽會現場工業製品眾多、展示品瑕疵粗劣，進而後來催生了英國的美術工藝運動，認為不應該過多繁瑣的裝飾（林銘煌，2015：6-7）。

品，社會上的市場行銷資訊更回饋給設計，讓設計工作做出市場需要的產品，在資本主義社會中的設計工作，藉由各種設計（產品、服飾、建築、廣告等等設計）出來的各種產品發展成為各種市場。

因此，設計過程與藝術創作不同，藝術創作是個人內在心靈的向外表現，在過程中並不需要思考觀眾、消費者、票房及社會接受度等。反觀設計過程，卻是由外在社會提供資訊作為基礎（例如：目標市場與顧客資料等）來進行設計工作，並且在過程中與特定社群（消費者、使用者等）一再互動，以確保產品於社會大眾的接受程度（銷售量）及降低產品風險，以達到商業銷售與資本家其資本積累運作的目的。

就如同 Bosler, D.（2016）所說「設計」之重要性，「設計」是要讓人生更美好，更具功能性，且更具有生產力，能帶來更多利潤。」（Bosler, D. 著／謝雯仔譯，2016：4）。舉例而言，例如：紀錄片是導演以個人內心的紀錄觀點，進行拍攝而成為紀錄片藝術作品；好萊塢的商業電影是以票房考量，分析市場在哪裡、規模多大、觀眾喜歡什麼等外在因素，進而調整劇本、演員選角、拍攝方式等等，考量如何成為賣座的商業產品。二者的創作歷程不同，要表達的目的也有所差異。不過，在目前全球資本主義化的社會下，也容易混淆與部分發生重疊的情況[7]，某些人在進行藝術創作時，就已經考慮如何銷售，某些設計存在著個人的思想而不全然接受市場資訊，而讓設計更有個人風格或故事話題，然而個人風格還是被資本主義給收編為商品目的，故事話題也增加媒體曝光，都有助於建立設計品牌形象與產品銷售佳績。

然而，並不是所有的設計都是以商品銷售為目的，部分設計是以生態環境或社會關懷為主要目的（但不完全排除商業化），但是無論如何，這些設計工作都是運用各種外在社會資訊，作為設計時的重要參考，與藝術創作重視個人內在心靈的外在展現有所不同，其設計不僅運

---

[7] Munari, Bruno（2020）認為「設計師」是「現今的藝術家，能夠重新連結藝術與大眾，能回應社會要求，知道如何解決設計問題。」

用各種社會資訊爲基礎，在進行設計時也預設設計成品在所鎖定的社會（目標市場、社群）中要達成的特定功能與目的。

　　由於設計更加重視社會接受度（在資本主義市場中稱爲「銷售率」），因此在過程相較更爲「設計理性」，所謂的「設計理性」是重視「使用者」（顧客）的回饋，例如：分析及設計出目標使用客群，在使用時對材料、功能、操作、外觀等方面適用性[8]，以及如何更好銷售的市場相關資訊等。設計並不是單純的個人藝術創作。所謂的「設計理性」是透過各種管道蒐集使用對象的資料，運用廠商特性、使用者需求與行爲、市場銷售等資訊，有關產品的生產、消費及交換等整套過程中的相關訊息，所進行的產品設計行爲。

三、藝術、設計與社會關係的比較分析

　　以下再次進一步分析整理有關藝術與設計二者與社會之間的關係及其差異如下：

(一) 藝術

1. 過程：是個人內在心靈透過各種媒介表達到外在對象物的各種創作過程。
2. 結果：創作成果爲「作品」。
3. 性質：相較屬於感性的、靈感的、內在的、個人的。

---

[8] 一般傳統的設計原理，主要在於處理構思、型態、美學、構成、方法、材料、視覺原理、造型心理等發展具有物質材料的平面或立面的設計對象，也構成了基礎設計學（林崇宏，2007）。然而，范聖璽（2009）則認爲設計長久以來一直是人類的活動行爲，他將人性化產品的設計分成：操作性、認知性、感性等三個層次，對應使用時的效率、便利、心情等三者行爲層次（范聖璽，2009：4）。同樣的，林崇宏（2010）也認爲設計需要考量當時的社會文化特性並加以轉換使用，設計是一項策略，從智識經由感知及判斷產生設計的計畫、管理、溝通、創新等，是從理念、思考到設計價值的行動，設計並不是盲目的運用科技與工業技術，而是一種回饋的方法（林崇宏，2010：24-26）。

4. 身分：「藝術家」，例如：文學家、畫家、音樂家、舞蹈家、工藝家、陶藝家等等。

5. 工作：舉例像是視覺藝術（油畫、水彩、版畫、雕塑等不同媒材及藝術作品）、表演藝術（音樂創作、舞蹈、戲劇創作等不同媒材及其作品）、文學（古典文學、現代文學等）、音樂、工藝、美術等。

(二) 設計

1. 過程：考量特定外在社會對象（使用者、消費者、社群、市場等）其需求或問題等條件與因素，透過各種媒介表達到對象的各種創作過程。

2. 結果：創作成果為「產品」（商品）。

3. 性質：相較屬於是市場理性、功能性、目的性等，需要更客觀的以一些數據與資料作為設計的基本參考，也是考量公眾的、市場的，例如：不同使用者的使用行為、需求與問題，甚至如何才會購買等。

4. 身分：「設計師」，例如：產品設計師、廣告設計師、建築設計師、室內設計師、服裝設計師等。

5. 工作：像是空間設計（建築設計、室內設計、景觀設計等領域，考量各種使用者、外在氣候、基地條件、法規、社會條件等）、產品設計（考量各種使用者的使用機能、喜好、成本及可接受價格等）、平面設計（考量各種閱讀者的視覺傳達程度、觀眾可讀性、喜好等）、服裝設計（重視市場顧客的品味、素材、款式、顏色、舒適度、價格等）[9]。

---

[9] 林崇宏（2010）認為傳統的設計領域分類包括：視覺設計（平面設計、廣告企劃、商業攝影、包裝設計、商業插畫、多媒體）、工業設計（電子產品、機械產品、資訊產品、交通工具、流行商品）、空間設計（展示空間、室內建築、環境景觀、公共藝術、戶外空間、舞台設計）、數位媒體（電腦動畫、虛擬實境、媒體影片、網頁設計、網際網路、視訊連線）（林崇宏，2010：12）。

第二節　社會設計的歷史交叉點

　　設計從工業革命蓬勃發展至今，逐漸擴展各項設計產品並與社會日常生活緊密連結逐漸密不可分 [10]，包括：設計的範圍、過程、功能、成果、目的等，設計與社會二者都逐漸更加緊密的扣合，甚至相互重疊在一起，成為今日的一種「社會設計」現象。

　　以下分析設計發展與社會發展之過程，直至今日，社會與設計在歷史上形成交叉點，也就是「設計是社會的，社會也是設計的」。

一、設計是社會的：設計朝社會方向發展

　　從工業革命發展以來，不僅設計是因應社會的工業革命而生，設計的發展歷程與社會特性、社會變遷之間息息相關，設計所關注的主題、範圍、工作等也逐漸從服務資本家及商品化擴大朝向關注整個社會發展。時至今日，設計與社會之關聯性涉及到兩個層次，就是「設計從社會產生」同時「設計也影響社會」的交互影響現象。

　　設計一直與社會發展目的有關，Hodges, Felice 等人（1995）將「設計目的」與各階段社會發展需求之關係，分成：適合目的而設計（1850-1900 年的美術工藝運動）、幽暗頹廢的線條（1890-1905 年的新藝術運動）、為工業而設計（1900-1930 年的機器美學時代）、流行的現代主義（1925-1939 年的裝飾藝術主義）、流線形時代（1935-1955 年的

---

[10] 直至今日，設計領域已經涵蓋整個社會生活所需產品。就如同林崇宏（2010）將設計領域分成：工商業產品設計（電子產品、工業產品、生活產品、銀髮或身心障礙等特殊族群產品）、生活型態設計（咖啡廳等休閒型態、網路遊戲等娛樂型態、網路購物等商業型態）、商機導向設計（品牌形象等商業策略、電影多媒體等商業產品、主題公園等休閒商機）、文化創意產業設計（博物館等社會文化、古蹟及表演等傳統藝術、建築等環境景觀），並且對應不同的設計師，例如：工業設計師、電腦及電子工程師、平面設計師、建築師等（林崇宏，2010：32-38）。

消費主義與風格）、現代主義進展到普普藝術（1955-1975 年的富裕時光）、頹廢的時代（1975 年至今的風格演變）等不同時期 [11]。

　　或是，依照林崇宏（2010）將工業革命迄今的「設計運動」與社會發展關係，分成四個階段：第一階段：在 1920 年代到 1960 年代，代表者為德國包浩斯設計學院 [12]，將工業產品結合藝術，並興起「形隨機能」（form follows function）的現代主義設計理念，是第一波的設計運動。第二階段：為 1960 年代至 1980 年代，由於社會結構的改變，一些歷史學家、評論者、設計理論家、設計實務者等，興起一股新秩序與文化為訴求，是反功能的後現代主義設計，為第二波設計運動。第三階段：自 1980 年代迄今，屬於電子與數位技術時代，數位化介面取代傳統，以及衝擊產品設計的方法及程序，屬於高科技發展而來的高設計（high design）時代，為第三波設計運動，以數位科技為導向的產品。第四階段：是激起人類對於文化保護、環境政策、人性回歸及生活價值問題的思考與關懷之設計運動（林崇宏，2010：17-18）。

----

[11] 設計從歐洲發展至全世界，在歐美有關「設計發展」的重要歷史年代，主要分為：美術工藝運動（1885-1914 年）、美學運動（1870-1900 年）、新藝術運動（1880-1910 年）、德國設計工作聯盟（1907-1935 年）、構成主義（1917-1935 年）、機器美學（1917-1931）、國際樣式主義（1920-1980 年）、裝飾主義（1920-1939 年）、有機設計（1930-1960 年）、流線設計（1930-1950 年）、後期戰爭主義（1945-1958 年）、普普藝術（1958-1972 年）、前衛設計（1968-1980 年）、現代設計（1972-1985 年）、高科技設計（1985-2010）（林崇宏，2010：87）。

[12] 由於包浩斯學院在設計發展歷史占據重要地位，以下進一步分析說明。在 1907 年德國工作聯盟（Germwn Werkbund）強調機能訴求，主張標準化、量產化且反對裝飾及不明確的使用性，以機能主義成為機器時代的新美學基礎，1919 年由 Walter Gropius 策劃創建包浩斯（Bauhuas）設計學院，歷經了理想主義、共產主義、實用主義等三個階段，包浩斯具有知識分子的理想主義之浪漫、共產主義的政治理想、建築設計的實用主義方向及嚴謹的做法，影響歐洲現代主義運動的發展，而包浩斯（Bauhuas）其中的「bau」是德文的建築之意，而「huas」是德文的房子，早期包浩斯強調手工業方式而不是大型機器生產，力圖建立一個小公社成為一個小型的理想國（林銘煌，2015：47-54）。

　　另外，在「設計思潮」與其當時社會發展之關係中，林銘煌（2015）將其各階段的設計思潮分成：現代主義（英國的美術工藝運動、新藝術運動、保守的現代主義、激進的現代主義、戰後的現代主義）[13]、後現代主義（現代主義的國際風格、普普運動、1980 年代後現代風格、1980 年代微電子產品設計、設計新興國家）、新時代風格（折衷的新現代主義、後現代風格的延伸與未來設計、結合設計的新技術材料和行銷）、當代設計（極簡設計、幽默設計、現成物與綠色設計、經典與復古設計）等，來分別加以探討。

　　然而，不僅設計思潮與社會發展息息相關，「設計方法」本身也與當時的社會思潮有關，例如：林崇宏（2010）認為在 1950 年代，英國幾位設計理論家（John Chris Jones 等）發起各種領域的設計方法論運動，各工業國家開始參與；1960 年代英國的一些設計方法研究，以邏輯思考為基礎，系統化解決問題模式，設計案以資料蒐集、分析、綜合、發展、傳遞設計概念等系統方式進行思考，透過邏輯思考，將構想概念化、概念視覺化、視覺模式化，解決設計的問題；在 1970 年代工業設計師採用設計方法論延伸至各項產品之中，在此之前設計方法主要思考人體工學的工程部分；1970 年代之後，設計方法應用不只侷限於工業、建築、工程等設計領域，諸如工藝設計、企劃、環境、行銷、管理、商業設計等，由於消費者對於產品價值需求，設計方法也加入文化環境、人性感知、社會價值、生活流行等因素（林崇宏，2010：28-29）。

　　也就是，設計方法著重的重點「從物轉為人」，以及「從單純的

---

[13] 值得一提的是，在現代主義時期流行一種「國際風格」，剛開始起源於建築設計，是 1927 年美國建築師 Philip Cortelyou Johnson 注意到一棟位於 Stuttgart 近郊的現代住宅，極為單純、冷漠、理性、機械感，將成為未來主流，他稱之為「國際樣式」而成為開端，在二次世界大戰後 1960、1970 年代發展達到顛峰，影響世界各地的建築設計、平面設計、產品設計，成為壟斷性的風格（林銘煌，2015：92）。

設計思考加入複雜的社會因素」，因此，「設計是社會的」。就如同Whiteley（2014）也認為「設計直接表達了一個社會的文化、社會、政治及經濟色彩，所以，設計提供了該社會狀況的速覽。同時，它揭露了大量關於社會的優先事項和價值觀的事件。」（Whiteley, N. 著／游萬來、楊敏英、李盈盈譯，2014：235）。是故，「設計的考量不能獨立於社會、經濟和政治背景之外，否則就沒有意義。」（同上：254）[14]

另外，在對於設計的反思方面，過去設計師服務於資本主義，設計產品滿足消費市場的狀態出現反思[15]，就像Julier, Guy（2019）認為現在應該從「設計文化轉變到設計行動主義」（from design culture to design activism）（Julier, Guy, 2019: 337）。也如同 Papanek, Victor（2013）所說，目前的工業設計師理念都建立在五種迷思之上，包括：大量生產、陳舊過時、人類欲望、設計師無能為力、品質不再重要（Papanek, Victor 著／楊路譯，2013：303-308）。以及，至少有六種遭到設計忽略的領域，包括：為第三世界設計、為智力遲緩及生理障礙殘疾者設計教學與訓練設備、為內外科及牙科等醫院設備設計、為實驗性的研究設計、在邊際條件下為維持人類生命進行系統設計（環境系統設計等）、為突破性的概念設計等（同上：308-321）。

另外，Whiteley（2014）對設計的價值觀提出存疑，設計的價值觀是設計行動的先決條件，目前過度偏向消費者及市場取向的價值，因此更需要關心社會價值的設計，包括：綠色設計[16]、責任設計與倫理消

---

[14] 甚至設計是政治的。例如：Pater, Ruben（2017）進一步認為：語言與排版、顏色與對比、圖像與攝影、符號與圖標、資訊圖表等領域的設計史是政治的（Pater, Ruben 編／蔡伊斐譯，2017）。

[15] 在產品消費市場方面，有趣的是，所謂的「好萊塢風格」（Hollywood style）是裝飾運動的延伸，當時的美國社會背景面臨經濟不景氣、市場崩潰、企業倒閉、經濟委靡、人心惶惶等問題，開始出現大量的好萊塢電影模式，透過好萊塢風格的電影來撫慰人心，帶來片刻的歡樂及幻想，各種類型的影片受到大眾喜愛，好萊塢風格甚至回傳到歐洲（林銘煌，2015：37）。

[16] 即使是具有環境關懷的「綠色設計」，Whiteley（2014）都認為過度鬆散的使用

費、女性主義觀點的設計等方向，設計師與消費者要共同面對具有社會價值的設計思維及行動，並且進一步控訴資本主義下的產品設計特性，例如：設計用來增加欲望、重視包裝及上架時的賣相、加速設計來開發產品、以行銷市場主導的設計，並且造成私人富裕而社會窮苦的現象，無法照顧到一部分沒有市場但卻存在的某些重要需求，例如：特定病人、街友、失業者、女性及弱勢等（Whiteley, N. 著／游萬來、楊敏英、李盈盈譯，2014：60-90）。

　　因此，我們分析「設計生產」在各階段的典範特徵及其典範移轉，主要歷經以下發展歷程。此種典範發展歷程，是設計生產模式從設計是生產者與使用者分離，過渡到生產者與使用者合作生產，甚至迄今發展出使用者本身就是生產者的設計生產方式。

1.「為產品而設計」典範：工業革命以機器生產為中心。

2.「為風格而設計」典範：設計師個人設計風格為中心。

3.「為使用者而設計」典範：設計以使用者的使用行為與需求為中心。

4.「為社群而設計」典範：設計關心社會責任，例如：社會邊緣及弱勢社群的使用者需求與問題。

5.「為環境而設計」典範：設計回應自然環境生態以及不同社會需求與

　　「綠色設計」一詞相當危險，尤其將綠色設計用來當成行銷策略，只淪為一再出現的新聞，一旦新奇感消退就會失效（Whiteley, N. 著／游萬來、楊敏英、李盈盈譯，2014：100）。而「綠色」的起源在 1960 年代歐美出現生態運動，當時殺蟲劑等毒化環境、空氣及水源等，建築等工程也大量汙染及破壞環境生態等，開始重新檢視及興起環境保護主義的相關倡議與立法，到 1980 年代後期逐漸出現「綠色消費者」，他們購買地球友善產品，同時出現許多以此理念為設計的公司與品牌，例如：美體小舖等運用天然、可分解、無汙染、具生態安全的產品。綠色消費也擴及至全球，例如：雨林破壞、海洋汙染、核能等議題，並在 1971 年成立的綠色和平組織逐漸擴大至各地，不僅如此，綠色消費也注意公平交易的問題。而綠色消費者也可分成「淡綠色」消費者，是對於綠色議題有興趣及認同，但不是堅定的環保分子，而這些淡綠色的消費者只是被綠色行銷廣告給吸引，並不是真正的綠色環保分子，某些「深綠色」消費者會結合環保組織一起抵制及拒購，因此淡綠色消費者遭深色消費者的質疑，「綠色概念」因資本主義及政治而出現變異（同上：100-112）

問題。

6.「社會是一種設計」典範：設計領域擴及社會各個領域，以設計思維
  發展整個社會。

「設計」一直在回應當時社會的問題與需求等社會特性，在起初，
設計不僅配合工業革命需要以機械生產方式而進行設計，在機械生產
出大量產品、種類眾多之際，重新透過設計師的產品差異化設計來增加
銷售量。當資本主義逐漸擴展到全世界各地之際，設計因應資本主義的
市場特性，在設計時考量如何因應市場特性並且能設計出受更多人歡
迎、更能創造銷售佳績的產品。就當社會逐漸走向重視多元族群、性別
與關懷弱勢社群的特性之下，設計回應社會特性出現以人為本、尊重不
同族群文化的設計理念與產品。最後，在地球生態危機、環境破壞的社
會背景之下，各種綠色環保設計孕育而生；當社會走向媒體、科技之資
訊社會發展之際，相關的高科技設計也同時孕育而生。

不僅設計與社會二者密不可分，「設計典範」反應出當時（及各階
段）的社會發展特色，又同時影響當時的社會發展。而「設計典範移
轉」是因應當時的社會發展變遷而產生的典範移轉。並且，從整個設計
典範的發展歷史中，可以看出「設計典範不僅從社會典範中誕生，設計
典範特徵更是社會典範特徵的縮影。」

二、社會是設計的：社會朝設計方向發展

(一)「社會生產」朝向設計發展

我們以「社會生產」角度，分析不同社會發展階段中，在當時社會
活動所需要的各項工具、器物、用品等產品，其特性及生產方式如下：

1. 傳統社會（手工藝生產模式）

主要包括：農、漁、養、殖、牧等等傳統時期的社會生活及生產活
動所需（及所使用）的物件對象，產品的生產以人工方式為主，每一件
器物幾乎是手工原作，從設計到製造完成大多是同一人所為，例如：一

般的工匠師傅以手工方式生產製造完成，因此，此時期可以稱爲「手工藝」模式[17]。

2. 工業社會[18]（設計因應福特主義生產模式）

在工業革命之後，設計專業在社會分工之下，設計領域受到重視且逐漸擴展開來，各種社會生活中所需的器物、工具等，也隨著工業生產模式的改變而起了重大變化，例如：福特主義生產模式的機械化、大量、效率、標準化等特性，不僅影響如何設計、設計什麼、製造方式及過程的影響之外，也間接影響當時社會的生活方式，形成現代社會的生活方式，以及現代生活應有的周邊設計產品，像是電視機、電冰箱、電話等現代產品，由各種現代產品在日常中共同構成現代生活風格。

此時期的產品生產主要由機械完成，以專業分工完成整套產品的製程，也就是整個產品製造之過程，由資本家（企業）、設計師、工廠、行銷等各自專業分工一起共同完成產品生產，並且出現「市場」以及資本積累方式，一方面每個人由於專業分工並不知道產品成本，一方面資本家不以成本計算，而是以消費者購買意願的產品價格作爲售價，因此由眾多商品建構的「市場」發展逐漸成熟。並且，更進一步發展出爲了擴大「市場」（market）產生的「行銷」（marketing）專業（職業）及

---

[17] 工業製造及手工藝製作有兩種不同的標準系統，其概念是兩種不同的生產系統，在工業設計教育中，沒有工業就沒有設計，工業設計師與手工藝家相比，傾向認同機能主義來設計造型（林銘煌，2015：156-157）。

[18] 「工業社會」也是現代主義的現代社會。「現代主義」起源於第一次世界大戰戰後許多城市需要快速復甦，在此背景之下，在如何快速重建整體社會以及有效率的災後復原等因素中，催生現代主義的強調機能主義（反裝飾）、平民化（不僅服務社會上層的設計）、有效率生產（大量、品質一致性、快速產製）等特性。在激進的現代主義（progressive modernism）時期中，最著名的現代主義名言，是芝加哥學派沙利文喊出的「形隨機能而生」（form follows function）（林銘煌，2015：42-43）。另外，「現代主義精神」逐漸從建築擴展運用到應用藝術，例如：家具、陶瓷、金屬、紡織等。在 1933 年納粹政府希特勒下令關閉包浩斯設計學院之後，第二次世界大戰許多設計菁英移民到美國，在美國重視商品的社會中再度將歐洲的現代主義發揚開來，加上美國中產階級市場的崛起，在戰後造成國際主義（同上：58-60）

分工。

3. 後工業社會（設計因應後福特主義生產模式）

　　在工業社會的效率化生產背景之下，後工業社會邁入個人化設計之特色，也就是所謂的後福特主義生產模式，許多個人化商品設計紛紛出現於市場之中。

　　另外，同時也因為工業社會時期生產過度，進而帶來地球暖化、環境汙染、生態浩劫、物種消失等自然環境的危機，以及在社會環境中逐漸重視各種多元社群、式微族群、弱勢文化關懷等，設計走向更加豐富且十分關心自然及社會的公共議題，也逐漸從工業社會資本主義市場其商品化的設計，發展出設計的社會責任；設計轉向關心環境與社會，設計過程轉向使用者參與一起協作完成的特性，設計往社會方向前進，設計結合社會，逐漸發展出社會設計。

　　因此，我們可以從社會變遷的角度，看到社會一直醞釀著設計的方向及方法，而且在目前後工業社會中，設計從過去工業革命時期促使設計因應機械生產、因為資本主義社會而設計因應市場需求、因為個人化社會的來臨而設計重視以人為本（或是以個人為本）、因為多元文化社會及環境問題促使設計走向重視族群（及社群）的文化差異及綠色設計等社會議題的發展趨勢。

(二)「社會治理」朝向設計發展

　　另外，我們以「社會治理」（社會秩序的產生方式）角度分析，更會發現在當今社會早普遍以設計思維（受設計思維影響）來治理社會，如下分析：

1. 遠古時期社會、傳統時期社會、現在少數威權社會

　　社會統治或是社會秩序的來源，來自於上層威權，例如：神、君王、皇帝、貴族等，一切存在社會中的價值與規範，都是屬於由上而下、單向發號施令，甚至出現獨裁、宗教介入統治的一個具封閉性的社會治理模式，統治上層依照其個人的情緒、喜好、價值等加諸於整體社會。

2 . 現代社會、後現代社會、民主社會

　　社會治理來自於民主，社會治理者是由社會全體公民選舉產生，社會中一切價值與規範儘量建立正式制度，降低社會治理者過高的權力；政黨競爭，社會政策走向治理者與人民其雙向互動的過程，重視全民共同治理的精神及做法，民主政治走向一個開放社會。

　　由於民主選舉的政黨及候選人競爭激烈，這些社會治理者會調查、蒐集及分析該選舉地區（宛如市場），其民眾社群（宛如客群、目標市場顧客）的需求及問題，進而設計出自己的選舉政見（宛如產品），選舉造勢（宛如各種行銷），最終獲得選票（如同銷售率、購買率）等過程，而取得社會治理權力。

　　因此，在民主社會其權力取得，宛如一場「產品設計」與「產品行銷」的過程與結果。許多候選人有經常將自己塑造成一種具個人特色風格與優良形象的品牌，藉此打開品牌知名度與識別度，並且擁有品牌忠誠度的愛好者（支持者、粉絲），而選舉造勢更像是一場品牌與商品的大型促銷活動。

　　然而，不僅在民主社會的選舉是一場設計競賽，當選後執政所提出的各種政策計畫，也宛如各種設計。在過程中事先蒐集相關資訊（法律、民意、案例等）、設計過程使用者參與意見（民眾參與共同協作）、產生設計原型與進行市場前測調查工作（試辦階段，進行民意調查及測試回饋）、正式市場上架（正式社會實施）、即時回饋修正產品（實施過程民眾反應時即時調整原計畫）等設計過程。

　　除此之外，無論是選舉中的政見或是執政時推動的政策等都是產品及產品設計工作。這些政見或政策產品的生產過程如同設計工作過程，不僅從產品推出的前中後都以民眾（產品使用者）資訊作為理性評估，來降低風險獲得大眾（使用者市場）喜愛，甚至在參與式民主社會中，更是鼓勵一開始即由民眾自主提案，並將政策計畫的治理者及民眾（產品的生產者與使用者）合一，就是政策產品由顧客自己提出問題及需求，並在過程中參與政策產品設計，例如：辯護式制度、參與式設

計、審議式民主等做法。無論如何，這些現象與做法，都一再顯現出社會治理以設計概念發展或受設計概念影響的現象。

(三)「社會日常」朝向設計發展

在上述，分析了在民主社會中顯見各種候選人「品牌」，以及各項政見與政策等「產品」，整個社會秩序的治理過程都隱藏著設計發展過程及設計概念。不僅如此，當今資本主義社會之下，在我們每個人自己所處的日常生活之中，也隱藏著類似的設計概念及設計思考的影子，也就是「設計概念的生活化」發展現象。以下再以三個層次，分析社會日常走向設計的趨勢現象。

1. 設計生產

從設計史的發展歷程來看，設計生產者已經從菁英分子轉為廣大的普羅大眾，設計生產滲透到社會大眾的日常生活之中。在 1960 年之後，在現代主義時期，設計生產者從過去的知識菁英分子，講求效率理性生產過程及產品，逐漸擴大到平民百姓的大眾化、商品化及輕鬆歡樂價值的設計風格，例如：從現代主義的機能主義，轉到普普藝術（popular art, pop）的發展，普普藝術便是反抗威權、主流菁英藝術等，運用大量視覺化、通俗、輕鬆的圖形，與繽紛豐富的色彩成為一種當時年輕社群喜愛的流行價值與設計風格。這股風潮時至今日，都一再解放及重新定義什麼是「美」的標準，以及哪些人可以參與生產等。迄今，設計生產方式的下放，我們社會大眾幾乎人人都可以是設計師、提出自己的設計看法，尤其是在目前網路影像世界之中，社會大眾可以設計各種照片、貼圖、影音、文字等自製文本，上傳發表到各種社群媒體，與特定社群對象進行分享。「設計生產」從過去少數菁英的個別生產，發展迄今變成在社會上眾人在生活中的日常活動。

2. 社會生產

由於在當今的資本主義社會是一個風險社會，我們每一個人的日常生活都處於各種風險因素之中，在資本主義社會競爭之背景中，到處充

滿著不確定性、危機及壓力，從社會成員個人、組織及團體，到社群及整體社會，都需要面對瞬間快速變動的社會生活，資本主義並沒有帶來社會的全面繁榮與安定，反而帶來社會貧富不均及激烈競爭。因此，在風險社會中我們在日常生活經常是一種「反身性」（reflexivity）行動。

　　社會大眾的反身性行動，是知道自己要採取社會行動時，需要事先評估各種資料、分析及評定後做出行動，並在過程中即時反身思考留意周遭資訊調整行動，例如：股票投資宛如一場設計行動，大部分的民眾會事先分析市場相關資料，之後進行投資設計，投資過程隨時注意動向而修正持股等，股票投資是具有投資標的及獲利的理性目的，與外在相關因素進行互動，設計出合適的股票及預定的獲利產品，而基金等各種動產以及房地產等不動產的投資設計皆是如此。

　　而且，每一個參與其中的個體其反身性行動，同時會共同影響整體社會的反身性現象，例如：每一個個別購買股票的反身性行動，同時影響整體股市的漲跌表現，因此風險並不一定會減少，反而衍生其他不確定變數及複雜的風險社會，而這些資訊又會回來作為投資者的反身性行動之參考。

3. 社會生活

　　廖世璋（2018）認為社會成員其反身性實踐的動力來源，是來自個別社會成員個人（主體）其在自身過去以及現在接觸到的生活周遭社會（客體）中，各種「社會正確」（society correct）的知識（也就是，在當時被周遭社會認為是「對的」知識），進而展開的各種社會行動。然而社會是變動的，因此所謂「對的」知識也會跟著改變，每個人的反身性實踐也會跟著一再改變，而各種「社會正確」的知識其實是由各種「知識因」（knowledgene）[19] 在當時社會演化形成的各種知識狀態。因

---

[19] 廖世璋（2018）以知識的達爾文主義提出「知識因」（knowledgene），該字是「知識」（knowledge）及「基因」（gene）的縮寫。並認為「知識起源於人類為求生存的勞動活動之中，因為知識使得人類不同且優於其他僅以基因演化的物種，由於需要傳遞知識，發展出各種語言、文字、圖騰等媒介，來擴大傳遞

此，不只是在我們的社會生產工作之中，在我們的社會生活之中也到處可見此現象。

　　Garfinkel, H.（1967）在民俗誌的研究中，曾提出一般常民生活的反身性實踐現象，Garfinkel 認為行動者是有意識展開社會行動的，行動者會面對狀況採取必要行動來回應這個狀況，並設想如何處理。因此，不僅在社會成員的投資及工作生產如此，在生活活動中我們也會「設計」一些活動，例如：派對活動設計（生日、慶功等）、旅行活動設計（畢業、蜜月等）、典禮活動設計（結婚、頒獎等），甚至包括：設計自己的人生計畫、臉書圖文、繳交作業、投放履歷表等等，都是我們在日常生活中的各種設計活動，這些設計活動幾乎都是：獲取相關資訊以及事先思考未來其使用對象對產品（活動）的問題或需求等看法為前提，再回來進行設計，以達成原本的目的以及儘量降低失敗的風險。這些習慣性的設計思考，已經深植在我們的日常生活之中。

　　設計如同一種反身性實踐活動。無論如何，在今日的社會中，我們在日常生活中許多社會思考與社會行動，其實都隱藏著運用外在資料回饋與分析並與內在雙向互動，各種社會思考與社會行動宛如各種設計思考與設計行動。從上述分析，我們可以發現「不僅社會誕生設計，社會更全面化走向設計。」[20] 也就是說，一方面設計從社會發展而來，社會

及複製學習，進而從原始社會發展出文明社會。在不同人的社會生活中有許多知識正確（knowledge correct），令人展開對特定知識的複製學習。人是知識的產物，知識是社會的，而社會是變動的，知識便不穩定。」

[20] 補充「在社會中誕生了設計」中，林銘煌（2015）就分析了各時期社會與設計發展之關係，社會變遷影響的歐洲設計運動，主要有：(1) 社會制度與階級的改變（歐洲從美術工藝運動、新藝術運動、裝飾藝術運動發展到現代主義，設計原先服務於資產階級與權貴，隨著帝制貴族被人民推翻及民主制度的興起、社會大眾的抬頭，使得消費大眾成為設計的服務對象，雖然現代主義以平民、民主色彩出發，但依然是上流人士及知識分子的身分象徵，直到中產階級成為社會主流才逐漸普及擴大市場）。(2) 對工業生產的態度及對裝飾的態度的改變（美術工藝運動及新藝術運動都反對工業及機械化生產，但逐漸擋不住環境變化，二者加上裝飾主義運動都贊成善用裝飾，但現代主義以機能為主進而反

文化特質影響設計取向，社會典範移轉則設計典範隨之移轉，且二者有交互影響關係。以及，另一方面，在當今社會發展現象中，設計思考似乎已經潛移默化到個人社會生活的許多事物及活動之中，我們自己以及自己所處的生活周遭，幾乎都被設計融入或被設計圍繞。

對，機能主義主要在幾何圖形、大量生產、外在形式視內在機能而定等）。(3) 各國形式主義發展的彼此影響（各國設計運動相互影響，例如：德國工作聯盟原是受到英國美術工藝運動刺激，包浩斯學院又發展出自己的特色；北歐的設計在接受工業化及機能主義同時，不放棄自己傳統工藝特色及自然本土資源，發展出屬於自己的哲理與形式；英國雖然是這股設計最起源者，但在留戀過去成就及保護主義心態下逐漸落後，但其優良傳統又在 1980 年代重登國際舞台）（林銘煌，2015：84-85）。

社會設計：理論與方法
Social Design: Theories and Methods

第 2 章

設計態：社會設計典範及移轉

一、社會設計的典範起源

Papanek, Victor 在 1971 年寫《爲眞實世界設計：人類生態與社會變遷》（*Design for the Real World: Human Ecology and Social Change*）時，認爲設計的目的性需要與社會連結，尤其是爲廣大的社會民眾服務，以及回應環境氣候等問題，設計應該保護我們地球以及巧妙運用有限的資源。

就如同 Papanek, Victor（2013）認爲設計的教育最主要的問題，是傳授了過多的設計課程，而忽略了生態、社會、經濟、政治環境的課程，進而提出將設計視爲整體的、全面處理的「整合設計」，是一種系統性、非單一線型、考慮各種跨專業領域因素、從社會角度審視問題的設計方式，是將社會群體、階級及不同社會成員納入，並審視設計與社會現況（Papanek, Victor 著 / 楊路譯，2013：377-385）[1]。

因此，從上述分析，從設計角度來看，社會設計的起源，來自於設計典範移轉，設計走出自己的設計領域，轉向關懷社會及環境等議題，設計從原本用於服務資本主義商品化轉向設計的社會責任。

二、社會設計的典範形成與移轉

在歷史上形成設計典範及其典範移轉之主要因素來自於因應社會變

---

[1] 之後，更有許多學者認爲設計應該在資本主義之下，進行更多社會特性方面之思考，例如：Bjögvinsson, Erling 等人（2019）認爲目前當代的設計面對許多挑戰，並對現階段的設計提出三個建議：(1) 設計師應該在經濟底線之上，積極勾勒大的社會創新願景，且在其中進行更多的社會創新設計。(2) 設計是一起協作的成果，設計過程分散在各個利益相關的參與者及這些人的能力特性之間。(3) 必須以人爲中心，以同理心、樂觀及「原型設計」（prototype）的方法，動手做及探索各種想法（Bjögvinsson, Erling; Ehn, Pelle; Hillgren, Per-Anders, 2019: 311）。

遷，各時期設計典範及其典範移轉的主要歷程，主要可分為：工業革命
的設計典範、現代主義的設計典範、後現代社會的設計典範等，一直到
目前的社會設計典範，歷經不同的社會發展時期，以及在每一個階段有
不同的設計特性。

　　以下，再進一步分析在「社會設計典範」之中，主要可區分成兩大
層面，此兩大層面共同勾勒出較為完整的「社會設計典範」特質[2]。

1. 以「設計」出發思考的社會設計特質：

　　(1) 是狹義的「社會設計」領域，由設計跨越到社會發展。

　　(2) 主要對象是「產品」。

　　(3) 產品本身在設計、製造等生產階段考量各種社會環境因素，例
　　　　如：社會責任、社會關懷、環境永續、社會創新等。

2. 以「社會」出發思考的社會設計特質：

　　(1) 是廣義的「設計社會」領域，是社會以設計方式進行。

　　(2) 主要對象是「社會」。

　　(3)「社會」作為一種被設計的對象。

　　以下再更進一步詳細分析此兩大層面：

(一) 以「設計」出發思考的社會設計特質

1. 設計作為社會責任

　　此論點來自於社會設計的設計起源，就是在現有的各種設計專業領

2　社會設計案例之一。位於瑞士蘇黎世的 fur Gestaltung Zurich 博物館曾經在 2018
　年由 Sachs, Angeli 策劃名為「Social Design」的展覽及出版專書，其將社會設
　計的類型及領域，包含了：都市空間與景觀、住屋、教育、工作、生產、遷
　移、網絡、環境等，蒐集數十個全世界相關案例進行分析與介紹（Museum fur
　Gestaltung Zurich, 2018）。可見得策展人 Sachs, Angeli 及該博物館對於「社會
　設計」範圍的定義，並非僅僅鎖定在「物品」本身，而是涵蓋整個社會的不同
　層面，尤其是用來解決特定社群或地方之社會問題及需求的各種設計，都是社
　會設計的計畫方案（Sachs, Angeli and Banz, Claudia and Krohn, Michael, 2018）。

域（諸如：平面設計、產品設計、空間設計、服飾設計等）中，加入對
社會責任的思考與設計，並且從整個產業鏈的構思、使用材料、製造過
程、行銷及購買等整套過程，都融入自然環境保護、生態永續、弱勢照
顧、人文關懷等設計因素與設計條件[3]，希望設計能發揮社會責任並且能
用來支持人類及友善環境。

2. 設計作爲社會企業

擴大對社會議題及自然環境的關懷，在原有的設計專業領域或跨領
域合作中，以各種商業設計（平面、產品、空間、服飾等設計或跨界合
作設計）及商業經營模式，但是將商業利潤盈餘轉作爲社會公益使用，
所設計及生產的各項產品可能是一般商品，也可能是基於特定理念的各
種社會計畫，是一般具有可接觸到的實質產品或是各種活動形式，但是
無論如何，主要是將商業盈餘作爲社會公益回饋。

3. 設計作爲社會創新 [4]

社會創新主要是盤點目前在社會中出現的各種社會問題及社會需

---

[3] 「從環保到社會關懷」社會設計案例之一「鋁罐手錶」，該款手錶設計「不只
做環保，更提供弱勢者機會。在 2013 年香港設計團隊 Alchemist Creation 將隨
處可見的廢棄鋁罐，做成簡單時髦的錶殼，奪下了當年德國紅點設計大獎的年
度手錶及珠寶類最佳設計大獎。這款 CAN WATCH 鋁罐手錶，不只錶殼使用
廢棄鋁罐，錶帶也是皮件製造過程中的廢棄材料，錶的弧面保留鋁罐廢棄時的
原樣，從少量刮痕到顯示製造日期，提醒它過去的風塵僕僕且獨一無二。CAN
WATCH 連製作過程都盡量提供弱勢者機會，將生產線交由當地庇護工廠的弱
勢族群製作，特地爲他們設計一套更簡單操作的機器，方便輕鬆完成工作。」
（設計趨勢，2017）
[4] 「社會創新」的設計案例之一「線上社區商店」。在「德國新創公司 Scholz and
Volkmeritle 創立 Kiezkaufhaus 社區物流平台，希望單打獨鬥的獨立商家能在
電子商務時代存活下來。Scholz and Volkmer 邀請社區型商家加入專門爲這個
社區成立的物流平台，從日常用品、書籍、咖啡到禮品等，提供居民合理多樣
的商品，讓本地消費者透過平台購買日常所需，減少碳足跡里程數。平常週一
到週五，訂單都由當地長者騎腳踏車運送，鼓勵長者參與社會，週末則關站，
鼓勵社區居民走出戶外購物，與商家面對面交流，促進社區情感。」（設計趨
勢，2017）

求，再來思考如何設計出滿足這些問題及需求的各種設計方案，所提出各種可能的社會計畫且許多都是屬於新創性質，例如：新創的產品、新創的組織、新創的經營模式、新創的社會空間等。也就是，從原料、構思、製造、銷售等產品對象，以及組織方式、經營模式、經營者類型、計畫性質等，都無固定形式，而是依照要解決的問題及需求設計而成，因此，在社會上出現許多各種創新的可能做法。

進一步比較分析上述，在其中，「企業社會責任」是以「產品」出發，將原產品的設計、製造及成果，融入社會關懷及生態永續的設計思考。「社會企業」以「經營」出發，是繼續將原本商業經營的各項產品設計（也可能融入企業社會責任的產品設計方式），將商業盈餘轉用於社會公益。「社會創新」則不一定完全從原本企業本身（或非營利組織）的「產品」或「經營」出發，而是從外在的社會問題及需求出發，從中整理及分析出可以創新的機會，再產生各種硬體產品或軟體社會計畫等。然而，上述這些具社會關懷且不同層次的社會產品或是社會計畫，都具有社會目的性與功能性，能從中找出機會、營利或公益，朝向一個更美好的烏托邦社會邁進[5]。

(二)以「社會」出發思考的社會設計特質

1. 設計作為社會溝通

「社會設計」也可稱為「社交設計」，強調運用各種「媒介」方式，促成居民間彼此緊密聯繫、表示意見、互動溝通、協調整合等作用，透過各種「媒介」將地方上的人際關係網絡更為熱絡、相互關心及照顧，例如：利用各種社區網站平台、社區粉絲專頁、社區行動通訊軟體等來設定自己專屬的族群（廖世璋，2016：123）。

5　設計烏托邦世界，例如：Resnick, Elizabeth（2019）認為社會設計開始是鼓勵設計師及創意人員進行更主動的社會社交，使得社會生活過得更好。在過去 20 年社會設計在政府、企業、學術界的看法分歧，但是，無論如何，社會設計是從烏托邦的理想去實踐一個好的社會（Resnick, Elizabeth, 2019: 3-6）。

2.設計作為社會計畫

(1) 政府的社會治理計畫：政府社會治理以設計概念及設計方式進行，因此，在此的社會計畫內容及類型，至少包括：社會法規、制度、建設、專案等，以及政府各種社會治理之技術、工具及方法等，也包括政府正式及非正式的外交、內政、經濟、教育、國土、城鎮等各個領域，以設計思考及規劃的各種社會計畫，在過程中事先蒐集及分析民意，過程中民眾參與，以及一起共享計畫成果，是共同協作的社會互動設計。

(2) 非政府民間倡議的社會計畫：為各種非政府而由民間主導的社會計畫，如同 Tonkinwise, Cameron（2019）認為的社會設計領域，包括：社會設計是一個社會行動設計、是與社會素材（social material）一起設計工作、是所有創新是社會技術性的（sociotechnical）、是與重要社群媒體層面一起系統性的設計、是宛如（一起、經由）設計師的社會科學實施計畫、是（為）服務的設計、是（為）政府的設計、是為（與）非商業脈絡的設計、是為了滿足需求的脈絡中設計，基於上述各點，社會設計等於是社會變遷的支持設計（design-enabled）（Tonkinwise, Cameron, 2019: 9-16）。

3.設計作為地方方法

　　社會設計由地方扎根向上長出，社會由各種多元文化社群組成，對於各社群文化的尊重以及在設計中凸顯出各個文化主體性，以在地土法為設計方法，更能接近民眾原本的地方日常生活，由民眾自發思考出問題及需求、自己提出解決方案、一起動手完成社會計畫，彰顯在地居民的生活智慧，凝聚內在認同，活化地方創生。例如：各種社區營造計畫、地方再生計畫、城鄉活化計畫等。

4.設計邁向一個烏托邦社會

　　所有各種設計都是為了讓社會變得更加美好，設計出一個烏托邦社會。如同 Margolin, Victor（2019）也認為社會設計是懷著烏托邦理想

來實踐出更好的社會，因此，氣候變遷、環境及社會問題等都是設計範疇與設計議題（Margolin, Victor, 2019: 17-30）。

三、社會設計師（social designer）

(一) 社會設計師的專業素養

　　社會設計師是由社會跨越到設計以及從設計跨越到社會的「設計師」。因此，社會設計師需要「社會學」及「設計學」此兩個領域的相互學習，其中包括：社會學及設計學二者的理論專業及各自聚焦特色、社會學及設計學的研究法及設計方法、社會學及設計學分別對於社會的貢獻價值。

　　然而，就社會學與設計學二者在學科特質上的特色及差異，二者正好可以互補。社會學用於深入觀察的、科學的分析相關社會現象的問題，以及隱藏現象背後更進一步的相關因素，正好補充設計學在進行設計時，所需要深入及準確的了解社會問題及需求，以便進行設計。而社會學是一門社會分析性的科學研究領域，在深入分析社會現象與因素時，正好可以運用設計學相關設計方法，將社會分析轉成為社會行動的具體方案。因此，社會學與設計學二者功能具有相互補充的作用。

　　所以，社會設計師所需要的兩個基本領域便是社會學及設計學，不過，社會學或設計學二者本身在自己的領域中已有眾多專業分工，因此，社會設計師所需要二者的專門領域，至少是社會學及設計學的基礎通論，而社會學及設計學本身的專論部分，其中，社會學的專論舉例，諸如：都市社會學、教育社會學、資訊社會學、流行社會學、政治社會學、經濟社會學等都是社會學的專論。或是，設計學本身的專論也可分成：平面設計（傳統平面及媒體數位設計等）、產品設計（傳統產品、電子產品等）、空間設計（室內設計、建築設計、景觀設計、都市設計）等專門領域，然而在我們的日常生活中所有一切幾乎都與社會學、設計學息息相關並無法脫離。

　　因此，社會學及設計學的基礎都需要了解之外，針對專論及專門領域也需要逐步了解，只是社會學或設計學本身的通論、基本素養需要優先作爲學習的基礎，包括：社會學概論中的社會學各家理論概念、社會學各派研究方法，以及設計學概論中的設計學歷史、設計理論、設計方法等作爲社會設計師的基本素養。而且上述這些無論是從事各種社會學研究、各個領域的設計工作者，皆可加入成爲社會設計師。

　　然而，在目前世界各地主要是資本主義的環境背景下，「市場」相關專業知識會成爲社會設計方案計畫成功與否的重要關鍵，因此，在設計學中偏向右派資本主義經濟的行銷專業也需要學習，以便讓社會設計產品進入商業市場。以及從行銷延伸相關的專業領域，例如：智慧財產權、經濟學、管理學等也需要了解。同樣的，在資本主義背景下，在社會學中偏向左派資本主義經濟的市場也需要學習，例如：馬克斯的經濟「異化」、法蘭克福學派的文化異化等。結合資本主義左派社會學及右派設計學的雙重思考，將有助於更加客觀深入的找出一條社會設計的出路。

　　另外，上述這些只是在於社會與設計的核心領域，與社會及設計所需的相關領域是一種跨領域的串連與整合，至少包括：傳播、媒體、行銷、企管、觀光、科技、文化、博物館、教育、行政等領域都與社會設計相關。社會設計師的專業屬於跨領域學習，另一方面也就是，至少上述這些專業人才都是社會設計領域所需，皆可進入成爲一位社會設計師。

　　再換個角度說，社會設計師的基本素養是基礎社會學及設計學，社會設計師亦有專業分工、專門領域，例如：產品設計的社會設計師、文化節慶活動專業的社會設計師、社會行銷的社會設計師、媒體傳播的社會設計師、博物館展示與經營的社會設計師、地方產業的社會設計師、觀光專業的社會設計師、高科技運用的社會設計師、社會工作的社會設計師、社會教育的社會設計師等等。

(二) 社會設計師的職場及工作領域

　　社會設計師可以從事的工作領域，或是換個角度說，哪些領域需要社會設計師，主要包括：

1. 文化創意產業

　　各個「設計」領域本身就已經被包含在文化創意產業領域之中，例如：視覺傳達、平面設計、產品設計、建築等空間設計，這些設計領域本身也是社會設計領域其中之一，可以從事與社會設計相關的工作。另外，文化創意產業中的文化資產再利用為文化館舍或文創園區，以及廣播、電視等傳統媒體及新媒體傳播工作，也是社會設計師的工作領域。

2. 地方創生

　　依照目前國發會「2019年臺灣地方創生元年」的「五支箭」政策（行政院國家發展委員會，2019），包括：企業投資故鄉、科技導入、社會參與創生、整合部會資源、品牌建立等，皆有社會設計有關，如下工作領域：

(1) 企業投資故鄉。例如：地方文化產業、地方特產、地方企業、地方創業等。

(2) 科技導入。例如：地方區塊鏈、物聯網、互聯網、地方知識雲端智慧等。

(3) 社會參與創生。例如：地方社區參與、社區營造、社會計畫、地方計畫等。

(4) 整合部會資源。例如：地方文化館、博物館、圖書館、學習中心、樂齡大學、社區大學、區公所等地方資源整合等。

(5) 品牌建立。例如：地方品牌、社區品牌、合作社、社群產銷聯盟、地方特色店、社區協力農漁養殖業品牌等。

　　也就是，各種有關發展地方文化產業、地方特產、偏鄉再生、偏鄉長照、偏鄉教育、偏鄉社會問題、城鄉落差等等工作，或是，有關地方文化產業、社區文化產業、地方社會教育機構、高齡機構、地方文化

館舍等，以及區公所等政府部門、地方創生企業、地方創生非營利組織等，都是社會設計的工作領域。

3. 社區營造

有關社區中的各種事物，其與上述地方創生類似，地方創生更偏向偏鄉地區、人口外流嚴重、高齡老化地區。社區營造重點在於強調社區參與、社區動員、解決及滿足社區問題，有關社區生活、生產、生態、生命等「社區四生」，社區營造相關的政府部門、私人企業、民間組織之工作。

4. 社會創新

包括在相關創新創業、社會企業、社會關懷、社會工作、社會教育等，其相關組織、機構等工作。也包括社會部門相關的行政單位及營利單位等，解決社會問題及滿足需求的創新組織。

5. 社會行銷及傳播媒體

相關行銷及傳播媒體的政府部門、民間企業、非營利組織等，進行社會相關的社會行銷、理念傳播、社會倡議傳播等工作，以及地方（社群）產業的品牌、產品及活動等行銷、傳播媒體相關部門及組織。

6. 社會教育

有關在各地的博物館、美術館、圖書館、社會教育中心、文化中心、地方文化館、社區大學、樂齡大學、社區學習中心等相關社會教育有關機構、組織、單位等工作。

7. 中央及地方政府行政單位

其實大部分都涉及到社會設計相關領域，應更加聚焦至少包括：社會行政、文化行政等職務編組有關的政府部門，例如：社會局、文化局及其所屬相關單位，民政單位亦與社會生活息息相關。

第二節 設計態：再定義社會設計

在上述分析有關社會設計的歷史發展脈絡，以及社會設計的典範特徵等，已經初步勾勒出什麼是社會設計，以下再更加詳細的對社會設計提出論述，尤其是以社會學觀點進行的分析。並且，在此提出一個社會設計概念：「設計態」來加以說明什麼是社會設計。

一、「設計態」概念

廖世璋（2018）曾以「知識演化論」概念，提出在社會中存在著由各種的「知識因」（knowledgene）（廖世璋，2018：101），在各個時期社會中經歷多重複雜演化而形成了各種的「知識態」，「知識態」是「知識因」在社會的公共化以及「知識因」在社會的繁衍而成，「知識態」也呈現了「知識因」演化過程中在當時社會的特定狀態（同上：105）。並且，我們在日常生活的各種食衣住行活動之中，到處充滿了各種「知識態」，不同的「知識態」彼此相互交疊與相互串連，讓社會成員其個人連結外在社會，並藉由「知識態」與社會產生互動。

我們將「知識態」概念引用到設計之中，發現在我們的日常生活周遭，到處充滿著各種「設計態」，在食衣住行等各種的設計情境、狀態、情況、型態等共同構成了我們的日常生活特性與個人品味，甚至在各種不同社會或文化社群中，彰顯出該社會或社群擁有的特定風格及該社會或社群的特殊性。

在我們今日的社會，「設計」概念已經普遍隱藏在我們的日常生活思考之中，無論是設計菁英、普羅大眾，或是政府統治階層及一般社會大眾被統治階層，或是商業投資，或是人生計畫，或為了減少資本主義風險社會帶來的各種生活危機等，甚至所有以反身性實踐各種所謂理性的社會行動，設計的基本思考：資訊蒐集、分析、設計、回饋、一再修正的循環方式，似乎已經成為當今許多社會成員每日生活的日常活動。

　　然而，不僅從上述微觀角度分析，發現目前社會成員在生活中早已習慣以設計思考其各種社會行動，從宏觀角度分析，對整體社會發展而言，從工業革命迄今，資本主義的蓬勃及普遍發展之下，在工業社會（或稱現代社會）是以設計菁英階級主導的「設計態」社會（這裡的設計，指的不只是產品設計而已，而是如同上述在社會上的各種設計），而在後工業社會（或稱後現代社會）則是擴及到普羅大眾全民的「設計態」社會，設計已經是人人的事。也就是，在目前社會中出現各式各樣的「設計態」，源自於工業革命蓬勃而逐漸成為主流，從工業社會到後工業社會更擴大社會影響而逐漸發展成熟。

　　因此，當今就是一個存在多樣繽紛豐富的「設計態」社會，社會就是由各種多元複雜的「設計態」所交織與建構而成，而且在當今社會，這些「設計態」並不是由少數菁英階層參與而來，而是社會大眾各種不同社會階層的成員早已長期參與其中。由於我們的社會生活充滿各種交織的「設計態」，整體社會特質其實就是「設計態」的總合，因此，我們這個「設計態」社會，更準確的說，就是「社會設計態」社會。

　　「社會設計態」也極有可能是我們這個時代產生的一種「知識型」（episteme）[6] 的知識特徵。如圖 2-1 所示，這是 2020 年在臺灣臺北信義計畫區拍攝的照片，在圖中呈現出臺北市當時的各種設計態，相互重疊與交織的設計態呈現了臺北市的社會特徵，因此，臺北市的城市特徵與臺灣其他各個城市大不相同，也因為不同，臺北市被臺灣的居民們號稱「天龍國」，住在臺北市裡面的居民被稱為「天龍國人民」。

---

[6] Foucault, M.（2016）分析了西方歷史在不同時期的「知識型」（episteme）特徵，分成四個不同的知識型：文藝復興的神祕主義與神學（知識型特徵是「相似性」，哲學形式是神學）、古典時期的自然科學（17 至 19 世紀，知識型特徵是「表象」）、現代的人文科學與經驗科學（約為 19 世紀至 1950 年代，知識型特徵是「自我表象」）、當今反人文學科學（1950 年至當今，知識型特徵是「下意識」）。

圖 2-1　城市的設計態：被臺灣各地民眾號稱的臺北市「天龍國」

　　在此圖中，我們可以發現臺北市的設計態是互有關係且共同形成，無法單一切開抽離，例如：有物質材料的有形設計以及無物質材料的無形設計，或是設計與人民生活交織形成「生活在設計中，設計在生活中」，包括：

1. 有形的設計：如都市設計、建築設計、景觀設計、室內設計、產品設計、平面設計（含視覺傳達）、服飾設計等等。各種設計師會蒐集及分析使用者資料、進行設計、調整修正等設計過程。

2. 無形的設計：如治理設計、制度設計、法規設計、計畫設計、活動設計等，政府會蒐集與分析民意來進行各種政策設計，許多政客也會先拋出社會議題構想，看看民眾反應再作為政策設計的風向球，而政策的執行過程重視民眾參與，且以民意進行即時回饋修正。

　　上述是社會宏觀角度分析，以下再以社會成員其個人的生活分析。在日常活動中，各種有意識的社會行動都宛如設計行動，例如：生活作息設計、讀書設計、旅行設計、衣服穿著設計、社群媒體貼圖設計及其他各種生活活動設計等等。在生活中的設計態也同時顯示了個人的文化資本及其特性，以及社會成員展開的社會行動的特性，各「設計態」串連了個人、社會生活、社群、團體組織、社會結構，交織重疊形成社會氛圍與社會風格。

　　除了上述的現代生活，就連過去的傳統文化，例如：「風水」，其本身是一種「設計態」，更是一種傳統時期的社會設計。風水師需要蒐集相關天、地、人資料，進行分析，設計出好的區位、方位、大小、造型、顏色、用材等宛如「產品設計」，用以達到安居樂業、科考功名、財源廣進、飛黃騰達、庇蔭子孫等功能。風水就是一種知識的「設計態」，風水也是一種有關社會生活文化的社會設計。

　　在當今社會中，不僅我們在生活中由專業設計師生產所使用的各種設計產品，例如：有形的服飾、器具、家具、建築等，或是無形的教育學習設計、觀光旅遊設計、慶典設計等呈現各種「設計態」，我們自己也習慣的運用設計概念，進行學習、求職、投資、生涯規劃等等社會生活。各種不同領域的「設計態」其背後共通的設計思考方式，似乎早已習慣性的融入我們自己在日常生活的各種活動之中，就連我們在生活中各種反身性實踐也如同設計思考，以資訊蒐集、分析、設計、評估、回饋與一再循環過程中，產生各種社會行動。

　　「設計態」概念是宣示了我們現在這個時代，已經是在社會中融入設計且密不可分的時代，設計不僅是一種社會的「接合之物」[7]，社會也不只是由各種設計活動、設計物所鑲嵌而成，也不只是由各種地方、族群或社群等多元豐富的設計態組合而成，「社會本身就是一種設計態」，並且各地方在不同歷史脈絡中，擁有屬於自己特定的設計態。

　　在「設計態」社會概念中更進一步指出，即使在不同的特定社會之中，至少都會出現三個有共通性的社會設計層面，那就是：第一，社會中充滿設計產物連接我們與社會之關係；第二，社會就是設計的集合

----

[7] Molotch, Harvey（2018）認為所使用的產品本身都是社會生活的「接合之物」，例如：烤吐司機預設的電價、電器用品的政府的標準、生產者及小商店家、安全性、食物的營養、風尚、外觀潮流、操作感、吐司跳出來的那一刻的聲音與視覺感受等，以及商品評論者、廣告等，以及比烤吐司機更早出現的插頭規格、特定吐司寬度、果醬等，以及烤吐司機的原物料之全球化系統、保護專利的政府、工資勞動力及最後的垃圾掩埋場等，每樣事物以某種方式「接合起來」（lash-up）（Molotch, Harvey 著／李屹譯，2018：5-6）。

體；第三，社會就是一個大設計（big design）。基於如此，我們現在正處於一個「社會設計態」的社會之中[8]。

二、社會設計的「社會」設計領域

社會設計的「社會」設計領域，就是：社會作為一種被設計的對象，社會為對象，設計為方法。如下分析：

1. 社會設計的領域

社會設計可分為微觀角度（社會中的個人與個人、個人與社群、個人與社會等）的社會設計計畫，以及宏觀規模（社群或社區本身、社群與社群、社群與社會等）的社會設計計畫，在這些性質之下，具體呈現在社會上的各種對象、活動、專案、法規、制度等各種規模與性質的有形或是無形的社會計畫。社會設計不只是設計一項產品、社會活動或社會專案計畫，就連法規、制度建立都是一種以理想社會發展的社會設計。

2. 社會設計要設計的對象

依照個人與社會的關係層次，也就是社會設計的有形與無形「產品」所涉及的對象，可分為：個人與社會、團體及組織、社群或族群、社會整體制度等類型，這些都是社會設計的設計對象。

3. 社會設計依社會運作方式區分的類型

依照社會運作方式，社會設計的類型可分為：社會事件計畫（例如：社會問題、社會需求、社會現象等）、社會分工計畫（不同組織運作及分工方式，例如：各式各樣的專業分工，或是公、私、第三部門等分工運作計畫）、社會系統計畫（例如：經濟、政治、社會、教育、外交、內政、建築營造等，基於社會分工出現的功能系統之相關計畫，例如：涉及教育系統的社會教育計畫、終身學習計畫等，或是涉及地方經濟運作系統的地方創生計畫，或是涉及地方生活與居民素質的社區營造

---

[8] Dilnot, Clive（2019）則認為在此時，設計已經不再只是設計，設計超越設計本身，當設計的領域涵蓋整個社會，就不用去區分設計與社會二者，設計與社會（design-and -society）一詞最終將成為多餘（Dilnot, Clive, 2019: 70）。

計畫等）、社會結構計畫（例如：社會階層與階級、社會階級排序、社會角色與位置規劃等相關計畫，例如：社會階級重構計畫、政府組織再造計畫等）都屬於社會設計的計畫類型。

4. 社會設計可運用的社會學研究法

　　基本社會科學研究法，例如：涂爾幹的「社會事實」（social facts）等觀察到社會現象以及找出現象起因，而社會設計便是因應或解決這個社會現象的相關計畫，例如：社會公益創新爲非營利性的社會計畫，地方創生（地方文化產業或社會企業）爲營利性的社會計畫。

　　另外，社會設計亦可運用文化人類學的民族誌調查法、俗民方法論及現象學研究法等，亦可採用實證（含否證）的設計方法，例如：以社會計畫行動驗證原先設計的觀點，達到更美好的社會，或是以社會設計計畫實踐行動來否定目前社會上一些不正確的觀點或做法等，也可利用馬克斯的政治經濟學概念及唯物論觀點來辯證分析行動計畫，或是運用詮釋學研究觀點去認識與理解研究對象等方法。

5. 社會設計的政治性

　　社會設計計畫是充滿政治性的。除了上述社會科學研究法特別強調各種社會計畫都會牽涉社會權力與關係人（部門）的政治運作，務實面對這些社會作用力及其各種條件、因素、相互關係等，計畫才能務實的落實於社會對象之中。因此，社會設計專業除了一般社會設計的社會專業與設計專業之外，更是需要留意包括：地方權力行使與運作方式、地方經濟特性與商業模式、地方治理與派系關係、地方文化風俗與民情的運作方式、特定社群的價值與規範或社會符號與文化圖騰（例如：神聖性與宗教）等巧妙或緊張的社會關係。

三、社會設計的社會作用及社會產品

(一) 社會設計的社會作用

　　主要可分爲：

1.功能論

　　具有或是深化原有的社會正向功能，或是改善現有存在的社會問題與滿足社會需求等功能。例如：更加方便的遠距教學的社會產品或社會計畫、偏鄉學習計畫等，或是垃圾回收設計、強化生態功能的生態產品與設計等。

2.衝突論

　　用社會設計來凸顯、因應或解決現有的社會衝突現象，例如：用來凸顯某地方的種族問題或社會階級不平等現象。設計成為一種社會行動計畫，或是凸顯勞工權益受損的經濟剝削問題，設計一套社區公平交易計畫等，或是其他諸如地方飲水或衛生問題、糧食不公問題、環境生態破壞現象等議題，基於衝突問題產生的社會設計之方案計畫。

3.符號（象徵）互動論

　　計畫作為特定社群、特定地方的各種符號以及與對象的互動設計，凝聚社群或地方認同。例如：以特定符號吸引民眾產生地方文化認同、身分認同的古蹟保存計畫，或是有形或無形的地方文化財（例如：少數族群樂器、傳統工藝、民間習俗、地方智慧等）的文化創意產品或文化再利用計畫等，或是次文化以新潮流行方式產生特定社會行動，將設計產品或計畫方案視為一種符號系統，與特定符號社群之間展開互動的相關產品符號及符號活動計畫等。

(二) 社會設計的社會產品類型

1.具有實質材料的對象

　　例如：一般各種產品設計、平面設計、料理設計（例如：地方特色餐飲設計等）、包裝設計（例如：地方材料包裝、無毒殘餘包裝設計等）、景觀設計（例如：可食地景、食物森林等）、建築設計（例如：審議式民主的空間設計、社交設計、通用設計等）等等皆是社會設計的對象。

2. 不具有實質材料的對象

例如：社會制度（例如：法規也是一種社會設計等，或是地方公約、市民憲章等非正式的地方規則等）、社會文化計畫（例如：文化保存、文化創新、文化運動等）、地方文化產業經營模式（例如：社區公平交易模式設計、地方自主營運模式設計、微型經濟設計等）、社會倡議計畫（例如：各種社會理念、社會關懷的相關計畫等）、社會運動計畫（例如：社會生活計畫、新生活運動計畫等）、地方文化觀光計畫、具有社會性質的地方創生計畫（地方共生）等設計對象。

3. 地方對象

以地方爲社會設計對象，例如：發展地方文化產業計畫（地方創生計畫），聚焦在具有營利（或公益）性質的實質（或非實質）的地方產業計畫與產品開發。也就是，取之於社會，用之於社會，例如：發展地方自主營運模式的地方經濟共生模式[9]。社會設計與地方性之關係，以「地方性爲基礎而社會設計是整套過程」，地方性是一種社會再生產的原料及內涵，社會設計作爲一套方法及過程。

四、社會設計的設計目標

有關社會設計想要達到的設計目標，或是稱爲社會的設計目標，可以整理爲「smaup」。在「smaup」中，主要包括：永續（sustainable）、多元（multiple）、近用（accessible）、通用（universal）、參與（participate）。無論各式各樣的社會設計產品、活動或計畫方案等等，社會設計要透過設計方法達到的社會目標，一種社會烏托邦的目標，分別是：

9　就像 Molotch, Harvey（2018）也認爲「地方生產東西」，爲何一個當地的特產會與其他地方不同？東西不僅在一個地方生產再分銷，做成貨品的原料有其產地，當地的風土民俗、條件、氣氛等都會影響生產（Molotch, Harvey 著／李屹譯，2018：191-193）。而且「城市本身就是產品」，城市的建築歷史與貨品的歷史並行，興衰及風格偏好起落皆相近（同上：222-223）。

1. 永續（sustainable）：自然、文化兩大永續環境的保護、維持或復育等。
2. 多元（multiple）：不同的物種多樣性、社群多樣性、階層多樣性等以及相互之間的交流互動。
3. 近用（accessible）：不同社群者參與或使用時的可及性、便利性，尤其強調重視少數、弱勢之文化社群（或自然物種）的關懷。
4. 通用（universal）：不只是無障礙設計，而是不同社群都通用的設計。
5. 參與（participate）：社會設計是不同社群參與的過程與結果。

五、社會設計初步基本方法與基本過程

1. 社會設計階段步驟

　　進行社會盤點（或社群特性盤點，或地方性盤點）、社會或地方課題及需求分析、針對社會課題及需求提出各種因應策略、整合各種策略進而提出數個社會計畫（產品、活動，或方案等）、評估社會計畫、落實執行、計畫檢討等一再修正過程。

2. 社會設計過程

　　是一套不同社會成員或社群的「設計參與」與「參與設計」。更是不同社會階層及階級、角色與位階、文化社群等共同參與的過程與結果。

3. 社會設計方法

　　無論各種方法及工具，主要是「因地制宜、因案而異、因果關係」等三個基本原則，社會設計的方法更是一種「順勢」（順著社會或地方特性）的「扎根設計」。也會因為不同基地條件特性，而有接地氣的各種「土法」（土味並不是俗氣），在地方上的「土法煉鋼」經常是在地智慧的展現，例如：各地廟宇民間習俗是擲筊向神明詢問及決定重要活動日期，像是媽祖起駕時辰等，透過儀式讓所有信眾達成共識，這也是一種在地智慧的展現。

六、社會設計的科學哲學分析

以下分別以本體論、認識論、方法論等三者，分析社會設計的科學哲學基礎，如下：

1. 本體論（ontology）

「社會設計」屬於人所感知到的現象世界，並不屬於獨立於人之外的物質世界。也並不強調內在本質的「真理」，反而重視「社會設計」外在呈現的功能性。另外，「社會設計」看似「社會」，卻是唯物主義（materialism）的本質，也就是，重視對社會產生實質的（物質的）社會功能、影響等社會作用。

2. 認識論（epistemology）

「社會設計」是誰的知識、知識是由哪些人獲得、知識獲得方法又是為何？「社會設計」的知識，相較不強調研究者個人菁英式的理性主義，反而重視各種不同社會階層民眾個人的經驗主義，重視親身行動的實證主義，或是屬於眾人而非菁英個人的批判反思。不同社會階層、角色與位階等，各自擁有屬於自己珍貴的知識，更是知識來源的主體。

3. 方法論（methodology）

獲得「社會設計」的方法及過程，並不需要講求非常的科學嚴謹過程，在方法論上其社會行動的實踐重要於學術科學性。因此，社會設計的方法是屬於地方的、公眾參與的、特定的、經歷的、開放性的，並且沒有標準、固定、單一、套裝、菁英、封閉的研究法，反而是不同社會成員、社群的多元詮釋及運用在地智慧的各種土法，以及各種土法煉鋼獲得知識的過程，這些都是社會設計的方法。

第三節　社會設計的相關理念

在上述論述什麼是社會設計之後，以下整理與分析與社會設計相關的設計理念，作為之後我們分析與介紹社會設計之操作工具、方法與技術時的參考。

一、為社會而設計

我們在此已經不陌生設計的典範移轉，以及設計的關注點已經從原本服務於資本主義逐漸轉向關注於社會議題，而這樣的轉向其實是一種設計反思，也就是設計師的社會責任，以及如何反映在設計之上的「為社會而設計」（design for society）。

就如同 Whiteley, N.（2014）以反思批判的角度思考，設計究竟是為誰服務以及消費主義的現象與問題，並認為設計原本是為消費者而服務，滿足消費者的需求及解決問題，但是在消費主義之下，企業為了刺激銷售量，而逐漸忘記設計師應有的社會責任，例如：對第三世界的關懷、環境保護、身心障礙者、醫療設備、實驗研究及突破性的概念而設計，因此倡議應該反對「消費主義設計」，並應重視設計的議題，包括：綠色設計、責任設計與倫理消費、性別觀點等，並提出設計的歷史意義、設計批判、設計的社會意義與影響、設計與生態環境、設計與性別等論點（Whiteley, N. 著／游萬來等譯，2014）。

因此，「為社會而設計」提供一個設計的轉向思考，尤其在資本主義環境背景之下，設計不能僅僅只為了加速資本家的資本積累速度，以及設計僅考量如何加速商品銷售量而已，設計應該走出原有的領域，擴增原有以外尤其關於社會層面的部分，而這裡所指的社會層面，也包括：社會人文與自然環境等，畢竟社會大眾生活於自然環境之中。「為社會而設計」並不是反對設計，而是提供一個設計從過去專注服務於資本商業經濟，應轉向於服務於社會大眾（尤其被忽略的社會層面）的轉向思考。

二、問題設計

　　設計的基礎建立於解決現在的問題與滿足需求，因此最根本的設計理念就是「問題設計」（design for problem）。「問題設計」的重點是「好設計來自於好問題」[10]。

　　就如同 Rowe. Peter G.（1999）所認為的，定義良好的問題是十分重要的，良好的問題是設計目標及解決方案都是清楚的而且可以徹底描述，相反的不良的問題就是設計目標及解決方案都是未知的（Rowe. Peter G. 著／王昭仁譯，1999：50-51）。因此，事先盤點問題、找出問題癥結、將問題作為設計議題、設計解決方案等設計過程，都是以「問題」作為基礎。

　　同樣的，設計問題不清楚則設計方法及過程皆會產生問題，如同 Buchanan, Richard（2019）認為，在設計中存在著一些棘手的問題，不僅不同專業領域對於設計的看法不同，甚至設計方法更受到質疑，尤其是如何以科學方式進行分析與思考，而在設計思考中至少要進行：界定問題、解決問題兩大層面，而且是非線性的設計思考（Buchanan, Richard, 2019: 125-126）[11]。

　　設計立基在問題之上，問題如同大樓地基，問題準確則設計的往上建築才會穩固，因此，釐清問題是關鍵。Leifer, L. 等人（2019）認為

---

[10]「問題設計」案例之一：許多地方的缺水問題，社會設計有一個成功案例，就是設計了「Warka Tower」，設計者後來成立了「Warka Water 非營利性組織」。設計者以當地的知識及資源，結合科技與古老傳統一起設計，提供創新的解決方案。2012 年，在衣索比亞（Ethiopia）東北高原上的小型孤立社區缺乏飲用水，因此設計了能向空氣中抓水的「Warka Tower」。「Warka」名稱來自 Warka 樹，是衣索比亞一種巨大的野生無花果樹，其目的就像是大樹一樣，「Warka Tower」成為當地社區的重要基石，提供果實、遮蔭、庇護及提供聚會，更成為當地文化和生態系統的一部分（Warka Water, 2020）。

[11] Lupton, E.（2012）對「如何定義問題」整理出幾個方法：腦力激盪法、心智圖法、訪談法、焦點團體法、視覺研究法、品牌矩陣法、品牌手冊法、實地研究法、創意簡報法（Lupton, E. 著／林育如譯，2012：14-59）。

「問題的性質」可以分成（Leifer, L., Lewrick, M. and Link, P. 著／周宜芳譯，2019：53）：

1. 定義明確：是簡明的問題，透過不同路徑思考，解決同一個問題。
2. 定義不明確的問題，是模糊的問題，需要不同思考路徑，產生不同的解決方案。
3. 複雜問題，是未知的問題，採用不同路徑，提出部分解決方案，用來幫助問題定義得更加清晰。

　　另外，在「問題設計」上，有一種非典型以及崇尚大自然學習設計的「樸門永續設計」（permaculture），更是標榜「問題即是解答」，將麻煩的問題當作解答，設計者以不同角度思考存在的問題，以及問題為何會存在背後的相關因素，進而加以利用。例如：一個看似泥濘排水不良的鬆軟土地，不適合建造傳統的果園，但卻可用來設計成水池並且搭配水生作物，變成絕佳地點（Turner, Tammy 著／徐嘉君譯，2016：1-14）。因此，「問題設計」的解決問題方案，並非要只有克服問題或是設計與問題對峙的方案而已，「順勢設計」也是一種解決問題的設計思考方式。

三、連結設計

　　「連結設計」（design for connectedness）的設計概念，指出設計並不是關心被設計對象產品本身而已，而是考慮產品對象與社會對象之間的連結關係與連結感的設計，設計對象會帶給使用對象一種情緒、心情，而不只是產品機能而已。設計物本身具有連結使用者的使用行為、使用心理以及設計物本身與社會等層次，也就是，設計物不只是單一的設計物，設計物本身連結了使用者個人、個人生活、人與人的社群、個人與社會的連結關係。

　　就如同目前在全世界許多地區，面對高齡化的老化社會現象，Wildevuur, S. 等人（2016）以「老化驅動設計」概念，強調設計與社會的連結關係，並強調要運用創新設計（尤其是高科技產品）來促進「連

結感」（connectedness）（Wildevuur, S. et al. 著／顏志翔譯，2016：前言）。而「連結感」是「關係到我們身分建構的過程，在我們追求獨立自主同時，也和他人情感連結的需求。連結感同時是一個商業契機，有助於輔助科技與通訊方面的市場機會。而爲連結感設計（design for connectedness），指的是創造一個（廣義的）環境，支持、加強並促進那些得以改善的人生福祉的重要事物。」（同上）。

　　另外，岩佐十良（2018）也提出「共創設計」（social, line, design）理念，指的是連結世界上的物與物、人與人，打造新的價值觀，改變看事情的角度，就可以把它們挖掘出來（岩佐十良著／鄭舜瓏譯，2018：233-235）。「共創設計」的精神也是將設計對象與社會關係進行連結的設計行爲。

　　上述是個人（微觀）角度在設計上如何與人及社會情感之間的相互連結，這些概念從整體（宏觀）角度來說，就是一種社會系統性關聯的「整合設計」[12]。如同 Papanek, Victor（2013）認爲設計最主要的問題是傳授了過多的設計課程，反而忽略了生態、社會、經濟、政治環境的課程，進而提出將設計視爲整體的、全面處理的「整合設計」，是一種系統性、非單一線型、考慮各種跨專業領域因素、從社會角度審視問題的設計方式，將社會群體、階級及不同社會成員納入，並審視設計與社會現況（Papanek, Victor 著／楊路譯，2013：377-385）。

四、地方性設計

　　許多設計師（尤其是設計菁英）經常會從外面其他強文化社會，帶入地方各種所謂新的創見與新的做法，卻未自覺已經衝擊原有的、隱性

---

[12]「整合設計」的臺灣社會設計案例：2012 年在臺灣發起的「5% Design Action 社會設計平台」是社會創新的設計思考實際行動理念，是「以設計行動專案募集跨領域設計師與專業，投入 5% 業餘時間，將原本專業能力貢獻於社會關鍵課題。另外專案也以『服務設計方法』串連與相關公部門、NPO、私部門一起進行找尋創新機會與解決方案。」（5% Design Action, 2021）

的、式微的、弱勢的「地方性」特質。

　　甚至在臺灣各地方，許多政府的標案爲了要趕在年底結案、結算，達成業績免被處罰，而粗糙的急著做出一些違反原有地方性的各種建設、設施物、計畫等，使得地方發展產生各種錯亂現象。許多地方在過多政府預算建設經費之下，卻反而讓原有的地方特質移轉、消失殆盡，產生一種爲地方發展卻喪失地方性的混亂現象。於是在臺灣各地目前大概只有離島及偏遠鄉鎮，由於政府經費不足、無法過多建設，卻反而保存了自己的地方特質，而政府長期投入建設經費愈多的城鎮，反而大家同質性愈高、長得愈來愈一樣。

　　因此，無論是哪些社會設計需要重視「地方性設計」（design for locality）的理念，盤點以及以當地地方性作爲其他地方不可替代的重要特色，不僅地方特殊地景，地方居民的集體記憶、地點感、地方意識等具有意義的場所，都是地方設計重點之處。

　　所以，地方設計理念強調的是「誰的地方」、「誰的地方性」，因爲不同的社會階層、社會角色與位置的不同，對於「地方」及「地方性」的看法便會不同，例如：統治階級與社會大眾的看法便會不同。Cresswell（2006）認爲對於當地居民而言，海洋是充滿了特殊精神及危險有關的地方，而對於殖民者而言，望著海洋僅看見空蕩蕩的「空間」，而原住居民卻看見了「地方」（Cresswell, T. 著／王志弘、徐苔玲譯，2006：17）。例如：蘭嶼，對政府上層是一個解決核廢料問題之處，對於觀光客只是潛水好玩之地，但是眞正的地方卻是具有情感、長期生活、居住、經驗於此的原住居民。

　　因此，地方是居民的凝視及其所見之處，並非外來者、研究者、設計師等其眼中的地方及地方性。所以，廖世璋（2016）提出「地方性」一詞時反覆考慮甚久，究竟是要使用「locality」或是「locals」，其反思目前在臺灣許多政府單位及學者、研究者、設計師等專業人士，無論在政府政策、學校教育培育或個案實務操作時，都會「講」地方、地方性的重要性，但是在臺灣當地的地方性之發展脈絡中，從過去截至

現在，許多政府、專業者等他們眼中的地方及地方性，其實是一種「外來凝視」，許多人及計畫都存在著可能是外來西方文化、菁英學院派、高級理念等，包裝爲「進步價值」來說服所有人，「外來凝視」反而取代及扼殺了地方「居民凝視」的地方性，因此，才會選擇使用「the locals」（原爲：農民、居民之意）想要進一步深刻表達的「地方性」一詞，以及批判反思在臺灣各地出現的「反地方性」現象。

由於這些「外來凝視」又帶著專業階層地位及政府資金，經常在地方上做錯事，雖然口頭講著「地方」重要性，但是引入的許多建設計畫、活動計畫等，都造成「地方錯置」。Cresswell（2006）分析「地方錯置」就是某些外來者在地方所做行爲的「不得其所」，某些行爲本身是無礙的，但是放置於某些地方卻會產生極大衝突且格格不入（Cresswell, T. 著／王志弘、徐苔玲譯，2006：164-165）[13]。甚至產生巨大的衝擊而喪失了地方特色，只是爲了迎合少數社會高層、特定階層人士的喜好，然後以漂亮的設計方案圖面以及具「進步價值」的設計構想說明，隱藏少數人的意識形態與階級利益，說服社會大眾所有地方人士。

除了地方錯置現象之外，更嚴重的是專業者的外來凝視也經常會讓「地方」做成「非地方」（Non-places），例如：Augé, Marc（2017）

---

[13] Cresswell（2006）也指出「地方」可進一步關心與研究的議題與現象，包括：地方與再現（地方如何被及誰有權再現？什麼不被再現？爲何用特殊形式再現？例如：觀光局、政府、房仲等以某種形式再現，或是以文學、音樂、電影等再現）、地方錯置（地方在正常建構時扮演何種角色？特定的人事物如何關聯起來？何時決定及產生錯置而不得其所？例如：在地方突然出現的摩天大樓、大型運動場館等層出不窮）、全球地方感（全球化過程如何改變傳統的地方感？跨國企業如何在地方運作？網際網路對地方的影響現象及如何創造虛擬地方？食物、音樂、服飾等如何產生全球地方感？全球移動性是否造成無地方的地方？）、地方與記憶（地方與歷史的關聯？物質地景紀念哪些記憶？又隱藏什麼記憶？記憶如何多所爭議？）、實踐與地方（實踐與地方如何產生關係？日常重複性活動如何產生特殊的地方感？如何產生某些實踐形式並壓抑其他實踐？）、地方與政治（政治人物如何透過創造政治疆界來促進地方？利用什麼策略創造從地域到全球的政治地方？國際化過程如何創造出新地景？）（Cresswell, T. 著／王志弘、徐苔玲譯，2006：221-226）

所說：「若地方的定義是歸屬感，包含人際關係且擁有歷史性，那麼一個不具歸屬感，沒有人際關係亦非歷史性的空間，便可定義為『非地方』。」（Augé, Marc 著／陳文瑤譯，2017），然而，如同 Augé, Marc 所說的「非地方」其實就是烏托邦理想的相反意義，非地方雖然存在卻不會與地方產生互動或照護地方，非地方空間只與旅客、顧客、使用者、閱聽者打交道（同上）。尤其是現在臺灣流行所謂的文化創意產業，因此產生「文化就是好生意」而文化商業化走向，地方文化成為地方符號消費的對象，許多民宿、旅館、餐廳、紀念品店，甚至中途的加油站、休息站等，運用吸引遊客消費的商品設計、圖像與風格，在店內集合各種地方特產與外來工藝品，成為一種商業圈地，成為在地方中的非地方。

在此，「地方設計」理念反思出在臺灣各地的發展脈絡中，至少出現三個地方在設計上的問題現象，並且值得關注，分別是：地方性的外來凝視、地方錯置、地方中的非地方。

五、社區設計

山崎亮（2015）強調由市民參與為主的「社區設計」（community design）方法，讓使用者直接參與設計過程，改善空間利用、空間廢棄、人口外移、高齡化社會等傳統空間設計無法顧及的問題。他認為聆聽地方居民心聲是第一步工作，而社區設計的目的：不是打造只讓一百萬人來訪一次而是能讓一萬人常來造訪一百次。因此設計是用來解決社會課題的工具，而「社區設計」一詞在 1960 年已使用在日本建造新市鎮的過程，城裡聚集大量來自各地的人，社區設計大量使用於活動中心及社區廣場，以建立更好的人際關係網絡，但是山崎亮認為社區設計是只要有人集居的地方就適用社區設計（山崎亮著／莊雅琇譯，2015：1-29）。

山崎亮（2018）認為面對日本的社會斷裂、社群弱化等問題，讓整個城市逐漸變得無趣，城市中人口增加密度過高及偏鄉人口減少，過去

偏向重視硬體，加上以公共與社群與城市發生關係等現象與理念，認爲
需要更加重視「社區設計」的發展（山崎亮著／莊雅琇譯，2018：15-
74）。他分析日本共經歷三種「社區設計」的發展過程：第一，社區設
計 1.0：在日本 1960 年代盛行，是以建築物等硬體建設爲前提，再從
中發展出社群。第二，社區設計 2.0：在 1980 年代盛行，主要是將社
群的意見反映在硬體建設之上。第三，社區設計 3.0：在 2000 年之後，
不以建築物等硬體設施爲前提，是以當地居民及地方活動建立起較爲寬
鬆的人際關係，協助解決自家地區面臨的課題（同上：114）。而這個
現象與臺灣社區營造的發展脈絡極爲相似，臺灣也是從一開始重視社區
硬體、硬體與軟體並進，以及現階段反而重視軟體在社區重要於硬體建
設本身。

　　「社區設計」（community design）在臺灣由於過去「community」
早已經翻譯成「社區」，其實這是有問題的，「community」應該是「共
同體」之意，也就是只要具有歸屬感、認同感的成員，聚集在一起（並
非在地理、社區）才會產生「community」，也就是缺乏核心的歸屬
感及認同成分則「社區」是空談。臺灣目前許多社區都只是政府管理
上的分類方式，例如：鄰里，找到地方的價值、精神、文化等成爲社
會各成員凝聚的基礎，才會形成社會「共同體」，因此，「community
design」應該是社會中的「社群設計」，在「社群設計」概念中，具有
核心思想、成員願意自主的相聚一起，彼此互相認知爲團體的成員夥
伴之一，便會出現社群共同體，且也才具有意義。不僅在現實世界中
出現的是社群共同體，在網路上出現的各種網路社群也是共同體，而
「community design」社群設計其成員認同精神重要性遠大於形式與地
理疆界，這也是此設計理念的重點 [14]。

-----

[14] 有關社區設計的行動，Sangiorgi, Daniela（2019）則整理 Ozanne and Anderson
的社區行動研究，具有三項指導原則：第一，在研究過程中，包括與社區的多
個參與者建立研究夥伴關係。第二，引導在地定義的優先事項並致力於社會正
義。第三，以社區教育及賦權方式鼓勵民眾學習新技能，體現在自己的社會及

經濟條件之中，在自己的興趣中行動（Sangiorgi, Daniela, 2019: 267）。而如何推動社區設計，山崎亮（2018）認為可分成四個階段（山崎亮著／莊雅琇譯，2018：172-185）：(1) 傾聽：從事什麼活動、活動過程遭遇哪些困難、如果還有其他人的資源能否引薦。在當地四處走訪以調查需求，傾聽是一種能力。(2) 工作坊：在腦中出現幾個方案後，設計可以讓居民對話的場合，不將自己的想法及遐想的專案等直接傳遞給民眾，否則容易讓居民產生「那是你要的？」或是「既然你說了，就做吧？」等外地人幫我們做等問題。(3) 打造團隊：讓居民分工、提升士氣、共同討論從哪裡著手。(4) 活動支援：尤其是活動初期更需要人手，相互支援，逐漸加以完成。不過，在實務現場上很少需要依照順序一步一步進行，上述指示基本形式，是社區設計需要面對地方條件、居民個性差異等等因素彈性調整，而不能一概而論。另外，有一偏向運用網路及大數據分析的物理學概念研究，Pentland, Alex（2014）提出「社會物理學」（social physics），他認為「社會物理學是一門量化社會科學，描述資訊與意念流與人類行為之間確實的數學關係，幫助我們了解意念如何經由社會性的學習機制在人際間流動，以及這種意念流如何決定企業、城市和社會形成規範，影響其生產力和創造力產出，它使我們得以預測小群體、企業部門，以至於整個城市的生產力，幫助我們調整交流網絡，可靠的提升決策品質和生產力。」（Pentland, Alex 著／許瑞宋譯，2014：16）

社會設計：理論與方法
Social Design: Theories and Methods

第 3 章

社會設計的「設計」方法

第一節　爲使用者的創新設計方法

一、圖解設計思考

(一) 概念論述

　　圖解設計思考就是運用圖像方式將所要設計的對象視覺化，就如同 Laseau, P.（1990）所說「圖解思考」是「一種交流的過程」，可以視爲作者與設計草圖之間的相互交流，交流過程涉及速寫形象、眼、腦及手（Laseau, P. 著／邱賢豐譯（1990：9）。同樣的，原田泰（2012）也認爲「圖解就是把關係視覺化」，而「所謂的圖解就是運用視覺化的手法，表達事物彼此的關係」以及「成爲社會上通用的溝通語言」（原田泰著／許郁文譯，2012：34-35）。

　　也就是，圖像化設計的對象不僅是利用許多圖案、造型、線條、符號、圖騰或色彩等元素視覺化，更重要的是具有社會溝通功能的圖像，才是圖解思考的重點，也就是，讓圖像成爲一種社會語言及溝通工具。原田泰（2012）認爲要正確表達自己的想法並不容易，「表達」是從自己對事物的解釋、發現與整理，到訊息傳達讓別人也能了解的方式，而站在接收者的換位思考是基礎，從對方觀眾或讀者角度思考找出適合的表達方式（原田泰著／許郁文譯，2012：20-22）。因此，基本上圖解思考的關鍵，在思考上需要換位思考，在表達上需要利用圖像工具，在溝通上圖像本身需要容易被閱讀與理解。而圖像呈現的類型只是一種參考[1]。

---

[1] 例如：原田泰（2012）整理輔助思考的圖解呈現類型，包括：資料關係圖解、因果關係圖解、分類圖解、背景配置圖解（繪製資料全貌藍圖，例如：分布圖、地圖、表格等）、元素標準化圖表（繪製簡單圖表，再將元素填入，例如：九宮格、陣列圖等）（原田泰著／許郁文譯，2012：25-27）。Lupton, E.（2012）以圖解的圖像用來獲得設計靈感，其方法：視覺清腦法、強迫連結法、動態動詞法、廣納百川法、視覺修辭法、圖像標誌象徵圖案法、團隊合作法、共同

　　然而，這些都只是工具類型，需要依照當時現場狀況隨時改變與因應，也就是「因地制宜、因案而異、因果關係」（在其他單元詳述分析），畢竟圖解思考是作爲個人內在思考運用圖像的外在呈現，以及圖像作爲語言，與他人溝通的工具。

　　所以，圖解思考是以圖像化方式進行思考，主要功能可分成三個領域：

1. 具體化構思：將原本抽象的思考、構想、價值、意義等想法轉換爲較具體的圖像，雖然過程中可能經歷發散、片段或跳躍式想法，但圖像總能協助持續往下構思，將抽象觀念具體化呈現有助於進一步思考。
2. 工具化溝通：除了有助於具體思考設計之外，圖解出來的各個圖像，也將作爲語言溝通工具。圖像有助於不同人之間的溝通理解，協助原本的語言訴說與文字閱讀。有鑒於此，在圖解的過程中也需要考量使用溝通對象能理解的圖像，才能有效成爲具體溝通工具。
3. 整合化方案：圖像除了具體化抽象構想、與他人溝通之後逐漸產生設計方案，整合許多片段的設計構想，逐漸產生完整的設計方案。

(二) 行動方法

　　如上述所分析，圖解思考的方法需要因地制宜、因案而異，因爲圖像是一種語言功能，無論是哪一種組成性質及人數的設計社群，其設計社群內的成員要能透過圖像輔助較爲抽象的說話、文字而能相互對話、討論，因此需要利用能溝通的圖像。然而，無論是各種不同的設計主題對象、設計社群的性質、素養、需求及問題皆有所差異，而需要量身定做操作方法。

　　在此前提之下，Laseau, P.（1990）認爲圖解思考是一種循環過程，需要驗證確定以利方案發展，可分成四個階段（Laseau, P. 著／邱賢豐

設計法、視覺日誌法、語譯檢視法、概念簡報法（Lupton, E. 著／林育如譯，2012：60-111）。

譯，1990：135-150）：

1. 表達：透過設計圖像表達。

2. 評價：建立一套標準決定取捨及比較各個不同方案。

3. 鞏固：在討過程會出現大量訊息，鞏固的目的在於將大量訊息盡可能與優秀的方案連結在一起。

4. 精心推敲：在細緻深入做出抉擇之後，將出現新的想法，必須組織將這些想法產生新的方案，如此再從前面「表達」開始而產生一再循環的設計思考過程。

　　在圖像化的呈現方式中，可進一步運用 Skolos N. 及 Wedell, T.（2014）的「設計過程」，分成（Skolos N. and Wedell, T. 著／林育如譯，2014：目錄頁）：

1. 研究：先建立設計師與使用者之間互動回饋的模式及方式。

2. 靈感：靈感的激發可來自其他領域，可能在反覆思索某個概念中產生，或是在一連串巧合之下靈光乍現。

3. 繪圖：設計作品要傳遞的訊息很多，設計師需要建構一套條理分明的視覺語言加以詮釋，設計師需要建構這套語言的所有要素，才能整理出對應的視覺文法，而繪圖有助於這套視覺文法的發展。

4. 敘事：在敘事的框架中我們都可以是設計心血中的重要男女主角。

5. 抽象：當設計師試圖利用或創作獨特的標誌、圖像象徵來表現概念時，其他相關的議題可能浮現甚至扭曲設計的原意。

6. 發展：設計師在發展階段，有明確的設計概念但還是極為脆弱的，往往做過了頭反而讓原有的概念消失。

7. 協同合作：設計師需要與其他設計師、廠商等保持聯繫及建立合作網絡。

(三) 問題反思

　　圖解思考就是利用圖像進行「分解、解說、理解」等設計的過程與成果，將抽象想法轉為較具體的圖像語言，與其他語言、文字等共同進

行「整合傳播」。因此，圖像本身作為一種語言，其功能是作為自己的內心想法的外在表達，也是人與人之間的橋梁作用，所以，每一個設計個案都必須注意因地制宜、因案而異、因果關係。

由於不同設計社群關係人其組成的性質及規模數量不同，這些社會成員由於過去自己接觸家庭、學校、組織團體、文化等社會生活經驗不同，因此，需要思考溝通者、未來使用者等，其不同社會階層或階級、角色與位置、種族與社群文化、個人文化資本的差異性。

由於圖像作為一種溝通語言，亦可留意這些設計社群相關關係人或未來使用者的「集體記憶」，運用記憶中的各種符號圖像，將這些抽象記憶進行圖解化。由於這些圖像記憶具有該社群成員社會生活經驗的共通性，因此，思考、尋找及運用社群成員其過去較為集體經驗中的圖像，更容易被閱讀與理解而能成為溝通的工具。例如：在社會特定時空發生的歷史事件、集體的生活經驗等記憶，都是由各種圖像的畫面組成，而這些成為設計溝通的圖像語言，像是嘻哈風、龐克風、普普風、巴洛克風或其他文化風格等，就是在特定年代中當時社會出現的特定圖像與符號所共同形塑而來。

二、為使用者而設計

(一) 概念論述

在西方，設計思考的發展脈絡上有所不同，Kimbell, Lucy（2019）整理了在西方幾個重要的設計思考方法及歷程，如表 3-1 所示。其中，雖然簡化設計思考發展歷程，不過還是可以做出簡易的比較分析，例如：設計聚焦之處從設計師個人到組織資源的發展，設計的宗旨從解決問題到設計創新，設計的關鍵概念也從較為單純的智力思考到複雜化的同理心、綜合思維及歸納思維，而設計的行動也從傳統的設計學科到運用地方環境特性等複雜技術。

表 3-1　描述設計思考的不同方法

	設計作為一種認知風格	設計思考作為 設計的一般理論	設計思考作為 組織的資源
關鍵文本	Ceoss, 1982; Schon, 1983; Rowe, 1987, 1998; Lawson, 1997; Cross, 2006; Dorst, 2006	Buchanan, 1992	Dunne and Martin, 2006; Bauer and Eagen, 2008; Brown, 2009; Martin, 2009
聚焦之處	個人設計師，尤其是專家	設計作為一個領域或學科	商業及其他需要創新的組織
設計宗旨	解決問題	馴服邪惡的問題	創新
關鍵概念	設計能力作為智力的一種形式；行動中的反思，外展性思維	設計沒有自己的特殊主題	可視化、原型設計、同理心、綜合思維、歸納思維
設計問題的性質	由於問題和解決方案共同發展，設計的問題是不健全、生病的結構	設計問題是邪惡的問題	組織問題就是設計問題
設計專業和行動的位置	傳統的設計學科	設計的 4 個指令	從醫療保健到獲得潔淨水的任何環境（Brown and Wyatt, 2010）

資料來源：Kimbell, Lucy（2019: 281）及自行翻譯。

　　迄今，「為使用者而設計」已經是極為普遍的設計基本概念[2]。Leifer, L. 等人（2019）認為在設計思考的基礎上，需要對於使用者對象事先進行「aeiou」使用者素描，所謂的「aeiou」分別是：活

---

[2] 以使用者為中心的設計，可以涵蓋林崇宏（2010）整理傳統的設計領域分類，則包括：視覺設計（平面設計、廣告企劃、商業攝影、包裝設計、商業插畫、多媒體）、工業設計（電子產品、機械產品、資訊產品、交通工具、流行商品）、空間設計（展示空間、室內建築、環境景觀、公共藝術、戶外空間、舞台設計）、數位媒體（電腦動畫、虛擬實境、媒體影片、網頁設計、網際網路、視訊連線）（林崇宏，2010：12）。但是其中缺少了社會計畫相關的社會設計，社會計畫的社會設計更是需要以使用者社會大眾為核心。

動（activities）、環境（environment）、互動（interaction）、物件（object）、使用者（user）（Leifer, L., Lewrick, M. and Link, P. 著／周宜芳譯，2019：31）。而 Brown, Tim（2010）更進一步的認為設計思考不只是關乎風格，而是如何打動人心（Brown, Tim 著／吳莉君譯，2010：45-74），並且要將「人」放在第一位，從他們的生活中學習，觀察人們隱藏其中的事情，同理心地設身處地、感同身受（同上：73-102），更重要的是打造人人都是設計思考家的體驗文化，從只是來消費變成參與，以參與式的體驗誘導民眾改變行為（同上：155-176）。

　　另外，「為使用者而設計」的使用者心理學占有重要地位，因為設計思考不只重視使用者使用行為、環境等外在因素來加以設計思考，更是包括使用者內在的心理層面。Norman, Donald A.（2014）從心理學角度分析在設計思考上，產品與使用者互動的基本原則，是設計師能創造愉悅的體驗，在讓使用者體驗之際，可發現有六個基本心理觀念（Norman, Donald A. 著／陳宜秀譯，2014：36-58）：

1. 預設用途：使用者能淺顯的見到產品提供操作的有力線索及可行性，而不需要多餘的指示或引導。例如：椅子提供支撐用途等。

2. 指意：確定該採哪種行動，該行動在哪裡發生，向人傳遞適當行為的指示方法，包括：符號、聲音及所有能被知覺的信號，例如：門上「推」字等，可用來協助及明確化預設用途。

3. 對應性：例如：方向盤順時針則車子往右轉等，是控制介面與產品運作之間的對應關係設計；許多感覺上很自然的對應，卻是與當地文化有關。

4. 回饋：為傳達一個動作的結果，回饋需要是立即的，回饋的訊息有時候太少或太多都會是問題，回饋的合適性、準確性需要設計，回饋必須是有計畫的，所有行動都要回饋但不能產生干擾，例如：車子回饋的亮燈、聲音等訊號。

5. 概念模型：是一個東西如何運作的解釋，通常都是高度簡化的，例如：電腦中的資料夾圖示只是一個有效的概念，讓人容易了解使用，

提供預測事情會如何進行的理解方式。

6. 使用侷限：使用侷限存在於外在世界與個人內在知識，外在世界像是環境條件、每項產品等都有自己的特色與侷限；使用者個人則是現實世界生活中記憶知識有所不同。產品在使用上都是個人內在與外界知識連接起來運作，例如：打字只是需要熟悉鍵盤位置速度就會很快；人們是透過什麼樣的陳述知識及怎麼做的程序性知識來運作，而且會隨著文化而改變。另外，有物理、文化、意義、邏輯等四種常見的侷限[3]。

(二) 行動方法

為使用者而設計的操作基礎，可運用使用者心智模式的方式操作，Leifer, L. 等人（2019）將設計思考的心智模型分兩大層次，從發散到收斂的思考過程（Leifer, L., Lewrick, M. and Link, P. 著 / 周宜芳譯，2019：39）：

1. 發散思考：針對新問題的陳述，強調差異化的問題辨識、討論、不同觀點等。

2. 收斂思考：找出決策點，強調整合性的優先順序排列、挑選、改良、或整併等。

Norman, Donald A.（2014）則提出產品與使用者互動的七個基本原則，在設計時可以對應的方式，分別是（Norman, Donald A. 著 / 陳宜秀譯，2014：103）：

1. 可發現性：設計當使用者發現哪些操作是可能的，以及了解設備當時

---

[3] 除此之外，Norman, Donald A.（2014）認為人在使用物品從事活動時，經常面臨兩個障礙，為：執行障礙（要弄清楚東西怎麼用，萬一錯誤如何排除）及評估障礙（了解發生了什麼事，評估要完成需要花費的力氣），設計就是在幫助人們跨越此兩種障礙。如果這件事物容易了解且符合使用者期待，則評估障礙會變小，我們用指意、使用侷限、對應性及概念模型來跨越執行障礙，用回饋及概念模型來跨越評估障礙（Norman, Donald A. 著 / 陳宜秀譯，2014：67-69）。

的狀態。

2. 回饋：操作的結果及當前的狀態提供完整且連續的訊息，當一個動作執行後很容易掌握新的狀態。

3. 概念模型：提供一個良好的概念模型所需要的訊息，讓使用者能理解及掌握，提高可發現性及結果的評估。

4. 預設用途：適當預設用途讓必要的活動受到注意。

5. 指意：指意的有效利用能確保可發現性，以及回饋良好的表達與理解。

6. 對應性：盡可能透過空間及時間上的配合，用良好的對應原則來安排控制器與行動之間的相對關係。

7. 使用侷限：提供物理、邏輯、語意和文化性的使用侷限來引導行動，減少多餘的解釋。

而以使用者為中心的基本設計思考為「換位思考」，亦可運用 Leifer, L. 等人（2019）提出的「微觀週期」設計思考，整體過程中由各階段「微觀週期」一再循環思考，形成從早期問題發想到後期為問題收斂的整個「宏觀週期」過程。「微觀週期」其步驟及做法，分別是（Leifer, L., Lewrick, M. and Link, P. 著 / 周宜芳譯，2019：40-45）：

1. 理解：對方的問題、需求、挑戰等。

2. 觀察：檢視、記錄等。

3. 定義觀點：參考、解讀、權衡等建立知識基礎。

4. 發想：腦力激盪、草圖創作等提出最多概念。

5. 原型：收斂為製作成為原型。

6. 測試：與潛在使用者互動進行前測。

7. 反思：提問、探究觀念與測試結果是否符合主張及資源效率，進行收斂。

另外，Brown, Tim（2010）則提出以「3I」思考創新的過程，包括：發想（inspiration）、構思（ideation）、執行（implementation）。其中「發想」是刺激尋找解決方案的機會與需求，「構思」是想法的催生、

發展及驗證，「執行」是從研究室通往市場的步驟，這些是交互影響的非直線走法，是一個探索的過程，設計思考需要有開放的心態，採取互動的做法，最好能採取實驗性的做法，分享過程，鼓勵集體思考，讓成員彼此相互學習（Brown, Tim 著／吳莉君譯，2010：48-50）。而上述這些操作過程都可以使用者為中心的角度進行設計思考。

(三) 問題反思

「為使用者而設計」，其實在目前的設計工作大致上都是以使用者為中心，那麼，為何還要再次強調以使用者為中心的設計？這是因為在資本主義發展背景之下，以使用者為中心的設計是為了要商品化，是考量到市場及商品的銷售率為主。因此，在此所強調的以使用者為中心的設計，並非完全排除原本的商品化市場考量，如此，才能讓被設計對象能被市場接受，但光只是這樣是不夠的。

也就是，除了使用者為「市場」中「消費者」的顧客需求之外，更包括將使用者視為「社會」中「民眾」的使用者設計等，同時涵蓋此兩大層面才是本單元要強調的「為使用者而設計」，如此，更是將原本的一般商品設計轉向為社會設計的概念。

因此，使用者需求的設計條件，就不只 Brown, Tim（2010）所認為的如此簡單，Brown, Tim（2010）認為在設計上少了「限制」就不可能有好的設計，好的設計往往都是來自於嚴苛的限制，因此在設計過程中第一階段就是找出哪些重要的限制，之後建立評估架構。可以利用以下三個彼此重疊的準則作為評估架構，計有：可行性（產品的功能應用上具可行性）、存續性（產品是否有可能成為公司或組織永續商業模式中的一部分）、需求性（對使用者有價值能抓住消費的心），設計需要分別一一解決此三大限制以達到和諧平衡狀態（Brown, Tim 著／吳莉君譯，2010：51-52）。然而，上述僅為「為使用者而設計」的第一個層面，是將消費者視為使用者的商品設計而已。

在第二個「為使用者而設計」層面，是以使用者（民眾、社會成

員）爲主體，將其置於自然與社會文化脈絡的客體環境之中，所關注的各項設計需求與設計議題。將各種社會對象的使用活動視爲社會行動，將使用者置於社會情境脈絡中，進行分析與設計，就會浮現例如：所處環境汙染、生態破壞、社會失能、文化歧視、文化刻板印象、種族問題、勞動剝削、商品異化、資本懸殊差距、社會不平等、社會正義等等問題，作爲回應使用者所處的自然環境與人文環境而設計，而不只是以人爲中心的商品化設計。

上述「爲使用者而設計」的兩大層面，就是同時視使用者爲商業顧客以及社會民衆，在設計思考上除了將商業顧客置於整體商品市場脈絡中，以使用者爲中心進行設計思考，同時更加強調視使用者爲民衆，在設計思考將民衆置於社會發展脈絡中，進行社會關係與社會行動的設計思考。

然而，從過去設計發展迄今已經相當多年，以使用者爲中心的設計思考亦發展多年，現今卻一再出現社會環境面的種種問題，Irwin, Terry（2019）認爲目前氣候變化、喪失生物多樣性、犯罪、貧窮及汙染等惡化問題，來自於大型社會技術系統中的「系統問題」。因爲工業革命以來過度重視專業分工，因爲各做各的而造成整體性的問題，因此他提出「過渡設計」（transition design）[4]，並認爲此設計方式不是固定樣版而是一套邏輯，用系統性的問題思考，在設計過程中持續不斷系統性思考及整合出設計的方案。

---

[4] Irwin, Terry（2019）認爲「過渡設計」（transition design）是一種使用者與設計者一起組織起來共同運作的設計工作，以及是一種分階段進行的工作（Irwin, Terry, 2019: 434-435）。而過渡設計操作的三個主要階段，分別是：重新架構現況與未來（re-framing present and future）、設計干預（design intervention）、等待與觀察（waiting and observing），之後再回到重新架構現況與未來等一再循環（同上：436）。「過渡設計」在設計過程的做法，包括：(1) 可視察化及拼圖反映出各個因素之間複雜的相互關聯性與相互依存關係；(2) 將設計思考置於較大的時空環境中思考與實踐；(3) 辨認及彌合相關利害關係者的衝突；(4) 促進相關利害關係者共同創造理想未來的願景；(5) 在大型問題系統中，確認可使用於預防措施的槓桿點（同上：431）。

三、創新設計

(一) 概念論述

　　Verganti, Roberto（2011）分析了近數十年的設計文獻中發現兩種趨勢，第一，激進創新雖然有風險但卻是長期競爭優勢的主要來源；第二，消費大眾購買的不是產品而是購買意義。因此，其認為創新有兩種策略：第一，透過突破性技術使產品性能大幅躍進；第二，更加詳細分析使用者需求進而改善產品。前者是技術推力的激進式創新，後者是市場拉力的漸進式創新。然而除此之外，有第三種創新，第三種策略則是「設計力創新」，屬於意義的激進式創新，透過意義創新創造競爭優勢（Verganti, Roberto 著／呂奕欣譯，2011：41-43）。

　　「創新」思維是當代社會在全世界各地共同的文化現象，創新看似以使用者為中心的創新，但卻不完全如此，就如同 Verganti, Roberto（2011）也認為創新並非是由使用者為中心的市場來反應設計，而是「意義的詮釋者透過設計論述」，直接賦予企業與消費者個人在生活脈絡中的想像（同上：168-172）。

　　創新設計與上述「為使用者而設計」有所差異，差異之處在於以使用者為中心的設計，主要是滿足使用者的需求及解決使用者的問題為基礎，而創新設計則是需要設計師重新「再現」以使用者為中心的設計，而所謂的「再現」就是在設計中重新詮釋、論述、轉化、轉譯等以提升創新價值。

　　在「商品化」創新方面，就如同 Verganti, Roberto（2011）認為設計力的創新策略是藉由「賦予事物意義」，並將設計力創新納入企業策略中、技術拉力與設計力創新等彼此產生交互作用、公司或組織納入設計力創新的價值與挑戰等（同上：59-166）。在「社會化」創新方面，Verganti, Roberto（2011）也認為任何產品都有意義，設計是為「賦予事物意義」，不僅反映在設計，而是人們總是在日常生活中將所有事物賦予意義（同上：66-71）。

也就是，在設計對象中賦予社會生活的價值與意義，將設計對象視為一種社會符號、象徵語言等進行設計與思考，創造新的社會符號以及該符號所象徵的社會價值意義與文化。例如：「智慧型手機」的創新，不只是商品化的設計創新，也是社會創新，在社會中產生創新出新的符號、新的象徵意義，以及新的社會生活型態。

(二) 行動方法

Verganti, Roberto（2011）認為設計力創新的基本流程及要素，包括：詮釋者（與設計論述一起研究）、傾聽（尋找並吸引關鍵詮釋者）、詮釋（發展自己的願景）、訴說（善用詮釋者的誘導力）等（Verganti, Roberto 著／呂奕欣譯，2011：167-264）。其認為設計力創新的流程，就是尋找詮釋者、進行大量訴說、傾聽及整理成知識、賦予新的意義與語言、推銷給消費大眾，而消費大眾本身也是詮釋者，所以，與設計者互有引導關係，其進一步提出的操作方式，主要如下（同上：186-189）：

1. 傾聽設計論述：獲取新產品潛在意義與語言的知識，需要持續辨識及吸引關鍵詮釋者。
2. 詮釋：從關鍵的意義詮釋者進行的設計論述中，加以整合、重組，進行內部的研究與實驗。
3. 提案：以最適切的方式訴說設計論述，讓詮釋者藉此方式整理成新的提案。

(三) 問題反思

創新設計是設計者運用原有的使用者相關資料「再現」設計，並非發展一個「完全跳脫」當地社會文化脈絡的全新設計，反而比較像是設計創造出一種具有社會象徵意義的新符號對象。

然而如同上述，創新設計似乎如果能由使用者自己著手，似乎所創造出來的新象徵符號，更容易貼近他們所能閱讀、喜歡的對象等。從社

會設計的觀點來看，將使用者與生產者二者合一的設計流程，更是一種
創新設計，而不只是由設計師自己個人的創新設計，創新設計的過程似
乎是一種集體協作的創新，使用者與設計者一起參與的「協作創新」，
更能符合現代社會的發展趨勢，如此也更加深創新設計的特色。也就
是，設計創新並不是只有設計結果的創新，除了設計過程加入創新之
外，設計方法的創新也會引導出新的發現，最後是設計者的創新，將
原本設計者更改為其他不同社會角色與位置的人，也是一種設計創新
方式。

四、反思設計

(一) 概念論述

　　相較於上述各類型的設計思考，反思設計（reflective design）的社
會關心程度以及批判性較高。Toorn, Jan van（2019）對設計以反身性
（reflexivity）角度提出批判性的思考，他認為每一種專業實踐都在精
神分裂狀態下運作，充滿不可避免的矛盾，傳統上設計師是為了公共利
益服務，但是又出自於客戶及媒體私人利益的參與，為了執行需要不斷
調解來達到共識，不斷的來消除這些內在的衝突，這是與當前社會關係
的和解，也就是，設計要接受既定的世界秩序作為自身行動的背景，透
過不斷的解決生產關係中的衝突，設計與其他學科合作，產生設計概念
與產品實踐之間的連貫性，使其在世人及媒體中同時具有體制性及代表
性，在已經建立的體制中展現設計，而這是因為「象徵形式來自於社會
形式」（Toorn, Jan van, 2019: 175-176）。

　　如此，我們存在於社會中的各種設計事物對象、設計所用語言、設
計方法及工具等都存在著一個被長期建構而來的社會框架，在框架中被
賦予了「設計秩序」成為規則與結構，並在此被框架的領域中設計者及
使用者而不自知，不僅如此，在被建構的秩序中，進一步被區分成：主
流及非主流的設計者、設計方法、設計對象等。在各個年代社會中出現

流行時尚其本身就是一種由設計所帶領的風潮等，我們並未反思在社會日常生活中出現看似合理，卻隱藏著各種不正常的設計神話（the myth of design）。

目前當代社會已經出現對於各種事物，產生是否合理的設計思考，於是出現了批判與反思的設計認知。Anthony Dunne, A. 及 Raby, F.（2019）也提出「設計即批判」，認為「批判設計」以推測性的設計提案來挑戰存在於日常生活中的產品，因為許多產品在生活中扮演著既定事實、狹義假設、先入為主之見，並且重新思考產品與生活之間的許多不對之處，將批判性思想轉為實體，在虛構與現實之間產生辯證效應，且充滿理想性，挑戰既有的價值觀、構思及信念基礎（Anthony Dunne, A. and Raby, F. 著／洪世民譯，2019：58-59）。

㈡ 行動方法

在此所論述的「反思」比較強調自我的回應問題的反省能力，是具有自我批判性思考的設計過程與結果。比較像是 Sangiorgi, Daniela（2019）所認為的，設計被敘述為一種反思研究過程以支持理論和知識生成的方式，以這種方式觸及了本體論和權力問題，因此，他提出引入反身性實踐的新技能和工具，可以包括：有意識地追蹤及反思流程、衝突、角色、設計決策點等以多視角探索設計情況。因此，自反性的轉換設計，不僅需要反思設計師如何進行與工作有關的事情，還需要反思渴望實現哪些變革、我們為何這麼做、最重要的是誰受惠等反思（Sangiorgi, Daniela, 2019: 271-272）。

因此，在設計的批判性思考上，在過程中是對於所有事實產生深層的觀察與分析，重新檢視其存在的合理性，並非表層的設計與設計檢討，在社會生活許多日常中看似存在已久、十分正常的各種事物，都是被反思與批判思考的對象，才會出現新的社會創新機會與設計。這種批判性思考來自於個人的素養，以及以下作為反思設計的基本思考程序，並且一再循環深入反思以找出最終的設計方案，如下：

1. 發現：針對要設計的對象及其相關事物，進行懷疑原有的假設，深入思辨原有事物存在的合理性、合法性、必要性等。
2. 深入：以邏輯進行推演，嚴謹地推論該現象之問題、原因與因素等。
3. 回應：開放解決方案，不受現有社會文化框架影響，完全的開放性思考，才能提出有效的社會計畫方案。

㈢ 問題反思

　　反思設計涉及設計者自己的覺知，並無固定的設計法則。反思設計更傾向社會設計，因為社會本身就需要一再反思才會有進步的可能性。因此，設計者的自我覺察變得十分重要。就如 McCoy, Katherine（2019）看到了美國近年來的問題，正面臨一些共同價值觀的崩解，包括：民族價值、部落價值、個人價值，甚至家庭價值等，似乎需要在社群中建立共同目標、共同激勵的價值觀，然而，問題是：「在異質社會中，如何發展共同的價值觀，又同時鼓勵文化多樣性與個人自由？」因此，設計師本身須擁有公民素養，必須是好的公民，並參與政府與社會的事務，利用自己的專業技能鼓勵更多市民一起參與。設計是一種社會和政治力量（McCoy, Katherine, 2019: 137）。

　　除了設計師自己的反思及批判的思辨能力與素養之外，在公民社會的集體反身性更是重要，當公民們的反思能力到達一定程度，才會形成所謂一定規模的「市場」。因此，更多具反身性思考的設計對象、設計產品、設計計畫等，才能被認同、購買、使用及參與其中，例如：對於生態環境破壞的反思設計而出現許多「綠色產品」等，對人道關懷出現的反思設計為社區公平交易產品等等，如此，反身也才不會淪為只是一種設計口號，尤其是在資本主義社會中，「市場」往往是支撐設計理念的基礎，廣受歡迎才能在社會中實踐理念。

第二節 利害關係分析與服務設計方法

一、利害關係人地圖與變項分析

(一) 概念論述

　　利害關係人變項分析就是先盤點相關的利害關係人，繪製利害關係人地圖（stakeholder maps），是將整個過程中相關的不同參與人員以視覺圖形呈現出來，藉此釐清各種人員之間在互動過程中的位置及其相互關係，並且進一步進行分析。因此，先列出相關利害關係人名單，進行訪談集資及相關資料，再進一步找出尚未列入的潛在名單，在完整列出清單後，分析各成員的關聯性及互動狀況，建立彼此之間的關係地圖，並找出各個關係的問題點，同時確認潛在機會。

　　利害關係人地圖是找出各關係人相關的議題，也可以運用共同利益點將所有角色分類，然後分析各關係人的角色、帶來的利益及可運用資源，或是以地圖分析各角色的重要性及影響力，某些過去不被重視的角色可能重新思考賦予重要定位，也能將複雜的現況以圖像方式呈現出來，完整又易於使用於了解、改善或突破現狀（Dijk, G. V., Raijmakers, B. and Kelly, L. 著／池熙璿譯，2013：150-151）。

　　因此，該地圖有助於進一步分析利害關係人變項設計，與地圖相同，都是鎖定與此次在設計過程中，所有涉及影響的相關利害相關人，而相關的利害關係人類型，包括：民眾個人、跨設計領域者、組織團體、社群、部門及其有關因素，進行設計工作。也就是，利害關係人變項設計是一套盤點相關利害關係人、分析、找出關係、解決問題及滿足需求、提出設計方案的過程及方法。

(二) 行動方法

　　利害關係人地圖與變項設計，主要分成：相關利害關係人盤點（某些可繪製成地圖、關係圖）、找出變項之間的關係及其因素，如下：

1. 盤點本次設計相關之當事人（民眾個人、跨領域設計者、組織團體、社群、部門等）及其因素。

2. 將所有人及其因素，例如：問題及需求等，進行分類。

3. 找出之間的關係及位置，繪製利害關係地圖（在社會設計可稱爲「社會關係圖」），並指出不同變項之間的各種關係及因素，例如：合作、競爭、互補、互斥或緊張等描述之間的社會關係。

4. 分析各關係，整理成爲各種「變項」，依照變項性質分成：自變項（independent variable）、依變項（dependent variable）、中介變項（intervening variable）等，再重新調整地圖及所有因素的位置。

5. 在各個變項中進行交叉分析，自變項是本次設計中自己變動的關係人及其因素；依變項便是其中一個或多個自變項變動時，會隨著改變的關係人或因素，就是要找出各種人及其因素的「因果關係」；中介變項就是在自變項與依變項中產生中介作用，中介變項變動則依變項也會跟著改變。除了上述之外，在統計學上也還包括：調節變項（moderator variable）爲產生自變項及依變項的調節作用，共變項（covariate variable）是對自變項及依變項都同時會產生變動的變項。這些概念都可以協助設計進行釐清及分析所調查的問題與現象。

6. 展開分析。其中，不同的社會文化及設計類型，將會有不同的自變項及依變項及其不同關係，例如：以民眾爲主體的設計其自變項會是民眾，政府會是依變項，以政府部門爲基礎思考的則自變項可能會變成是政府。再例如：以「各種社會設計方法對參與民眾所產生的成果」中，自變項是社會設計的方法，依變項是社會設計的成果，而參與民眾的人數、素養及參與動機等則是會影響產出成果的中介變項，調節變項是依照民眾參與的過程來調整社會設計方法產生的作用，當時整體環境的資源特性、法律、政治及經濟等時空條件則是影響所有因素的共變項。

7. 找出各個變項、各變項間關係、導入設計過程、產出設計方案。換個方式說，就是將過去統計學的量化變項分析及原本僅用於研究之工

作，運用於現場進行實務的實踐行動工作。

(三) 問題反思

　　繪製設計對象的利害關係人地圖，有助於全貌了解每一個變數及找出可能機會，只是許多變項並非只是「利害關係人」而已，也包括其他變項不是「人為的因素」，也需要一併納入評估考量，例如：大環境趨勢、法規限制、預算經費、時間條件等因素。

　　另外，利害關係人變項分析的優點是儘量以理性方式、全盤面對設計課題，因此在事先進行沙盤推演工作。只是許多變數都是臨時性發生，尤其是社會設計的民眾參與協作，其變數更是較不容易掌握，而需要隨時動態調整（新增、修正或刪除原有變項等），而且現場實際推動情形往往重要於理性的計算，例如：現場的民眾參與的情緒、氛圍等，都不是地圖或是變項分析可以事先預測，但卻又是影響成果相當關鍵的因素。因此，需要其他設計方法一起使用且相互彌補，畢竟利害關係人事先以地圖及各種變項進行全盤分析，是有其存在的特定功能。

二、服務設計

(一) 概念論述

　　我們的社會型態已經普遍走向服務型的社會，因此適用服務設計的領域早已並不只是狹義的服務業，而是社會各個領域。Stickdorn, M. 及 Schneider, J.（2013）認為「設計背後的設計」有一種可能性，就是「服務設計」取向的設計，最重要的是「設計的過程而非結果，服務設計可能的成果有多種形式：可以是組織架構、操作流程、服務經驗概要，也可能是實質的、具體的物品。」（Stickdorn, M. and Schneider, J. 著／池熙璐譯，2013：14）。另外，Stickdorn, M.（2013）也同時指出「了解人與人之間、人與事物之間、人與系統之間，以及不同系統之間互動關係的加值與本質，這正是現今設計服務領域中最重要的議題。」（Stickdorn, M. 著／池熙璐譯，2013：50）。

　　某些社會設計十分合適將其視爲一種服務設計，如同 Andrews, K.（2013）認爲設計的內涵「在於思考設計（產品或流程）要有什麼內容；爲什麼這樣設計以及如何設計，才能符合快速變遷社會所需。」（Andrews, K. 著／池熙璿譯，2013：：93）[5]。上述概念似乎與社會設計用於服務社會的精神相近，也就是我們可以把社會設計視爲一種服務設計的概念及方法。

　　因此，參考 Stickdorn, M.（2013）提出的服務設計思考原則，亦可作爲服務取向的社會設計之思考，如下（Stickdorn, M. 著／池熙璿譯，2013：34-45）：

1. 使用者中心（服務必須以顧客的體驗爲主）：運用使用者的語言，站在顧客立場思考。

2. 共同創造：所有利害關係人都應該加入服務設計的流程，每個人都具有創造力，成爲夥伴關係，讓使用者的想法加入過程中的意見，一起創造更高的價值。

3. 按程序執行：服務必須是一連串相關的具體化行動，想像服務是一場電影，了解顧客期待但不給壓力，透過每一個接觸點成爲服務的順序，力求和諧及確保顧客愉悅情緒，傳遞眞正服務內涵，因此服務如同電影或話劇需要一再排演。

4. 實體化的物品與證據：無形的服務必須轉化爲實體的證據，服務實體化有助於彰顯那些被忽視的幕後工作，其需要依照服務的根本精神及考量顧客在各階段的接觸點來加以設計。

5. 整體性考量：必須將整體環境納入考量範圍，服務是五感體驗的設計，不僅服務放在顧客身上，服務的提供者須將服務焦點放在組織的

---

[5] Andrews（2013）也將設計運用到社會議題之上，他舉出例如：2008 年農村網（RuralNet）向可口可樂提出希望運用該公司的全球通路，提供瀕臨死亡孩童的醫療設備，在社群媒體中宣傳串連各設計師及不同背景專業者及所有參與者，號召網友在 6 個月內成立了一個「ColaLife」品牌，集結許多不同領域專業者一起支持（Andrews, K. 著／池熙璿譯，2013：93）。

系統設計、內在文化、價值與規範，以及組織架構、流程等對於服務設計都十分重要。整合複雜技術及流程，服務設計思考並且有助於不同領域成員集體創造出整體企業成功的目標。

另外，Dijk, G. V., Raijmakers, B 及 Kelly, L.（2013）進一步將服務設計區分成：「服務原型」（service prototypes）及「服務演出」（service staging）的操作型概念。「服務原型」是實際模擬，利用角色扮演進行對話測試，也可實際邀請使用者。「服務演出」就是服務原型的實際演出，能實際從「做中學」發現問題及改善想法，由於各種不同參與者一起共創，在進行測試與調整過程中產生許多個別角色意想不到的想法，也讓不同成員交流及產生同理心（Dijk, G. V., Raijmakers, B. and Kelly, L. 著／池熙璿譯，2013：192-195）。

服務設計取向的社會設計也可以使用「服務藍圖」（service blueprints）及「服務角色扮演」（service roleplay）作為設計方法。「服務藍圖」是一種具體說明服務各項層面的方法，通常會建立起一套圖表，載明在過程中的各項階段、條件、因素等，以及使用者及提供者各個角色及工作等流程，「服務藍圖」能反覆檢測，最終獲得整個全貌及整體流程。「服務角色扮演」則能測試藍圖中各環節可能遇到的情境、人物角色等變化所出現的問題，以及事先研訂因應對策。「服務角色扮演」就是戲劇般的在各階段中探索與激發各種想法，透過服務演練改善服務經驗（同上：204-209）。

(二)行動方法

Dijk, G. V., Raijmakers, B. 及 Kelly, L.（2013）認為，「服務探索之旅」（service safaris）是一種走出去進行實際的野地探索，找出好及不好的體驗。因此需要準備記錄的工具（相機、錄音、錄影、筆記等），記錄成員在過程中的體驗經歷，並了解過程中有哪些必要元素，讓工作人員知道顧客的實際感受及實際需求，創造服務創新的機會（Dijk, G. V., Raijmakers, B. and Kelly, L. 著／池熙璿譯，2013：154-

155）。之後，透過「探索、創造及反思、執行」一再反覆循環的測試過程，將想法概念化、規劃並建構出服務原型（同上：148-149）。

　　因此，服務設計是一連串不斷的調整及循環過程，Clatworthy, S.（2013）進一步認為在服務設計操作的過程中，需要融入互動設計，而互動設計就是將服務視為一連串的互動過程，例如：自助式服務、社群網絡、數位互動等，讓顧客嚮往是關鍵因素。要讓顧客滿意，其中包括極大的感情因素，透過互動產生愉悅的體驗，並有三項因素影響與顧客的互動設計（Clatworthy, S. 著／池熙璿譯，2013：80-86）：

1. 實用性（utility）：屬於功能性層面的優點，了解顧客的需求，清楚展現出設計的功能。

2. 可用性（usability）：讓顧客更容易且流暢的使用所提供各項服務，一連串的互動及提供各階段相對應的服務，將勾勒出「服務旅程」且保持簡單好用。可用性涉及頻率（將最常用的放在前面）、順序（依照邏輯排列）、重要性（訊息出現在適當時機，明確加以說明）。

3. 愉悅性（pleasurability）：無論是互動操作、移動等整體體驗的感受。

　　另外，Clatworthy, S.（2013）再提出「AT-ONE」的做法，認為 AT-ONE 是一種能在服務設計流程中，聚焦於產品與服務的差異性，幫助深入了解使用者的使用經驗。「AT-ONE」分別為（Clatworthy, S. 著／池熙璿譯，2013：136-143）：

1. 「A」（actors）：代表價值創造網絡的共同參與者，價值觀已產生變化，不再以專家為主，而是找到各種合作對象，共同創造能滿足消費者的頂級經驗。參與者在過程中從角色觀點到不同經驗皆提供潛在機會，以消費者為中心的想法，分析應該有哪些成員參與，透過這些成員，改善或提升價值。

2. 「T」（touchpoints）：全盤考量所有的接觸點，並找出提供顧客服務關聯性最大的接觸點。

3. 「O」（offering）：服務產品就代表著品牌，服務品牌與產品的品牌有所不同，服務擁有一致的品牌文化，服務創新將會對品牌產生影響，

且在於顧客對服務的評價在功能情感及自我表達等，因此，在各項層面中要帶給顧客什麼感受，在每一個接觸點要設計哪些互動行為，將變得更為清楚且容易，而這個流程也稱為「品牌的擴音器」。

4.「N」（need）：要了解顧客想要、需要、期望什麼，採以使用者為中心的設計觀點。

5.「E」（experiences）：讓人驚喜且愉悅的體驗，顧客接受服務時的感受及事後的記憶，用愉悅的方式提供具功能性的設計方案，是一種體驗的拉力手法。

　　針對服務設計，Dijk, G. V., Raijmakers, B. 及 Kelly, L. 也提出如下相關服務設計的做法（Dijk, G. V., Raijmakers, B. and Kelly, L. 著 / 池熙璿譯，2013：192-195、204-209）：

1.服務原型及服務演出：

　(1)「服務原型」會實際建立一些與現況相近的實物模型，在多次來回改善中逐漸成形。

　(2)「服務演出」則讓參與者在輕鬆狀態下演練實際狀況，並加以記錄，團體則加入角色輪流扮演方式，並對發現的問題進行建議。

2.服務藍圖及服務角色扮演：

　(1)「服務藍圖」需要各個部門或不同的利害關係人共同完成、合力製作，釐清個別責任及取得共識，共創同時共同分工，並透過藍圖反覆調整，在執行中即時彈性動態因應環境化。

　(2)「服務角色扮演」能事先測試服務藍圖，演出時設計各個不同角色、問題提示、情緒等個人特質，記錄及檢視每個情境。

(三) 問題反思

　　由於目前已經邁入消費社會及服務型社會，所以有更多場合適用「服務設計」概念的設計方法，也就是，過去從傳統保守的農業社會，過渡到以製造生產為主的工業社會，到目前已經進入使用為主的消費社會之「社會性」。在消費社會中的社會性，是一種以服務業及服務性質

為主的社會特徵，因此，有更多場合更適用於服務設計的思考方式。

在服務設計取向中所設計的「服務」，其中「服務內容」涉及「質」的特性，而「服務範圍」涉及「量」的廣度，也就是，「服務內容」需要具有自己的在地獨特性、社會性（社群性）或差異性特質，才能彰顯是自己的強烈特色，不然容易流於標準作業程序的按表操課方式而已，無法突出自己的特點。而「服務範圍」不只思考設計內容能提供多少範圍或種類的服務，在社會設計方案中希望更多民眾一起加入參與計畫，因此，層面廣度也涉及民眾參與者的群眾能動性程度。

雖然，我們需要當地更多不同社會成員參與進來一起完成「服務鏈」（垂直分工服務、水平分工服務），並且讓更多社會成員來共同建構一個能支持服務設計的社會環境，只是畢竟民眾都是素人，所處的社會許多都是屬於生活的環境，他們並不是專業者，也不一定都處於合適服務的特定環境，因此，無論是營利或非營利的服務設計，都需要一套簡易清晰的服務作業標準程序，讓所有人的服務品質趨近一致，且多加演練熟悉整套流程。

三、顧客旅程設計

(一) 概念論述

Brown, Tim（2010）強調「用手思考」及「用具體的道具作為想像的跳板」，這種具體與抽象思考之間來回轉換製作出的「原型」，往往更能快速得出結果。「原型」並不是最終思考後才做出來，而是在過程中用「原型」進行思考，因此，粗糙的原型往往還能激發出新的創意，並且不只是實體原型，電影中的腳本（分鏡表）也是非實體的原型。同樣的在利用生活故事原型來轉用在設計思考上，例如：「顧客旅程」（customer journey）是一種簡單實用的腳本結構，便是由一位顧客從頭到尾體驗某項服務的每一個階段，旅程的起點可能是幻想式的，整個旅程可以看到顧客與服務（或產品、品牌）之間是在哪些地方產生互動，這些接觸點每一個點都是向目標客群創造價值的機會。因此，「把

構想演出來」，甚至「開放原始碼」從一開始就讓顧客（使用者）自己「用手思考」製作許多原型，提供許多創新的想法（Brown, Tim 著／吳莉君譯，2010：136-142）。

「顧客旅程」的設計思考方式可以使用在具有物質基礎的對象（有形產品），例如：一個設計產品，分析目前市面上出現相關類型產品，與自己正在規劃中的產品，其產品使用者在使用時的整套過程及行為，從中分析過程中的主要節點，以及過程中有哪些使用問題、需求，以及使用者心理的期待、需要注意的事項等。除此之外，「顧客旅程」更是可以運用在不具物質材料的對象（無形產品），例如：地方觀光旅遊，分析與規劃設計整套旅遊過程中的食衣住行，在各個主要節點（或地點）的體驗內容、儀式、活動、地點去處等設計，甚至就連一般地方的風格餐廳、紀念品店等商店，甚至博物館、社會教育館、文物館等的學習方式，亦是可運用「顧客旅程」來進行設計。

除了在實體的現實世界中可運用「顧客旅程」之外，更可運用在虛擬世界，例如：使用臉書、個人網站、各種社群媒體時，民眾自己所貼的圖片、文字內容等等整套過程，都是線上的「顧客旅程」，透過自己的親身經驗，告訴讀者要體驗哪一些重點、活動以及體驗哪些價值，諸如：哪一些是必看、必拍的景點，哪些是必買、必吃的產品等等。而且，網站使用、手機遊戲、元宇宙等等設計，更是需要整套「顧客旅程」的分析與規劃設計，才能預設民眾使用時的體驗價值，知道在整套過程中，有哪一些問題需要解決、哪一些需求需要被滿足，甚至在哪些過程中的重要節點上，需要有儀式感的設計來增加豐富深刻體驗。

(二) 行動方法

顧客旅程設計可以繪製「顧客旅程地圖」（customer journey map），通常以顧客與服務過程接觸點作為「旅程」的架構，以顧客體驗為內容建構起來的迷人故事，在這些故事中清楚看到互動的細節及隨之連結的情感。而其做法如下（Dijk, G. V., Raijmakers, B. and Kelly,

L. 著／池熙璿譯，2013：158-159）：

1. 首先釐清有哪些是服務與顧客的互動接觸點。
2. 訪談事件地圖，也可透過相關資料蒐集建構顧客的消費旅程。
3. 由這些接觸點建立出具體的顧客經驗（地圖需要一目了然的繪製呈現，是以人物角色爲基礎，在各個重要節點須詳加說明相關資訊）。
4. 說明過程中對顧客的觀察記錄，運用顧客提供的資料來建立地圖（也有助於融入情感因素）。
5. 建構生動逼眞的過程，整體結構化的運用顧客資料（概觀所有顧客的服務旅程、經驗的因素）。
6. 找出各種正式及非正式的接觸點。
7. 地圖因爲詳載個人資訊及情感等而產生「個人化」，更能產生以顧客爲中心的消費體驗，以結構化地圖的呈現，能一目了然（並能與對手進行快速的、簡易的比較）。

　　在顧客旅程設計中可使用「情境訪談」（contextual interviews），在服務過程中進行人物誌的訪談與記錄，並同時觀察出特定行爲。做法是讓利害關係人進行訪談及觀察，至當地現場進行，在輕鬆沒有壓力下分享，深入訪談，訪談內容還需要包括受訪者的社會背景脈絡。如此，受訪者更容易講出更加細微的細節，是一般團體訪談容易被忽視的部分，而透過觀察能再次確認、檢視及分析服務項目內容與社會環境背景因素（同上：162-163）。

(三) 問題反思

　　目前全世界各地紛紛進入服務型社會，因此，無論是服務設計或是顧客旅程設計，都是值得推崇的設計方法。而且，服務設計或顧客旅程設計二者都需要十分具體且清晰的內容，才能交給現場各個工作人員執行操作，相當具體的現場操作內容甚至是建立一套標準作業程序，才能在整套顧客旅程中各項服務具有一定程度的一致的服務水準，簡單說，就是需要建立一套現場的服務品管準則。

　　換個方式說，服務設計或是顧客旅程設計都是「心理面」（例如：感性、情緒、價值、意義等）、「生理面」（例如：大小、尺寸等攸關使用順暢合理與否的人體工學等）與「物理面」（例如：材料特性、無毒、環保等）等三個層面來共同設計。其設計內容需要涵蓋在實際執行時細緻可操作，且交給不同人在執行服務或滿足顧客時，皆能有相同品質。因為服務品質可能會因人而有所差異，所以，整套設計可能會需要用到具體且仔細的標準操作程序及服務準則。

　　或是，設計上刻意在某些部分「開放」交給使用者自己來參與，由他們自己來互動操作、一起協作共同完成時，中間的規則與操作方式同樣都要一目了然、清晰可操作，就如同在坊間許多產品的說明書，清晰記載實際操作的方式及注意事項等，產品說明書連結了產品與使用者之間的服務品質。

　　而為了彌補原先的服務設計或顧客旅程設計部分內容過於複雜或抽象，以及能進行多次事前演練，也可使用「原型設計」（prototype）使其具體化，透過原型來回檢測原先的服務設計或顧客旅程設計，看看是否還有哪些不足、遺漏或需要更精彩之處。例如：以電影化產生一個原型設計，整個服務及顧客旅程是一套劇本，分割過程中的各個情境，如同分鏡表中的場景，在場景中要提供哪些服務、完成哪些顧客需求與期待，都可以進行設計，而設計成一種具有主題電影般的原型，並且來回加以排練，達到完美的服務水準。另外，運用縮小比例的模型，也是一種原型設計方法 [6]。

---

[6] 又例如：Dijk, G. V., Raijmakers, B. and Kelly, L.（2013）的「桌上演練」（tabletop walkthrough）是運用立體小道具等建立情境，例如：樂高積木等，幫助設計者呈現環境，進行一般情境的演練，進而建立新的原型。其做法主要是運用小道具將洞察的初步環境呈現出來，使用小道具成為人物主角，透過各種角色的設定、移動方式、環境情節、互動方式等，模擬出現場的狀況及互動過程。在功能上「桌上演練」可以針對情境反覆演練，在過程中修正或加入更多新的想法，建立溝通的管道，讓大家一起共同建構出新的概念，或一起分析相關問題（Dijk, G. V., Raijmakers, B. and Kelly, L. 著／池熙璨譯，2013：190-191）。

社會設計：理論與方法
Social Design: Theories and Methods

第 4 章

社會設計的「社會」方法

一、民俗誌的研究法

(一) 概念論述

　　Angrosino, M.（2009）認為民俗誌重視田野調查，在調查中如何與生活中的人們建立和睦關係，是針對一個人類團體，包括機構、人際行為、物質產物及信仰進行描述的藝術與科學，研究者主要關心日常生活（Angrosino, M. 著／張可婷譯，2009：20-21）。

　　然而，民俗誌的方法，在開始是用於小規模且具有文化特殊性的社群，之後擴大到一些存在共同因素的人群（例如：對某議題感到興趣而形成的興趣社群），甚至是虛擬社群，因此民俗誌研究方法特別適用於研究者進入一個社會議題或行為尚未被世人所清楚時的田野調查。適用於民俗誌的特定研究問題，包括：定義研究問題、解釋無法預測的結果、找出某個社會環境中的參與者、記載社會過程、設計切合環境的測量方法（同上：37-38）。

(二) 行動方法

　　民俗誌的研究方法之適用場合，Angrosino, M.（2009）認為民俗誌的研究方法，主要可分成：(1) 用來定義研究問題，適合在需要事前進行現場觀察且研究議題尚不明確時；(2) 民俗誌用在無法立即以變項關聯（如果 X，則 Y）方式表達，以及其行為無法用現有文獻預測之問題；(3) 用來找出社會環境的參與者，社會關係經常是變動的，民俗誌用來找出這些人及其關係；(4) 用來記錄一個過程；(5) 用來設計合乎該環境的測量方式，事先進行民俗誌的了解之後，再來找到合適的測量調查方法（Angrosino, M. 著／張可婷譯，2009：30-36）。

　　而且，在民俗誌強調田野實際調查記錄工作中，Angrosino,

M.（2009）認為民俗誌必須以田野調查為依據，在實際真實的生活中進行而非實驗室。由於民俗誌的研究法是多因性的（multifactorial），需要透過多種資料蒐集技巧進行驗證來強化結論，在調查中與對象長期互動，運用不斷累積的細節描述，進行歸納而建立概括或解釋性的理論，並非用以驗證現有的理論或模式，且研究成果採用敘事（narrative）形式（同上：22-23）。因此，民俗誌有別於實證研究或是否證研究方式，實證（否證）研究是調查前帶著理論假設，在現場進行驗證並再檢視驗證的結果[1]。

因此，在進行民俗誌的調查時，如何挑選進入田野的地點，需要考量研究者個人研究的議題之相關田野場域，並以此進入與當地民眾建立緊密關係。田野調查的技巧，包括（同上：39-52）：

1. 觀察：研究者需要摒除先入為主的觀點，將任何事皆當作新鮮事，理想上是非干擾性的觀察，但非干擾性有時帶有欺瞞感覺，因此，另一種為研究者參與活動其中的參與觀察，但須留意民眾刻意展現的行為，並以時間軸仔細記錄與陳述人事時地物等活動、互動與其有關特徵。

2. 訪談：訪談主要是蒐集資料的過程，屬於對話式、開放式、深入的紀錄，避免使用導引方式提問，可進行系譜訪談及社會網絡分析，或是口述歷史、生命史方式，留意訪談樣本對象是否具有代表性與重要性，以及數量是否足夠。

3. 檔案研究：針對相關資料進行資料調查與分析。

其中，在觀察記錄時，需要留意在許多時候可能會出現民眾刻意扮演，而 Angrosino, M（2009）認為觀察法可以分成幾種類型：(1) 完全的觀察者，研究者完全不會被民眾看到；(2) 扮演參與者的觀察者，參

---

[1] 所以，Angrosino, M.（2009）認為民俗誌敘事方式，主要分為：現實主義模式（中立分析，客觀描述）、告白模式（民俗誌學家為演員，透過他的觀點來敘述）、印象主義模式（採用文學或其他藝術手法，利用對話刻畫人物素描，以正敘或倒敘等方式進行）（Angrosino, M. 著／張可婷譯，2009：23）。

與活動但是主要在觀察；(3) 扮演觀察者的參與者，研究者與民眾更加
密切的在一起交流；(4) 完全的參與者，研究者澈底投入民眾活動之中
（同上：78-80）。另外，在陳述紀錄方式，Gray, A.（2007）則認為民
俗誌可運用說故事方式進行陳述，並有四種說故事的模式類型，包括：
自傳、證言、生命故事、記憶（Gray, A. 著／許夢芸譯，2007：186）。

　　另外，「扎根理論」（grounded theory）可以用來協助民俗誌的調
查與研究分析過程，「扎根理論」是一種由下而上，並非在研究者進入
田野之前就事先帶著理論視角或既定框架，田野調查也不是爲了進行原
先的理論實證研究，而是由田野對象從底層逐步調查，在踏實的基礎
資料逐漸往上演繹與歸納，由田野對象所彙整而來的成果。基本的扎
根理論研究法，以逐字稿方式進行（並且需要詳加記錄談話用字遣詞、
語氣、語調、表情、現場氣氛等等），田野調查記錄並適時進行第三方
的三角檢定工作，以求資料的準確性。在調查記錄告一段落之後，主要
分成三個基本階段進行資料譯碼，分別爲（徐宗國，1997；Strauss, A.
and Corbin, J. 著／吳芝儀、廖梅花譯，2001）：

1. 開放譯碼（open coding）：將原有記錄資料進行抽象概念化等，並產
   生資料的分類與主題。
2. 主軸譯碼：找出分類範疇與主題，其事件的因果關係、脈絡關聯因素
   等，並逐漸產生論述的可能路線。
3. 選擇譯碼：在論述路線中，選擇主要的、核心的相關紀錄資料，進行
   佐證、鋪陳與書寫。

(三) 問題反思

　　大部分的研究者在進入田野之前，通常都會對某個特定議題感到興
趣，才會有後續正式進入田野的調查研究工作，不過，需要留意對於當
地（或該社群）的了解是否足夠，以及是否存有既定、資訊不足、自我
想像或是刻板印象，進入田野之前大量閱讀與分析相關資料，以免與現
場眞實狀況差異過大。同樣的研究者本身的文化特性，與研究對象之間

的關係也是需要留意，例如：不同的種族、族群文化差異等，或是社會階層與階級、位置與角色等，都會影響正式進入田野的態度、視角、視野，以及後續的調查過程與研究成果。

在正式進入田野進行民俗誌調查工作時，研究者是否儘量保持客觀的全面記錄與分析，還是帶有立場的問題，一直是具有爭議性的議題，因為即使相同的田野地點與人事物等，不同研究者進入還是會出現不同的研究取向與研究成果。因此，Gray, A.（2007）提醒民俗誌研究最好從透過一連串的問題，認清被認識的事物有哪些是可知的，認識者與被認識對象之間的關係為何，以及能不能發現一些新事物（Gray, A. 著／許夢芸譯，2007：101-107）。

在進入田野之後，記錄與分析的過程中，所建構出來的論述內容，將會形構文化的主體性，尤其是民俗誌研究更是強調被研究對象才是研究內容的重要主角。另外一個民俗誌的問題，是研究信度與效度的問題，因為即便是同樣的地區（或社群）與議題，不同研究者的興趣、現場感知到的訊息、記錄的內容、分析到的重點、得出的成果等，皆將有所差異。不過，Angrosino, M.（2009）認為民俗誌並不在乎一致性的信度，因為每一個個案無法重複，並不期待某個研究者在某個時間觀察某個社群的結果會有相同的結果，因而無法標準化信度，研究成果將會因為不同研究者而有所不同。而為了要增加效度，民俗誌的做法，包括：與多位觀察者共識或團隊合作，彼此檢驗不同的觀點是否有偏頗或謬誤，或是依循分析歸納的邏輯推演，或是寫作時運用逼真的真實呈現方式（Angrosino, M. 著／張可婷譯，2009：86-87）。

二、行動研究法

(一) 概念論述

在應用上，許多行動研究來自於教育領域，但是行動研究並不只是用於教室與教學而已，行動研究也適用於正規教育及學校以外的社會現

場。就如同行動研究講求在教室中解決教育問題，在社會上也能用於解決正在進行中的社會問題與現象。

在概念上，許多社會學的研究方法，主要針對在社會上已經發生或正在發生，並已產生一定特徵的社會現象進行分析研究。行動研究的研究方法之所以興起（或是運用在社會學研究），在於研究（甚至干預）正在發生且未來會跟著發生的研究方式。

在場域上，行動研究也宛如一種不在實驗室而在社會現場的實驗法（或實證法），在現場中觀察到特定的問題意識或研究議題，帶著特定的行動策略，帶入現場進行實驗與擾動，記錄過程中發生的重要特徵，分析行動中、行動後在現場的變化及其特徵。不過，有極大的差別在於實驗室是一個封閉型場域，可以（且必須）排除各種干擾變項，才能找到變項之間的關係，然而在社會現場（例如：教室、工作坊、博物館、街道、社區、地區等等各種活動、事件現場）並非是封閉場域，因此，運用在社會現場的行動研究，其複雜性較高，是許多變項都在過程中可能會加入或退出的場域。

在行動上，由於受到馬克斯主義重視社會實踐行動之影響，因此，行動研究也可以再區分為兩種類型：(1) 理性主義的行動研究，研究者參與其中，一方面進行社會實踐行動，一方面將這些行動過程以客觀理性方式，加以記錄與分析；(2) 激進主義的行動研究，並不認為研究者能在過程中完完全全的客觀理性，而不如在行動中加入自己的想法與策略，在過程中展開改變現狀的實踐行動，並同時記錄分析，並在最後整理成一份行動研究成果。易言之，理性主義的行動研究講求在行動中如何保持理性客觀的記錄分析與整理，而激進的馬克斯主義行動研究，則強調社會實踐及社會改變行動重要於研究本身。但是，無論如何，二者都重視如何以從現況資料中進行詮釋與推演、演繹與歸納等科學精神之研究過程。

在實務上，行動研究也是實務取向，以發現問題、解決問題、記錄問題解決過程的研究。當然能運用民俗誌的記錄方式，以及詮釋學所強

調的如何做到客觀進行詮釋。而由於需要帶著理論策略進行個案執行過程，因此，某些社會行動也帶有實證的研究取向。而某些在社會現場的社會行動研究，是帶著馬克斯主義取向嘗試改變現狀的社會實踐行動。

(二) 行動方法

行動研究是研究者參與（且干預）正在發生中的事件其未來的走向，例如：帶著特定理念的社區（或社群）擾動、解決某種現況問題或社會議題的實踐行動等，從開始帶著理念、實施策略、行動計畫、檢視回饋等，是一套精心安排的事先規劃，事中執行、監測、記錄、回饋調整，以及事後整理與分析，將理論視角與實踐設計相互結合在一場實踐行動事件的過程與結果。

相較於詮釋學的研究，行動研究帶著理念及方法去干擾、影響原有現場，對於行動前、行動中、行動後的差異進行記錄、整理、分析，並同時重視詮釋學的客觀理性，但不像許多詮釋學研究者較不會去擾動現場。

就如同 Altrichter 等人（1997）從教育領域觀點切入，其認為的行動研究歷程，主要分為：找一個起始點、釐清情境、發展行動策略、放入實踐中、公開知識（Altrichter, H., Posch, P., Somekh, B. 著／夏林清及中華民國基層教師協會譯，1997：9）。其並認為，行動研究可觀察自己的興趣、困難與想要了解一種不明情形等組合（同上：48-49）。而行動策略可視為研究者對於研究問題的解決方案或預設的答案，嘗試用於行動之中，在實踐這些策略過程中，給予理論點出方向，找到解決問題的方法（同上：204）。因此，是從目標價值、研究與行動策略、改善等一再的過程之中，找出問題與解答（同上：220）。

所以，許多行動研究為問題導向的研究，其方法是釐清與界定問題、研訂行動計畫策略、展開行動（討論、訪問、問卷、實作、觀察等）、調整行動、整理分析與實證研究。而在社會現場由於並非封閉場域，更是需要盤點問題的利害關係人，建立與分析利害關係人地圖，這

些利害關係人是行動研究中一起共同行動的重要參與者。

在行動研究的分析上，至少有以下幾個方向可以去思考如何整理與分析：

1. 行動參與者本身：不同的行動者擁有各自的社會文化特性、因素、條件等個人的脈絡、特徵與特色。

2. 參與者受到影響後的行動特徵：研究者本身規劃行動理念與行動策略，參與者受到影響而反映在行動中，所產生出來的現象特徵。

3. 參與者對於行動本身的反思：參與者對於研究者的行動理念及行動策略並非照單全收，參與者對於行動本身的反思與批判，亦能作為後續接著下一步行動的回饋與檢討。

4. 參與者在各階段的循環過程特徵：也就是參與者在行動中的自身特質、受到影響的行動、反思行動等一再循環之特徵，或是參與者個人受到外在因素學習與影響而產生自我內化，又衡量外在因素而將內在與外在因素結合產生客觀化行動，在一再循環的過程中，其在各階段的特徵。

5. 整體行動在行動前與行動後的比較研究：也就是告一個階段的段落或進行完成整套過程等，分析並比較前後差異。

(三) 問題反思

從問題觀察到解決問題的行動研究，問題是否獲得解決是檢視其行動價值的重要因素，但是並不是所有問題都能立即獲得解決，而是需要後續持續發酵及長期觀察。

除此之外，對於事前問題的釐清與界定，本身就是一個重要的工作，在許多現場狀況都是問題本身就十分模糊，或是研究設計者與民眾行動者對於問題的認知並無共識或聚焦，尤其是各種社會民眾參與且非教師教學的行動研究。教室或實驗室是一個較為封閉的場域，在教室中教師觀察問題結合自己的教學理念進行行動設計，然而在各種不同社區或社群的社會現場，不僅不容易封閉現場，而且更強調由行動者（民眾

們）在參與過程中自覺、自發性的提出與界定問題、一起解決問題，並非是由專業者及理論所完全主導。運用在社會現場的行動設計便是需要注意社會參與的複雜性，而不是單純帶著理論再來進行實驗檢證的研究工作而已。

　　另外，在過程中除了量化研究之外，也經常會使用質化方式進行，質化爲主的信度及效度需要留意，例如：運用三角檢定，或是分析取樣對象及樣本數與理論飽和程度之關係等，都有助於檢測過程中資料的準確性。最後分析與結論更是需要留意個案本身是否適用於通案等問題，因爲畢竟行動者的個人脈絡、環境條件、問題與過程等因素皆不盡相同。

第二節　社會設計的社會方法

一、社會設計的三個原則

　　無論是哪些類型的社會設計，其使用的各種方法都需要架構在這些原則基礎之上。有關社會設計方法的三項普遍性適用之原則，主要包括：因果關係原則、因案而異原則、因地制宜原則。

(一) 概念論述

1.「因果關係」原則

　　無論是不同規模、地方特性的社會（城市、鄉鎮、社區、場所、文化社群、地方團體等），都需要先盤點出社會設計對象的相關事件關係人（人、部門）、事、物等因素，觀察當地社會現象之特徵，分析及找出該現象的起因，爲「因果關係」原則。其中有兩個不同的類型：

　　(1) 社會設計主題已經確定類型：由主題向外。依照社會設計的主題，區分階段，例如：前中後的時間軸階段等，盤點相關利害關

係人（人、部門或因素），並透過相關利害人再次牽線，找出進一步的關係人（人、部門或因素），像是地方「牽牛花計畫」如同牽牛花般的牽連蔓延尋找關係人。

(2) 社會設計主題尚未確定類型：由地方向內。透過地方盤點、找出相關問題及需求，一般針對地方代表、耆老、名人、有影響力人士等開始，普遍性的查訪，找到關鍵人物進行調查之後，逐漸凝聚成為社會設計的議題。

另外，「因果關係」的分析類型，也可以分成針對當地現象進行改善的社會設計類型、新創進入當地的社會設計類型，二者同時都需要盤點及分析其在當地的各種過去歷史、現在出現、未來實施的「因果關係」。

2.「因案而異」原則

由於每一個社會設計的個案性質及牽涉規模都不盡相同，不僅各地方資源及社會現象不同，也受限於操作時的現實條件（時間、人力、物力等），因此，在各種社會設計方法上都僅能作為參考，需要依照個案本身以及地方本身的特性，進行量身訂製的社會設計方法、工具及技術。

尤其是在臺灣各地經常會相互觀摩學習下，容易直接複製移植他人「成功」的案例與經驗，然而這些所謂「成功」的案例，其地方上的社會條件、成功因素等等皆不盡相同，有時候複製他人誤以為的成功案例，卻往往喪失當地自己原有不可替代、獨有的地方性。

因此，需要留意自己社會設計的個案重點與（地方）特殊性，在設計方法上需要以適用於對象（地方）為基礎。例如：古蹟保存的社會設計，由於每一個古蹟在當地的歷史文化發展脈絡不同，以及目前所處的地方社會中相關的利害關係人（部門）、社會條件及因素等皆大不相同，但是在臺灣各地目前的古蹟保存做法卻相似，尤其古蹟的再利用計畫內容幾乎大同小異，於是產生了同質性的問題與現象，似乎走一條歷史老街就可以知道其他老街的樣貌，原本起源於不同的在地歷史脈絡

而產生保存價值的古蹟，卻因為再利用計畫保存後產生一致性之問題現象。

3.「因地制宜」原則

「因地制宜」原則，就是強調在各地方上的社會設計都需要重視存在於當地的「內容土味」、「過程土法」、「多元參與」的「接地氣」原則。也就是，依照各地自己的地方性特質，因地制宜的量身定做，由下而上的多元參與原則。所以，「因地制宜」原則重視社會設計的計畫，至少應包括「三土」。「因地制宜」的「三土」概念分別是：土味（地方性）、土法（地方法、地方學）、土氣（地方意見）。

其中，地方「土味」是由居民們以日常生活活動所累積出來屬於當地、「長」出來的地方特有氛圍，這些在當地過去歷史發展的過程中，各種不同參與者有著各種自己的方法，所逐漸生成今日的樣貌與狀態。

在地方土味產生過程中，許多是在當地「土法煉鋼」自我摸索而成的方法，「土法」不僅是社會設計其中的一種相當重要方法，更是在當地多種因素相互交融之下「長」出來的方法，因此，「地方土法」往往是社會設計「煉鋼」重要的基礎方法之一，也作為在引入各種社會設計方法時的重要參考抑或藉此調整的基礎。

當地「土法」其實是一種「地方原生方法」，是長期歷經當地各種風土特性與地方條件之中逐漸適應其發展而來。例如：地方鄉鎮決定神明慶典舉辦時間、決定設計圖草案、社會設計方案等，可能需要地方主事者的宮廟，廟中的主神才能決定這一切，運用的「土法」就是按照當地傳統習俗進行擲筊或求籤等方式。而這也是一種構成地方性的在地文化特色，並不能以外來、菁英、專業、學術、科學等觀點，先入為主的認為這只是宗教迷信的刻板印象，也因為透過這些「土法」，地方居民們才能被集體說服，並以「神明指示」產生執行動力。

(二)行動方法

實際進入操作階段的社會設計，在各種不同的資源及條件等因素

下，將會從事不同的操作過程與結果，然而在各種操作情境及方式下，還是適用於下列分析的內而外（成員）、下而上（過程）、小而大（規模）等三個原則。

1. 成員「內而外」原則

　　所謂的「內而外」操作原則主要針對成員，在社會設計的實踐行動操作上，不同於坊間的企業組織或是一般的專業分工單位，更是需要內部成員形成凝聚與自我認同，或是至少需要具有一定程度的價值、信仰或理念的共識性，在操作社會設計工作過程中才有一致性的想法及做法。因爲夥伴成員之間有相近的價值理念，因此成員們能互相提醒以及共同成長，也因爲先由內部成員開始出現力量，再往外號召相關成員的加入參與，在組織人數逐漸擴大時，也較能維持原有的理念與初衷，因此，特別強調成員「內而外」的發展。

2. 過程「下而上」原則

　　「下而上」的原則，主要可以反應在組織運作、地方參與、設計產出等三者的「過程」之中。

　　(1) 組織運作的下而上原則：組織運作是以底層、第一線的意見爲基礎逐漸向上堆疊出具體的設計內容，並減少組織科層等級。有時候第一線的意見由於在現場，往往也是最眞實的意見。

　　(2) 地方參與的下而上原則：是社會參與過程需要以當地底層居民爲基礎，再逐漸向上參與，是一種接地氣的原則及過程。

　　(3) 設計產出的下而上原則：社會設計並非一般的產品設計，或僅僅只是地方關懷而已。社會設計需要與「社會共生」或「地方共生」，其中「社會共生」是設計對象與社會底層人士之間的連結關係思考，例如：如何讓社會底層階級能夠一起參與過程，或是設計對象由下而上的思考與社會各層次（個人、社群、社會）的關係如何進行連接。而「地方共生」也就是從原料、設計、製造、銷售等，思考如何在地方上產生最多人一起參與其中的產業鏈，讓地方居民能夠因爲此設計而被串連在一起，形成一條社會設計

產業鏈。因為，在當地形成大家一起參與生產的產業鏈，所以，必定會有更多人從原有觀望態度進而加入支持，先往下與地方共生共容，再往上形成社會設計方案。

3. 規模「小而大」原則

在操作基本核心中的「小而大」原則，主要是：計畫規模、組織規模、參與規模等與規模有關。

(1) 計畫規模：也就是務實面對自己的專業能力、行政能力、財力等各項條件，在承接專案計畫時並不需要一下子過於龐大，反而是自己能掌握、最有效果的、可回收成果的專案計畫，更能對內部成員帶來工作成就與自信，對外部民眾因為見到成果更具說服力，如此一步一腳印的實際運行再逐漸擴大。

(2) 組織規模：開始的成員人數適合少數但有內部凝聚力為主（如上述所說的「內而外」），能掌握所接觸的業務項目，再逐漸跨越領域或擴大範圍、時間、場域等。如此，務實面對降低人事等經營成本，且容易完成理念相近的任務。

(3) 參與規模：社會設計的社會參與是重要過程，找到最關鍵的人事物，再逐漸沿著線索擴大到其他利害關係人（民眾個人、組織團體、社群、部門等）。最有關聯性及最重要關係的利害關係人先進行參與能掌握關鍵因素，以此為基礎再逐漸向外擴大參與，能掌握複雜的民眾參與過程及其問題、需求與意見。

(三) 問題反思

社會設計的三個基本原則，是用來提醒進入社會設計實際操作時，需要針對個案特性量身定做，而所有的理論、概念、方法、工具及技術等，都只是作為參考之用而已，而不是硬套理論與程序，並且在各種方法上皆可混用。過去社會科學研究方法的發展歷程中，一開始主要是以量化數據為主，以及套用一些模型進行分析，結果多次發現即使在量化模型上所有的數據、推論、演繹、歸納等皆十分合理及符合所謂的科學

邏輯，但是事實上卻與現實世界完全脫離，並且對於現實世界也毫無助
益，只是淪爲象牙塔內封閉的學術研究而已。也因此，社會科學研究法
後來出現質化研究，來補充原先量化研究不足之處。

　　在量化研究方法，經常以社會的常態現象、宏觀、實證（及否證）
爲主，相較於量化研究，質化研究的特性主要並不一定要社會常態現
象，且重視特殊族群與特殊現象，以及進行社會微觀、小眾的個別研
究。在過去量化數據來自於問卷調查爲主，質化資料來自於文獻、訪談
與觀察等，二者有其不同的特性與限制，因此也經常被相互運用，來彌
補之間不足之處。

　　而在今日由於網路及行動裝置盛行，許多數據更加微觀、即時、個
人、精細等現象，出現許多的大數據資料，這些看似量化數字也需要加
入質化觀點才能有效且敏銳的判讀，總而言之，二者皆能交叉運用，最
重要的是如何獲得準確的資料，做出準確的設計[2]。

　　另外，無論運用哪些理論概念與方法，社會設計強調主要對象是社
會大眾（使用者），從一開始的切入角度、發想、構思、問題、需求、

----

[2] 像是 Margolin, Victor 及 Margolin, Sylvia（2019）就認爲過去商業的設計模型
很多，但是缺少「社會模型」（social model）。社會設計或許有許多新的技術、
流程、組織等能力，但是較少思考社會設計的結構、方法及目標，在產品設計
開發上運用降低成本等技術，但是關於支持及滿足社會需求的設計尚未廣泛的
理解與實施，關心的對象也要從市場消費受眾轉爲社會大眾，例如：運用環境
心理學爲弱勢、老人、街友、精神疾病者等社群創造更好的生活空間來設計；
共同探索人們的心理需求及景觀，在公共空間提供愉悅、放鬆並減少壓力及
恐懼的感覺。而市場的商業設計目的在銷售產品，社會設計的目的是滿足人們
的需求，不過，市場模型與社會模型並非二者對立，而是同一個連續體的兩個
點，因爲許多商品也是滿足特定社會需求而存在，只是無法滿足所有的社會需
求，因爲許多人都不是商品的消費者，甚至很多都是邊緣化的社群對象。社會
模型建立在社會工作及運用生態系的觀點系統評估（個人、家庭、團體、組織
或社區）與其接觸外在因素及內在心理感受，透過六個步驟解決問題的過程：
參與、評估、規劃（計畫）、實施、評估及終止，形成社會模型，在過程中需
要民眾及各種專業團隊成員共同參與（Margolin Victor and Margolin Sylvia,
2019: 201-208）。

創作、製造、銷售等過程皆以社會大眾（使用者）爲出發，各種技術、方法、工具等只是不同的參與方式類型，以及在過程中不同階段的參與強度而有所不同，但是都建立在以社會大眾爲主的基礎之上，甚至可以直接在現場發展出一套全新的方法、工具與技術。

就如同 Sangiorgi, Daniela（2019）認爲「參與式行動研究」是一種整合的方法論，既可表徵組織發展和社區行動研究之特徵，又可適應服務設計實踐的需求。然而，社區行動研究是研究者運用科學化的精神、保持中立意識的概念進行自我反思及有意識的實踐過程，強調參與及賦權，與行動研究聯繫起來，其原則是設計人員和參與者之間產生相互學習的過程，進而產生轉換性的理解，其重點是提供充分參與的工具，以保證對最終共同的設計成果，因此，轉換視角能有助於達成此成果，也有助於在轉換過程中的知識交流（Sangiorgi, Daniela, 2019: 260-267）。

二、人本設計

(一) 概念論述

「人本設計」（human-centered design）是一種設計典範從「以物爲主」移轉至以「使用者爲中心」，再移轉至「人本設計」的設計思維。而「以物爲主」的設計，主要設計要配合機械生產方式、材料取得、成本如何壓縮、外觀造型設計等，以及如何賣到好的價格、銷售數量佳績等，這是以服務業主（資本家）爲主的設計方式[3]。

---

[3] 人本設計是一種友善使用者的設計，而 Kuang, Cliff 及 Fabricant, Robert（2020）認爲「友善使用者」的發展歷程，包括：一開始的混亂（例如：重大的機器災難、三哩島事件等，機械令使用者犯錯而進入友善使用的設計世界）。之後，消費行爲催生工業設計（藉由了解他人的生活、過得更好，解決明顯及潛在的問題）。之後，因錯誤設計開創人機互動（人們可以學習但總是會發生錯誤，如果預先知道錯誤爲何發生就可以用設計事先排除）。之後，讓技術成爲信得過的設計（如果發明物設計的很棒，會神奇的讓沒用過的都知道如何使用）。最後，用隱喻塑造（隱喻的產品使用方式，顯示友善使用者設計

　　而「使用者爲中心」的設計思考，並不是在「以物爲主」的設計中沒有被考量，而是在「以物爲主」的設計思考中，即使是以「使用者爲中心」也是偏向考量產品如何受使用者青睞與購買使用的相關設計。「使用者爲中心」更是強調細膩的照顧使用者的一切，包括：使用行爲（尺寸、行動等人體工學）、使用心理（情感、記憶等使用心理學）、使用物理（材料、耐久性、環保性、無毒性等），以及產品與使用之間的各種人因工程介面設計等。

　　然而，「人本設計」除了同樣是以「使用者爲中心」之外，「人本設計」重視不同人（社群）的「文化」，並且「人本設計」最核心及最基礎的關鍵，應該是「人權」方面的照顧，例如：身體自由權、言論及思想自由權、平等權等都是人權的一部分，人權如何在社會設計產品的前中後被回應在設計之中，才是完整且基礎的「人本設計」理念，並且能回應在不同社群、階級或階層、社會角色與位置、族群文化等各種社會成員身上。

　　人本設計的設計概念，至少有兩個層次：以使用者爲內層，以及擴大爲關心人類的生存環境、社會情境等外層。

1. 內層：使用者方面

　　設計師去思考使用者的物理、生理、心理等三個層面的設計因素，例如：

(1) 在物理上的無毒環保材料、材料取得正義、公平交易等。

(2) 在生理上的符合人體工學[4]、使用行爲適用性及順暢度等。

(3) 在心理上使用者的情感投射、喜好、價值與意義等設計，也可以說是針對使用者對於符號及其象徵意義的設計。

的一種觀點）（Kuang, Cliff and Fabricant, Robert 著／趙盛慈譯，2020：23-166）。

[4] Lupton, Ellen（2015）認爲以人爲中心的設計，其中對於使用者人體尺度的測量變得很重要，從建築空間、家具、物品等都是如此（Lupton, Ellen 著／林育如譯，2015：8-19）。

2. 外層：人文與自然環境方面

　　設計對象使用時其外在環境脈絡、設計對象在整套生產過程的以人為本設計、設計對象對整體社會的影響衝擊。如下：

(1) 使用者與物件使用時其社會情境脈絡特性、產品與社會關係、風俗民情、文化行為等。

(2) 設計製造過程中工人的勞動權益、薪資結構等，以及原料來源的公正性、公平性、生產製造過程的人性化管理等。

(3) 設計對象置於整體社會，對於整體社會將會產生的各項社會或文化衝擊與正面、負面影響，例如：注意是否造成種族、性別、弱勢或少數文化的歧視性設計等，或是避免一些不當的文化挪用、文本盜獵等情形。

　　就如同上述所分析，「人本設計」除了設計對象及其成果以人為中心之外，過程也是另一種人本理念。例如：Lupton, Ellen（2015）認為今日已經打破設計師與使用者二者主體及客體之間的分界，「為人設計」（design for people）一詞逐漸被「讓人參與設計」（designing with people）所取代，無論廠商商業考量、設計師個人風格、社會有特定文化習癖等外在背景之下，還是以「使用者導向設計」（user-centered design）為主流，除了以人為主的實物外，使用者導向設計還包括了體驗、系統及服務（Lupton, Ellen 著／林育如譯，2015：21）。亦即，「人本設計」也包括：在設計與製造過程中的使用者參與，甚至設計生產者與產品使用者二者合一的過程。

　　而另一個與「人本設計」相關的是 Sangiorgi, Daniela（2019）運用「轉換設計」（transformation design）來說明以人為本的設計，其認為以人為本的設計是設計師與社群之間的「共同協作」，設計的變革性角色與服務的變革性角色相互結合，因此，提出從組織發展和地區行動研究中，以服務設計原則及其實踐之相關概念與做法，轉換設計為服務的行動，將轉換設計應用於從以人為本、改變公共和服務，為社會進步而努力，改變設計的角色與過程，專業者的組織和公民一起共同完成協

作服務模式，改變各自的角色和互動模式（Sangiorgi, Daniela，2019：257-260）。

(二) 行動方法

　　看似以使用者爲主，運用設計手法來滿足使用者的需求及問題，然而，這是「問題設計」的根本思考，而「人本設計」更是以人爲本，而不是以問題爲中心，因此，避免過早盤點與定義，降低設計對人的框架，就像 Norman, Donald A.（2014）認爲「人本設計」是一種重視人類需求、能力及行爲且透過設計來滿足這些條件的設計方法。因此，好的設計必須做到好的溝通，以人爲本的設計哲學是起始於對人的理解，避免過早定義問題，而是利用漸進式的趨近問題、互動的設計過程來重視正面的愉悅經驗，以及體驗設計在產品、程序、服務、活動與環境整體的體驗品質等。「人本設計」是基本上要確保設計能符合使用者的需求以及使用能力的設計過程（Norman, Donald A. 著／陳宜秀譯，2014：31-36）。

　　因此，「人本設計」更是著重於在設計過程參與中的溝通行動，尤其是某些「介面」更是需要以溝通作爲橋梁。Lupton, Ellen（2015）認爲所謂的「介面」（interface）是「同時提供資料輸入及輸出、信號及手勢運作，讓人類與裝置間透過視覺、聲音，甚至味道彼此溝通。由於智慧產品開始模仿人類行爲，有些人會以依戀、信任或同理的情感來回應這些裝置。」（Lupton, Ellen 著／林育如譯，2015：95）。

　　然而，社會設計中的介面不只如此，產品與使用者的介面將包括：心理介面、生理介面、物理介面，例如：心理介面上的情緒、情感、認同、象徵、意義等，在生理介面上的人體工學、尺寸及操作行爲是否好用等，以及在物理介面上的材料無毒、耐久程度、原料正當性等，這些都是在實際操作時的重要考量因素。甚至在使用者使用產品時，其文化介面、階級及階層介面、族群或社群等社會介面，都是「人本設計」考量介面設計的重點。

　　Norman, Donald A.（2014）則提出民眾在產品使用時採取的七個階段行動：目標（形成目標）、計畫（選擇行動）、制訂（決定動作順序）、執行（付諸行動）、感知（知道事物的狀態）、解釋（對於感知的結果形成了解）、比較（評估結果與目標的差異）。而上述七者處於一再循環過程之中，可作為設計的指導方針，改善使用者的執行與評估障礙，以及提供改良機會（Norman, Donald A. 著／陳宜秀譯，2014：70-73）。而此七階段的設計發展都涉及到本能（動物性的、快速立即、下意識的）、行為（社會學習的、須回饋具期待性的、具情感的）、反思（自覺性的認知、檢視事件、因果檢討）等三個層次，必須運用設計在各個階段中皆回應此三個層次的心理歷程（同上：79-86）。

　　在「人本設計」的操作上，Leifer, L. 等人（2019）認為人是設計思考的核心，因此需要掌握使用者的樣貌，在「建構模型人物」上步驟可以是：尋找使用者（使用者是誰？有多少？從事行為？）、建立假設（使用者之間的差異？）、確認假設（用證據資料證實某些假設）、尋找規律的模式（對群體的描述是否正確？還有其他群體嗎？）、繪製使用者素描（如何使用者群體分類及如何素描？）、定義情況（現況與需求？）、核實檢驗（至現場訪談等檢視假設與素描）、傳播知識（如何呈現使用者素描及其利害關係人？）、建構情境（創造故事情境）、持續深化發展（有否新資訊加入再次修正素描）（Leifer, L., Lewrick, M. and Link, P. 著／周宜芳譯，2019：34-35）。

　　另外，Norman, Donald A.（2014）則運用「雙菱形的設計模型」（其為 2005 年由英國設計委員會所提出），依照時間軸分成找出正確問題（先發散再收斂，發現及定義問題）、找出正確答案（先發散再收斂，開發及交付解決方案）等二階段，因而形成「雙菱形」模型。然而，人本設計發生在雙菱形模型的發散及收斂過程中，有以下四種不同的活動與一再循環的反覆過程（Norman, Donald A. 著／陳宜秀譯，2014：262-274）：

1.觀察：對目標族群的詳細分析、對問題本質的了解、使用者想要完成

的目標，可應用人類學研究法民俗誌方式進行調查，設計目標是想知道需求及產品開發週期進度與預算。

2. 衍生想法：發想潛在解決方案。

3. 製作原型：製作簡單的實體模型，檢視所有想法的合理性。

4. 測試：將原型進行使用者測試，讓使用者討論過程中的想法、挫折及假設等。

5. 重複：增加來回測試及改良的次數，重複並漸進的找出可能的正確問題及解答。

　　另外一種「人本設計」則是針對人的希望、期望值來進行設計，因此，可以運用「期望地圖」（expectation maps）的概念及操作方式，主要如下（Dijk, G. V., Raijmakers, B. and Kelly, L. 著／池熙璿譯，2013：176-177）：

1. 概念：依照參與者進行期望地圖，希望在服務旅程中，在哪些接觸點能夠獲得到哪些期望的內容，進行地圖的製作。

2. 做法：建構期望地圖的原始資料，可以從各種不同來源事先取得，例如：從媒體報章雜誌開始，事先調查當地大家的想法，也可以直接將旅程畫出之後，進行期望地圖的繪製，以圖文詳加說明，藉此蒐集意見。

3. 功能：可以調查出哪些服務在參與者心中的形象，聚焦特定方向的期望地圖，有助於檢視哪些會經常遇到的環節及問題，期望地圖從參與者在各個接觸點中建立起來，清楚可見整體期望內容及相關訊息。

　　或是，Wildevuur, S. 等人（2016）提出以使用者為主的價值圖，是以「使用者即設計師」方法及民俗誌研究法為基礎，屬於藝術及社會科學的質性研究，將顧客參與及同理心結合。雖然各項設計的計畫與使用者產生連結、參與程度等皆與計畫本身的性質有關，可是可以透過挑選過、具有代表性的使用者，進行對話，聆聽故事、感覺、信仰、希望等，深入了解對方的特定背景以及想要的需求，讓這些切身的故事成為設計的來源（Wildevuur, S. et al. 著／顏志翔譯，2016：132-135）。

(三) 問題反思

　　「人本設計」是設計思考中極為重要的基礎，一切設計始終來自於以人為主。只是，「人本設計」是需要使用者自覺，各種方法以此為基礎才能量身訂做而成。問題是，每個使用者的文化資本不同，「人本設計」似乎凸顯特定的白領階級、知識分子等才能回應自己的需求、問題或是對於產品的想像期待等。因此，如果是強調以人為本的設計，則更是需要完全了解及運用不同使用者其不同的語言、文化、風俗、習慣、癖好、生活特質、階層與階級等文化資本，同時也注意不同使用者與社會人際連結及社會關係等社會資本特質，如此才能細膩的找出某些深入的設計因素及有效的回應「人本設計」理念。

　　另外，某些設計或社會設計其倡議的議題，究竟是民眾的人本？抑或是倡議者、設計者主張的、發起的人本議題，目前並沒有唯一的標準答案，但是在操作過程中分寸需要謹慎留意、拿捏得宜。舉例而言，某些倡議女性主義的相關計畫，在進入地方時，卻面臨當地年長婦女的質疑，這些婦人已經習慣過去的生活方式也覺得幸福一生，從未覺得女性受到壓迫，外來提倡女性主義者便與當地婦女的看法並不完全相同，因此，在參與的過程中需要更加小心細膩謹慎的拿捏分寸，以免雙方各自產生各種相互適應不良的反效果。

　　同樣的，我們一直覺得某些不公平交易剝削當地勞工來取得不義原料，但是在當地的整體經濟環境條件之下，或許這樣的工資及工作方式在當地不會過於低廉與過度勞動，當倡議者提出抗議企業血汗壓迫時，企業可能因此加薪及增加勞工福利，但也可能出走或不採用原本勞工，進而讓當地原本有工作的工人失業，因此需要小心謹慎處理。

　　「人本設計」由於牽涉使用對象的主觀心理感受，我們除了蒐集及分析許多客觀統計數據之外，更需要其個人主觀感受，不然容易淪為「人本」設計是設計師自己的「本人」設計。另外，「人本設計」其最基礎的關鍵就是「人權」，我們任何有形或無形的各種設計方案、活動

或計畫等，都需要環繞在以「人權」為基礎來進行各種設計思考，從取得原料、構思、製造、行銷等整過程皆融入「人權」思考。

三、議題設計

(一) 概念論述

在此所論述的「議題設計」（issue design）是一種「設隨議題」（design fallows issue），並不是「問題設計」（problem design），「問題設計」是盤點分析使用者或社會大眾所遇到的問題及需求，以問題轉為議題，運用設計方案加以解決這些問題。在此處的「議題設計」是架構在「問題設計」的基礎之上，也就是「問題設計」是一切設計的基本原則，在此之上特別強調「議題設計」的相關內容。

由於設計方案在進行民眾參與時，經常發生民眾參與意願不高、動員效果不良的問題，這些現象的根本問題來自於議題設計不良，民眾相較於在忙碌的日常生活有其他重要的活動，便不會前來參與這些與他看似無關的議題。

在社會設計所有不同的設計領域中，幾乎大多與設計議題有關，因此是一種「設隨議題」，但是在此處的「設隨議題」不僅強調在社會設計中，對於議題設計的重要性，需要透過地方議題盤點、分析、提出對策之過程，更是強調議題的來源及議題的內容，將直接影響民眾參與效果、動員的程度、對整體影響的範圍，也就是社會設計的社會行動（甚至是社會運動）的成功與否，與議題有直接關係。

一般社會行動者經常會帶著個人理念提出倡議，但是也經常受到創傷，因為認同者及跟隨議題者稀少，變成曲高和寡的社會行動，導致好的理念卻無法成功的做出許多改變社會的行動。因此，我們需要一方面由下而上的盤點地方問題及需求，一方面將自己的理念巧妙的融入其中，這是一種巧妙的好做法，可是即使如此尚嫌不足也不一定會成功。

「設隨議題」概念也強調：「沒有離開個人私利的議題才是公共議

題。」「設隨議題」的議題設計，重視社會設計的設計議題是奠基在各參與者的需求及問題的議題之上，也就是，「議題的公共性是來自於大多數參與者其個人的私利性。」

議題與參與者有切身關係，參與者就會有參與動力，更多參與者有相同切身的私人利益，就會有更多參與者有感、認同而加入行動之中。「設隨議題」概念強調社會設計的議題是結合眾多參與者個人私利才會成為公共性議題，以如此方式思考的公共性議題，在實際推動上比較容易獲得公眾支持，社會設計才不會淪為只是紙上談兵而無法實踐落實。

(二) 行動方法

如上述，「設隨議題」的議題設計，思考議題設計來自於參與者的切身利害關係的個人私利，因此，如何透過現場盤點、資料蒐集分析、問卷、訪談、觀察、各項線索、公共會議等方式，分析及找出參與者所切身關係的問題及需求。

既然強調「將個人私利結合起來成為公共性議題」的做法，除了議題本身內容的設計需要架構在更多參與者其個人切身關心之問題及需求，才能集結出更大（更多數）的動力之外，在議題推動時，討論的時間、空間等二者也需要思考參與者的個人利益以增加參與程度，例如：參與時間是眾多人可以的公共時間、場地的便利性、現場是否有滿足個人利益的設計（像是喜歡的小產品、飲食等）等，也就是，公共議題、公共時間、公共空間的設計都需要留意個人私利，愈多人感到私人利益被重視、被滿足便會認同與積極參與行動。然而，個人的私人利益則包括：物質方面及心理層面等二者，並非只有物質條件。

另外，在上述將出現一個問題，就是倡議者個人帶有理念如何與民眾的理念相互連接，尤其是倡議者理念與參與社群之間的落差較大時，除了一方面需要尊重民意，在民意的基礎之上進行論述，利用參與者個人切身私利的角度，以「換位思考」進行整理。由於參與者愈是認

為與此議題有關，愈是具有認同力量，愈是多數參與者參與行動，社會設計的行動影響力愈高，也更加容易成功，這也是換位思考的重點。

(三) 問題反思

「設隨議題」的議題設計，並不是要在討好參與者的基礎下進行設計，而是讓社會設計方案更加務實，能讓社會設計方案在行動上造成更大的影響性。然而，過於強調地方民眾為主體的議題設計，也容易淪為民粹主義。

另外，某些不具有普遍性但是卻極為重要的理念，在現況並無廣大參與者支持卻需要進行推動，在之前章節所說明的「由內而外、由下而上、由小到大」操作原則，便不是要一開始即為「由外而內、由上而下、由大到小」的操作方式，因此，如何一步一腳印的透過各種教育、學習方式讓參與者了解倡議者理念的重要性。另外，倡議的社會設計理念與參與者的中間落差，也可透過巧妙的論述方式，讓更大量的參與者認知與個人具有切身利益。

除此之外，在議題設計中，如上述所說需要民眾參與的「換位思考」[5]，這就如同 Brown, Tim（2010）認為成功的設計案有不可或缺的三大要素，分別是：洞見（insight）、觀察（observation）、同理心（empathy）。其中，「洞見」是設計思考關鍵根源之一，是從他人的生活中學習，而不只是蒐集許多大數據做分析而已；「觀察」是去看他們做（及不做）什麼、聽他們說（及不說）什麼，研究使用者的使用行為；「同理心」是「借用」他人的生命經驗來啟發新的構想，他們許多看似難以理解的行為，是為了應付在生活中的混亂、複雜及矛盾，只是大家採取不同的策略而已，而創意者與消費者之間須從過去的「我們代

---

[5] Leifer, L. 等人（2019）更特別強調「換位思考」的重要性，認為在開放式的調查各種需求之後，理解對方的語言及想法，以菜鳥效應保持心胸開放，以專注於當下事物的正念（mindfulness）來開啟換位思考（Leifer, L., Lewrick, M. and Link, P. 著／周宜芳譯，2019：76-81）。

表他們」轉爲「我們偕同他們」，發揮到極致是使用者自行生產的「人人都是設計師」（Brown, Tim 著／吳莉君譯，2010：76-98）。

四、民眾審議設計

(一) 概念論述

民眾一直是使用者，最了解自己的使用需求及現況問題，因此，讓使用者自己參與審議想要的方向或方案，將直接解決政府知識與現況實際落差之問題。而民眾是否有能力自己審議某些具有高度專業的相關計畫，受到某些人的懷疑，其中不僅需要政府（或民間主辦單位）的中立立場，在過程中也依賴各專業領域的專家學者來進行客觀協助，以及參與過程同時培養民眾的專業認知及公民參與素養，達成民眾自己有能力參與審議。

不過，無論一般民眾是否有能力參與審議，Fearon, James D.（2010）認爲「討論即審議」，團體各成員「討論」的意義與價值在於：揭露私人訊息、降低或克服有限制的理性、迫使或鼓勵證明自己需求與主張合理的特定方法、使最終的選擇在團體中具有合法性（而促進凝聚力及改善執行）、改善參與者的道德及知識素養、做出「正確的事情」（不論結果爲何）（Fearon, James D. 著／李宗義、許雅淑譯，2010：63-64）。

而 Sangiorgi, Daniela（2019）則認爲參與式設計有七個重要的關鍵原則，分別是：積極的行動公民、介入在社區（社群）尺度中、建立夥伴關係及能力、重新分配權力、設計基礎設施及支持平台、增加想像力及協助、評估成功及衝擊影響（Sangiorgi, Daniela, 2019：264）。

另外，Fishkin, James and Farrar, Cynthia（2012）分析 1980 年代美國「審議式民調」工作，提供一些可供參考的看法。「審議式民調」是事先對廣大民眾抽樣、民眾閱讀資料及面對面討論、分組及問卷等工作，認爲「審議」指的是一種討論的過程，人們會依據不同論點的優劣

做出衡量，而由於關心事件的人往往自然的由一群利害關係人聚集而來，而不是所有民眾，因此，審議工作並不是自然發生，是需要有召集人、各領域專家、地方公民資源（各種公民團體、地方媒體）、審議活動經費贊助者、學者、居民等人爲的動員行動，並且召開公民會議，分組討論及大會，之後全體公民投票民調的一種公共諮詢模式，審議的品質取決於：(1) 完整性（正反意見的相互回應及並陳程度）；(2) 資訊正確性（所使用的資訊其精準程度）；(3) 盡責性（能夠確實依據利弊對議題做出抉擇的程度）；(4) 多元性（參與者代表的社群多元比例）（Fishkin, James and Farrar, Cynthia 著／劉介修、陳逸玲譯，2012：129-142）。

同樣的，Carson, Lyn and Hartz-Karp, Janette（2012）認爲民主審議需要具備以下三個標準，包括：(1) 影響力（應能影響政策與決策）；(2) 涵容性（應具備人口代表且涵蓋多元觀點及價值，提供平等的機會讓每個人參與）；(3) 審議性（應具備開放對話、充分資訊及彼此尊重，了解議題且能彈性重設議題以取得共識爲導向）。其中例如：公投或民調之工具，可能滿足影響力及涵容性，但是對議題深入性、複雜度無法釐清，而缺少審議性的標準；同樣的由社區發起的公民陪審團，成員代表可能具有不同代表的涵容性，如果會議中立且充分對話將具有審議性，但可能缺少對政策的影響力（Carson, Lyn and Hartz-Karp, Janette 著／劉介修、陳逸玲譯，2012：189-190）。

另外，如果以系統性進行思考，審議式參與可以良性循環。具備審議性、涵容性、影響力的審議式的社區參與，將重新界定議題、產生互相可接受的方案，之後測試解決方案，提高更多人理解解決方案，同時提高決策者及社區之間的信任度，進而增加社會資本，讓整體社區關切之後，促成日後更多審議式的社區參與。例如：在澳洲，社區諮詢已經透過立法、規範、政策及慣例而逐漸制度化（同上：204-205）。

　　而在審議的發展歷程及審議類型中[6]，葉欣怡（2019）調查臺灣早期常採用公民共識會議的參與模式，但也嘗試透過審慎思辨的民調（deliberative poll）、願景工作坊、公民陪審團等模式蒐集民意，後期除持續前述外，開始出現公民咖啡館（world cafe）及參與式預算（participatory budgeting），以及結合不同審議參與模式優點發明混合模式（葉欣怡，2019：6）。

(二) 行動方法

　　以下分別分析幾個經常使用的審議式設計之做法，如下：

1. 臺灣目前已出現的類型及做法（林祐聖，2019：17-24）

(1) 公民共識會議：可用於專業性與爭議性高的議題。共識會議的參與者為 15 至 20 人，時間為 5 天或 7 天，在公開會議中討論並向專家詢問，最後寫成一份報告，公開社會大眾及提供決策參考。共識會議進行可分成兩階段，第一階段為「預備會議」（2 至 3 天）讓參與者充分準備，閱讀資料及專家演講等對議題有所了解，並

---

[6] Gastil, John and Levine, Peter（2012）整理美國公共審議史，提醒我們在設計更民主的公共制度之際，留意也可能失去或弱化了重要的文化習慣與傳統。他們分析美國在 20 世紀晚期經常出現審議字眼，最長使用於陪審團、委員會、立法機關、長期討論作為機關決策程序等，審議民主理論中受到最多關注的是「審議式民調」。在柯林頓時期則採用對話而不是審議，尤其在討論種族議題時必須面對經驗與觀點的差異，不只是理性討論也需要面對情緒上的問題。許多受矚目的審議活動，包括：「國家議題論壇」是以去中心化的網路召集，參與者諸如：社區組織、地方領袖、公務員、教育工作者及公民等。另一個是「學習圈資源中心」，運用社區動員組織技巧，吸引大量且多元的參與者，焦點審議及開放對話，地方組織利用學習圈的過程達成多樣成果，從改變個人的態度及行為，到集體引發產生制度與公共政策的變革。在網路也興起各種討論平台，例如：UnChat 專門用來促進審慎的審議等。各政府機關也大量讓民眾參與其政策決策過程，雖然方法、地點及目標不同，有一個共同之處就是審議運動正在興起，審議成為政治文化的核心特徵，更高品質的公共對話與審議將有可能讓美國更加民主化（Gastil, John and Levine, Peter 著／劉介修、陳逸玲譯，2012：53-60）。

討論下一個階段的議程。第二階段「正式會議」（3 至 4 天），由不同專家提供前一階段提問的回應與論辯，與參與者詢答，會議後半段則在基礎上凝聚共識，寫成報告，為求公信力多數公民共識會議設有執行委員會，進行參與者客觀抽樣、資料正確、了解議題的專家學者等。

(2) 公民咖啡館：具有呈現多元意見的功能。並沒有標準程序，約 10 人為一組，20 至 30 分鐘換桌及輪流至各桌討論，各桌主持人記錄該組意見。

(3) 願景工作坊：討論「非爭議性議題」而能透過討論對於不確定性議題提出方向與建議。約 20 到 50 人，3 至 5 天，有些工作坊會以利害關係人的出發點，釐清該議題相關的行動者，設定利害關係人的比例；有些會讓背景相同的關係人共同討論出共識，再與其他背景者互動形成共同願景；有些則一開始即讓不同參與者形成共識的方式進行。共識工作坊的特色在於「劇本」，劇本的設計像是拋磚引玉，讓參與者思考，或帶民眾至現場參觀了解實情，或分組投票等做法。

(4) 參與式預算：是由人民參與預算執行方式。其做法是：第一階段宣傳吸引民眾參與，第二階段是審議主持人及工作人員培訓，第三階段是公民大會，每次大會 3 至 3.5 小時的民眾討論，第四階段是提案工作坊，由民眾的角度協助提案的合法性及精緻度等，第五階段是公民投票，第六階段是方案執行。

2. 臺灣可進行的幾個審議式類型及做法

(1) 公民陪審團（Crosby, Ned and Nethercut 著／劉介修、陳逸玲譯，2012：177-180）：公民陪審團最初目標是要創造一個增強理論和公民同理的程序，讓公民討論公共政策事務及評估候選人。成功的公民陪審團的基本要素及做法，包括：社區縮影（分層抽樣，選出的公民能足以代表社區特質）、在良好的審議前提下儘量擴大團體規模（24 位是一團最大數量，但可分成各個小計畫分組進

行）、高品質資訊（除提供正確資訊，陪審團要有充足時間詢問聽證人）、高品質審議（主持人的平衡、開放討論自由表達意見及回應）、降低工作人員偏見與外部操縱（包括讓陪審團用自己的措辭）、公平的議程與聽證會、充分時間研究議題。

(2) 學習圈（Scully, Patrick L. and McCoy, Martha L. 著／劉介修、陳逸玲譯，2012：276-281）：Scully, Patrick L. and McCoy, Martha L.（2012）提供「學習圈」之做法，學習圈是一個小型的（8至12人組成）多元背景的團體，以每次 2 小時的多次聚會，成員自己決定基本的規則（使得成員都有責任去維持討論的品質），由一位公正的主持人協助討論進行（但不指導議題），並幫助成員們從不同角度去思考同一個問題，成員探索不同的解決方案，最後提出計畫。學習圈在審議計畫時，是由社區不同多元背景的人組成，包括：各行各業的參與者使用公平且公正的討論資訊，有受過訓練的主持人來協助反映出社區的多元觀點，當學習圈得出結論時能夠敦促社區採取行動。

社區學習圈中心為研究如何讓審議發揮效用，將民眾的對話與審議相互結合，對話有助於建設性的溝通、解除刻板印象、誠實相待及傾聽他人意見，審議激發批判性思考及理性辯論，是公民用來解決問題及決定公共政策的方法。

學習圈的目標是提供每個人在日常有機會進行有意義的參與。學習圈操作原則是讓每個人參與（表明歡迎社區裡所有人參加，也需要他們的參加）、擁抱多元（盡可能接觸到各式各樣的人）、分享（知識、權力及共同決定）、結合對話與審議（創造能增進理解及尋求解答的公共對話）、將審議的對話連結至社會的（政治的、政策的）整體改變。如果對話的目標是改變公共政策，計畫中每個階段都要有官員參與對話，將審議中的主要意見及構想整合於報告中提供給官員，邀請官員一起研訂行動的優先順序且與民眾一起執行。

(三) 問題反思

　　民眾參與的審議工作，其經常出現的普遍問題，除了民眾參與積極程度、公民參與素養之外，在各種會議中提供資料的完整性及準確性（也包括用詞、用語）是否足夠讓民眾能詳加閱讀及客觀判斷，民眾在參與過程是被外力動員而來或是自發的認同參與，參與會議的只是少數利害關係人或是廣泛的社區多元社群等，上述這些都是我們要進一步去思考及準備的問題。

　　另外，在民眾參與各種審議工作之後，對於政策或計畫的影響程度也會衝擊民眾的參與意願，同樣的，與會者是否分布在不同的社會階層、多元社群，也會影響民眾的參與品質，而過程是否相互平等討論、充分溝通則會影響民眾的參與共識，以及減少形式性的參與或引發更多爭議。

　　在目前臺灣已經出現的參與審議式類型中的公民共識會議，分析其經常出現的問題是：主辦及主持人的客觀性與開放性，以及參與者的客觀抽樣、資料是否正確、協助專家是否真正了解議題。

　　除此之外，在臺灣已出現的其他類型，亦有以下問題：(1) 公民咖啡館：經常時間不夠長無法運用在複雜的議題；(2) 願景工作坊：某些時候因為參與者的身分不同，而有權力不平等的情形出現；(3) 參與式預算：參與者的包容性、審議品質、民眾的決定是否落實社會公平正義（林祐聖，2019：17-24）。

　　在上述所提的公民陪審團、學習圈等國外做法，目前在臺灣都需要進一步推廣。然而，所有合適的民眾參與審議的方式，都需要依照每一個地方的發展脈絡而有所差異，才不至於完全複製國外的所謂成功案例，畢竟臺灣的民主發展歷程與程度與國外相當不同。另外，各地的各種民眾參與審議不應只呈現一種「活動化」樣貌，審議式參與的「制度化」工作應勢在必行。

　　而最理想的目標應該如同 Manzini, Ezio（2019）所強調要利用有

未來希望的計畫案，以行動社群及合作組織一起運用賦權方式由下而上進行，並逐漸擴大地方成員參與，設計師變成沒有這麼重要，反而設計的地位及角色要與當地傳統特性之間調適爲合適的關係，設計一套流程及相關特定因素參與並反映在計畫內容之中，亦即，賦權人們的能力（empowering people's capabilities），「讓人們自己解決自己的問題及滿足自己的需求，想自己想做的事、做自己想做的事。」（Manzini, Ezio, 2019: 403-416）。

第三節 社會理念的社會設計方法

一、順勢設計

(一) 概念論述

「順勢設計」（homeopathy design）也是「設隨特性」（design follows characteristic）的概念，主要是說明每一個社群（或社會、地方等）都具有屬於自己的獨特性、問題及需求等條件，社會設計並沒有一套標準作業程序，反而需要依照各種內在特性，量身訂製合適於該社群（或社會、地方等）的外在各種社會設計之內容、形式及工具。也就是，社會設計的外在形式（可能是產品、活動、計畫等形式），是跟隨著專屬該社群（或社會、地方等）的內在特性，以及，每一個依照內在特性打造的外在計畫不一定適用於其他設計對象，二者爲「設隨特性」概念的「順勢設計」。

由於計畫的形式跟隨對象特性而成，因此，社會設計是一種「順勢而爲」的設計。例如：地方的社會設計，將順著當地的地方性、問題及需求等性質，透過全面的地方性盤點、分析、凝聚計畫等，由下而上的「順勢而爲」依照地方性及地方情勢而成，不僅尊重地方性而更是依照地方性的特質，進行調配出合適該對象的設計方案。

(二) 行動方法

以下以較爲複雜的地方類型之社會設計進行分析，在講求「設隨特性」概念的做法，便是從地方基礎工作開始，也就是進行「天地人」三個方面的地方性盤點，地方性盤點也就是盤點屬於當地的「地方文化資本」特色。

1.「天」：地方天候資本

(1) 例如：日照、雲霧、風雨、溫溼度等氣候條件，以及這些氣候特性形成的各種氣象風貌（例如：日出、夕陽、陰雨等）。

(2) 也包括僅出現於當地局部氣候狀況的微氣候條件，例如：因過於開發密集在市中心區出現的都市熱島效應，或是郊區偏鄉地區的局部降雨等局部氣候狀況。

2.「地」：地方地理資本

(1) 自然地理：地形、地貌、土壤地質、地下水位、雨水滲流量與逕流量、植栽物種、林相、特殊地景等。

(2) 人工地理：一切由人所建設的人工物，例如：道路、橋梁、建築物、人工平台、學校及公園等公共設施、土地使用、都市設計、都市計畫等形成的人工地景風貌及內容。

3.「人」：地方人文資本

(1) 相關利害關係人（及部門）人文：與本次操作的社會設計議題相關的人爲因素等爲利害關係人（及部門），盤點其範圍相關的人士（及部門），因此，需要先全面展開分析計畫中的各階段（例如：實施前中後的各個階段），以及分析該社會設計方案在當地的「社會垂直關係鏈」（例如：上中下游的相關社會關係鏈）和「社會水平關係鏈」（例如：在分析各個上中下游，牽連而來的其他地方人士或人爲因素），其涉及的相關關係人（及部門）等各種人爲因素。

(2) 整體地方人文：盤點在當地的人文資源特性，例如：人口、政治、

經濟、風俗、禮儀、文化素質特性等，像是年齡、收入、產業、教育程度、性別、社會社群、社會團體關係等，而盤點對象之人物也包括：地方耆老、意見領袖、派系代表、藝文人物等。因為，每一個地方人文環境特性不同，同樣一件事情置於不同的文化脈絡與社會情境之下，將會產生不同的結果。

在「天地人」的地方文化資本盤點中，並不要求準確的歸類，因為三者在地方一直都是交融互動，既然是「順勢而為」，應該就連「歸類」本身都需要參考當地及當時的社會情勢與特性，或是由民眾等參與者參與盤點與分類工作，皆重要於是否準確的歸類。

在「順勢而為」的地方社會設計，其做法包括：盤點的人事時地物等、盤點的項目內容、盤點的過程、分析的結果等，都是以地方特性進行順勢行動，就連透過地方盤點、特性分析、評估特性、提出社會設計方案（名稱、內容、操作方式）都是因地制宜、因案而異、因果關係的「順勢而為」方式。

就像是「風水」其實是一種社會設計計畫，也是一種「順勢而為」的做法，在了解當地的「天地人」之特性下，運用工具與技術找出最合適的方案，滿足了當事者的生理與心理的問題及需求。「中醫」也是「順勢而為」，依照每個人的特性進行配藥。地方的社會設計，也是依照地方特性進行調配「處方」。而在地方類型以外的其他社群（或社會）對象亦是如此。

(三) 問題反思

順勢設計以「設隨特性」的「順勢而為」進行，強調「順勢」，以較為複雜、規模較大的地方社會為例，將至少需要面對以下幾個問題：

1. 地方文化資源盤點是否確實？是否能完全掌握當地地方文化資本的特性、條件與問題？

2. 具特色的「地方性」以及「順勢」是誰認定、誰決定？社會設計專業者認為的順勢是否是地方民眾認為的順勢？地方性及其順勢發展只是

特定社群居民個人或是所有人的想法？

3.「順勢」是否有辦法順著所有人的想法？順勢如何說服民眾？是否能讓多數人參與且有共識認為十分重要而值得順勢發展未來？

　　另外，地方性是一種有機的、非封閉的、動態的、現在進行式的發展過程，在特定社會時空下的設計計畫，也有可能需要在地方動態演變中做出即時且最好的調整。

二、功用設計

(一) 概念論述

　　「功用設計」是「設隨功用」（design follows function）之意，更是轉用 Louis Sullivan 提出的「形隨功用」（form follows function）概念（Cannon, P. F., 2011）。「form follows function」強調外在形式應隨著內在要達到的功能進行設計，使用在現代建築設計就是建築物外部型態要跟隨著內部的使用需求、解決問題等，滿足各種機能來設計成形。因此，「功用設計」也就是社會設計的各種外在形式，需要跟隨設計對象其內在的特性、問題及需求等，以及所需要的任務性功能而設計，強調設計應針對且跟隨各種機能而進行調整與展開設計。

　　進一步來說，在社會設計中如果是以設計對象為產品，社會為因素，就會設計出滿足社會因素所需功能的有形或無形的產品對象。但是，如果對象是民眾，設計只是作為方法及媒介，其功能就變成讓民眾參與程度的活動及過程（例如：凝聚與認同）等設計，設計將因為目的性與功能性不同而有所不同，然而，這些同樣都是「功用設計」概念，只是所重視的主角對象及要達成的功能性不同而已。

(二) 行動方法

1. 盤點調查蒐集

　　事先盤點出與本次社會設計案相關利害關係因素、利害關係人、利

害關係部門等，透過問卷、訪談、現地觀察、文獻及相關資料分析等。

2. 問題分析及問題歸納

(1) 問題分析：在問題調查蒐集工作之後，分析與設計案有關的已發生課題、潛在課題等事件現象，之後分析已造成或即將造成事件現象背後的各種起因。

(2) 問題歸納：在問題現象及其起因分析之後，進行問題及起因的比對及交互整理，可分成兩方面：

　① 量化：將所有的問題及其起因進行歸納及分類工作，分門別類有助於全面釐清問題，以及提出有效解決問題。

　② 質化：不只是一方面整理歸納事件現象及其起因的分類而已，某些屬於個案性質卻足以影響大局的問題需要特別列出因應。

3. 功用設計計畫提出

在上述的問題，將問題性質相近且出現的大量頻率數量的問題以量化方式分類，另外，同時將單一事件本身問題的重要程度進行質化分類，進行設計思考。

(1) 量化的功用設計：出現問題或需求的頻率、次數偏高，則顯現出問題或需求的「普遍性」，功用性的社會設計將針對這些普遍性進行設計，量化的功用設計策略就是「透過一個設計方案就可以解決與滿足最大量（普遍性）的問題與需求。」

(2) 質化的功用設計：出現單一事件的問題或需求具有重要影響程度之「重要性」（或代表性、迫切性），因此，在功用設計概念也可以針對單一事件進行設計。

(3) 關鍵點的功用設計：結合量化及質化的整體發展觀點，進行系統性分析，找出潛在問題及需求的「關鍵性」（關鍵點）進行設計，讓一個社會設計的效益有層次性的往外擴散，達到酵母（發酵）計畫的功能，例如：經由整體的投入產出分析找到關鍵點，當關鍵點解決之後，便能產生整體活化及外部擴及效益。

Papanek, Victor（2013）也認同功用設計的重要性，其以產品設計

角度出發，認為「設計是為了促成有意義的秩序，因而採取有意識且
直覺性的努力。」（Papanek, Victor 著／楊路譯，2013：40）為解決問
題而存在的設計，雖然無法找到唯一正確的答案，卻能找出某些「更
正確」的答案，正確性是我們特定的排序（同上：43），而設計的功能
是「滿足其目的所採取的行為模式」（同上：44），其提出具功能性複
合設計的六項要素，包括：方法（指工具、素材與工序的互動）、用途
（產品的使用功能）、需求（人們物質與心理精神的需求）、導進（蓄
意且有目的的利用自然與社會的近程，以達成特定目標）、關聯（人
們的過去經驗與記憶）、美學（協助設計師塑造感動、愉悅眾人，應
具備的色彩與型態）（同上：45-61）。另外，其甚至認為設計的最終職
責，是在於改造人類生存的環境及工具，並藉以改變人類本身（同上：
70）。

(三) 問題反思

　　無論是進行社會設計的產品、活動、計畫等，或甚至是社會制度等
不同層級與規模的工作，功用設計概念是許多社會設計思考與實踐的基
礎，但卻不是全部。

　　因為，過於刻意執行的功用設計將可能帶來許多衝擊，尤其是使用
者涉及各種差異度較大的使用族群時，功用設計將只會解決與滿足一部
分人的問題及需求，因此，需要各種因使用族群調整功用設計的彈性手
法，或是更加多元化的設計方式。尤其是需要面對一個議題，就是功用
設計中的功用，是要滿足誰的功能性？某些政府等上層階級可能會編列
預算執行專案計畫，委託給民間專業者，所以功用設計可以主要以滿足
業主的需求為主要功能，政府也可能是使用者之一，但是其他社會大眾
的問題與需求卻被犧牲，也失去功用設計是為了廣大使用者的原意。

　　另外，在某些場合，功用設計概念是一種過程，而不是目的。也就
是功用設計是使用在設計過程中每一個環節，逐漸改善的設計，到最
後才逐漸達到目的，例如：在民眾參與設計的過程中，並不能一開始就

提出最終的功用設計產物（產品、活動、計畫、制度等），而是將功用性導向參與者如何反應問題及需求，在每一個環節中產生該環節的功能，進而逐步達成整體的功用設計成果。也就是說，有幾種不同階段的功用設計：開始草擬、過程發展、結果產出等都是功用設計可以介入之處。然而，我們從最開始到最終階段都要思考的是：是要滿足誰以及如何滿足的功用設計。

三、通用設計

(一) 概念論述

「通用設計」（universal design）概念源自於 1980 年代 Ronald L. Mace 所提出（自由空間教育基金會—FUDE，2017）。「通用設計」是主張不僅僅是特定族群，例如：殘障人士、高齡等弱勢族群而已，而是任何年齡、性別、組群、社會角色及位階等成員皆可障礙無阻、完全適用的設計概念。因此，「通用設計」也可說是「全方位設計」或「全民設計」。

通用設計就是將各種使用者的不同因素，皆考慮融入到設計之內，讓各種因人而異的社會、生理條件等能獲得解決。過去的通用設計主要將其概念適用於有物質型態的對象，例如：建築物設計、開放空間景觀設計、室內設計、街道家具、各項產品設計等，也屬於一種社會設計的概念[7]。

在此，通用設計不僅適用於如上述所說的硬體空間、有物質型態的

---

[7] 通用設計案例之一，「降低對自然消耗：EzyStove 易爐之木柴煮食爐」。在「愈貧困地區更僅能以柴火為燃料，如何讓這些地區人民保持傳統烹飪方式，卻能更安全便利？瑞典設計公司 Veryday 與非洲奈米比亞合作，針對低收入者設計出 EzyStove（易爐）。易爐，就是方便好用的火爐，是將當地人習以為常的簡易爐灶設計改良，以易導熱的金屬製成，降低 40% 木柴量，減少油煙汙染，從牛糞到垃圾都可為燃料，適用不同大小鍋具。簡單卻完整的設計，不但取之於當地而用之於當地，成本也控制在低收入戶可負擔的範圍，整座易爐從包裝、販售到維修都是在當地工作室所完成。」（設計趨勢，2017）

產品、最終成果的對象而已，通用設計的社會設計運用，也包括了軟體社會活動、未具物質型態的社會計畫、社會過程（社會動員、參與及決策等）等對象。也就是，進行這些社會行動設計時，注意通用設計的概念如何反映在行動之中，從最初到最後的結果皆可融入通用設計的設計概念。

(二) 行動方法

Ronald L. Mace（2017）曾提出一般「通用設計」的七個設計原則，計有：公平使用（任何使用者皆可使用、不造成傷害）、彈性使用（涵蓋廣泛的個人喜好及能力）、簡易及直覺使用（使用者容易了解如何使用）、明顯資訊（向使用者傳達必要的資訊）、容許錯誤（意外的後果降至最低）、省力（有效、舒適、不費力）、適當的尺寸及空間（無論使用者的體型大小、姿勢、移動方式）（自由空間教育基金會—FUDE，2017）。

分析 Ronald L. Mace 在上述所提出的通用設計原則，主要是在於有物質型態的產物（產品或／及空間場所等對象），以及最終製造階段生產出來的產物，在各種不同的使用者其各自使用時的狀況，並將其回饋反應在一開始的設計階段之中，所形成的七個通用設計原則。

再將上述原則轉用在社會設計方面的通用設計原則，無論是有物質型態的社會設計產品，或是無物質型態的社會設計之社會制度計畫、社會行動或社會活動等，發現這七個原則似乎也能同樣適用。不過，我們認為社會設計可以更加強調無論是有物質型態或是無物質型態的設計產物，需要更加能朝向以下四個原則，分別為：全涵蓋（因應不同社群）、易使用（因應不同成員）、無障礙（因應不同弱勢）、具安全（因應不同問題）等條件。

另外，有別於以「最終產物」為主要思考的一般通用設計原則，社會設計的通用設計原則，也強調在設計「各階段過程中」的通用設計，包括：民眾如何在各階段過程中參與的通用設計，例如：居民熟悉的用

語及用詞、文字大小與可辨識程度、計畫內容的淺白說明、目標與成果的具體與容易理解等等，如何讓不同社會差異性的參與者完全參與過程之中，並能清楚了解社會設計的最終結果產物，減少因不同文化資本所造成的程度差異，以及降低參與門檻及阻礙，也是通用設計在過程中的重要操作原則。

因此，在社會設計的通用設計上，事先進行社會參與者的盤點，進行社群的分類，找出這些不同社會角色、位階，甚至性別等進行兩方面思考與設計，包括：

1. 如何讓不同社群成員皆能完全參與在各階段過程之中，不會提高（或降低）參與門檻且能清楚表達自己的不同需求及問題。

2. 如何讓不同的社群成員在使用最終產物，無論是有物質型態的產品或空間場所，或是無物質型態的社會計畫、社會行動等，皆能儘量適用解決與降低使用障礙及使用門檻。

透過上述兩點進行整套（包括：過程與結果二者）的社會設計思考方案，就連最後的方案評估及決策確定，也都是社會設計的通用設計需要思考之處。

(三) 問題反思

運用通用設計的社會設計是一種理想及目標，並在整體操作過程中，無論使用哪些技術及工具，都無時無刻提醒行動者（尤其是菁英行動者）的設計活動需要注意廣大、普遍、無礙的社群參與者及使用者的問題與需求，並且透過一種設計方案便能解決這些廣大又普遍的現象問題及個別需求。

問題是，這些不同社會角色、位置的社群及社會成員，其文化資本的差異度相距甚遠，例如：喜好、慣習、品味等皆大不相同，是否能真正的做到「通用」？是一種值得思考的問題。

另外，每一個社會的社會性並不相同，進行一個能解決遍及各社群的普遍性的問題及需求，是否會造成設計方案反而失去的社會特殊

性，由於社會設計需要架構在當地社會歷史脈絡中進行思考及設計，一個普遍性的價值與設計是否會流於過高的同質性（甚至偏向於主流文化、主流議題），而失去當地社會或社群特有的、值得關心但卻是少數的因素，值得在過程中加以十分留意。

最後，我們要進一步思考，完全無礙的通用設計真的能做到嗎？在過程中以及到最後，是誰的通用設計？或許，通用設計能作為各種社會設計的基礎，且是操作過程中一再提醒的原則，但是，個別具差異的地方性、社會性、社群性、個人特質等也需要同時留意。

四、社會創新設計

(一) 概念論述

Kumar, K.（2013）曾經蒐集整理出適用一般設計的創新思考法則，其中許多概念及做法也同樣可以使用於社會設計之中。像是其認為創新的四個核心原則，分別是：以經驗為創新基礎、將創新視為系統、建立創新文化、嚴守創新準則（Kumar, K., 著／張書華譯，2013：3-8）。將這些原則轉用於社會設計的範疇中，也能適用於產品的社會設計，或社會的社會設計等類型[8]。

然而，為何 Kumar, K.（2013）所提的許多做法也適合用於社會設計，我們認為是因為其所提許多方法都來自於社會生活，也就是「社會創新源自於社會現象」[9]，作為創新設計的發展過程。例如：其認為設計

---

[8] 社會創新設計有各種不同的領域，鄧國勝（2013）將社會創新案例類型，分成：就業與創業領域的社會創新、扶貧與婦女發展領域的社會創新、養老與外來人口融合領域的社會創新、兒童教育與健康領域的社會創新、環境保護領域的社會創新、社區建設領域的社會創新、社會組織孵化領域的社會創新等類型。

[9] 「社會創新源自於社會現象」的社會創新案例，例如：「大部分資源及制度設計只集中在 10% 富裕人，其他 90% 公眾遭漠視，一個『design for the other 90%』策展關心貧窮失落的一角，一杯咖啡可推動倫理消費，讓全球每日收入只有 1 美元的生產者獲得合理利潤。TomsShoes（為了明天的鞋）鞋墊內印著：賣一雙鞋送一雙鞋給有需要的人，在 40 個國家形成買一捐一商業模式。繭裏

創新的活動模式有七項原則：察覺意向、了解情境、了解人、建構深層理解、探討概念、建構解決方案、實現方案（同上：9-13）。而上述這些原則其實都是「取之於社會，用之於社會」[10]所發展出來的相關層面，並且在創新設計過程中都是與各種利害關係人，透過互動方式加以產生設計方案的發展過程。

(二) 行動方法

社會創新設計並不是現代社會才出現的工作，Jeremy Nicholls 整理在歷史上重大的 10 件社會創新事件，包括：洗衣機與冰箱（改變處理雜務時間，去做有意義的事）、汙水處理系統與乾淨的使用水（影響人類健康）、工會（使員工與雇主較平等的談判）、會計與審計（財務計帳有助於投資）、電暖爐（改善過去燃燒木材所影響的空氣品質）、空調（同樣改善燃燒木材問題）、公園（將公共空間作為大眾休閒的場地）、保險及退休金（達到分擔社會風險的目的）、電話（人跟人可聯誼的訊息傳遞）、染髮（讓女性更有自信）等事件（陳南耘，2014）。而有趣的是，這些都是與社會生活息息相關、密不可分，因為社會創新就是社會生活的創新。

子幫助每日 1 美元的人脫貧，透過公平貿易讓每件商品更有存在的意義。楊振甫成立『5% design action』用 5% 時間讓社會更美好。以色列與巴勒斯坦兩個長期衝突與戰爭的國家，有什麼辦法可以化解這樣的衝突？以色列第 9 任總統 Shimon Peres 和平基金會發起互為血親活動，開辦以色列與巴勒斯坦人共同捐血的血庫，讓兩國人透過輸血，有機會成為血親，且由在兩國多年來戰役衝突中失去兒子、女兒、兄弟、姊妹的受害者開始。」（30 雜誌，2015）

10「取之於社會，用之於社會」的社會創新案例之一：社會中不要的廢棄物本身也可能是創新成功的機會。「『禮物公民』就是結合兩次社會創新。柬埔寨藝術家 Pot Sikpry 利用隨意棄置、具有耐水抗潮的水泥袋，設計出背包、錢包、旅行包等物品，教導在地貧窮婦女縫製獨特商品，婦女藉向觀光客販售補貼家用。臺灣『傑克魔豆青年社會創業』高瑋呈以『創業旅行』提案，與當地合作創立『青年改變家學院』培力年輕人。『禮物公民』的品牌體驗設計，第一步是選購一個激勵人心的禮物，第二步是讓成員定期關心、理解、思考，第三步是一起參與改變行動。」（黃昱琁，2017）

因此，在上述 Kumar, K.（2013）提出的七個創新設計流程，其方法亦適用於社會設計的創新設計。例如：在察覺意向的方法上，可調整爲「觀察社會意向」的方法，方法包括：蒐集事件報告、進行大眾媒體掃描、找出關鍵事實、建立創新理念及目標資料庫、專家訪談及記錄、網路關鍵字搜尋計量、找出創新架構等等（同上：48-81）。同樣的在了解情境、了解人、建構深層理解、探討概念等方面的操作方式及內容，亦可參考其所提出的方法。而在建構解決方案的方法，Kumar, K. 則提出以使用者爲中心提出各種解決方案的型態綜合法，進行價值網路評估，將各種方案組成解決方案，預想未來情境來建立解決方案，將戲劇元素導入規劃使用者使用旅程及劇本，以排練及實境秀方式表演呈現解決方案，示範如何運作及創造價值，確定方案原型，規劃各階段實施方式，形成資料庫，正式對外公開、民眾討論及回饋修正（Kumar, K., 著 / 張書華譯，2013：228-261）。在實現方案方法上，Kumar, K. 則提出從抽象概念具象化、眞實世界如何實現、反覆驗證原型、實地展開評估、擬定策略、執行及傳遞願景、使用策略路徑建立與檢視各時間點的工作、建立長期平台提供各界即時參與意見討論、對外邀請關係人參與、試行與驗證原有方案、研訂實施計畫、分析各階段參與部門及其人物力等行動計畫、組成團隊、闡述願景，加以實施（同上：271-297）。而上述這些都是值得我們運用與思考的各種方法。

(三) 問題反思

Papanek, Victor（2013）認爲有七種障礙將阻礙創新的可能性，包括：感知障礙（五感的知覺障礙）、情緒障礙（情緒壓力產生的障礙）、聯想障礙（受到某些預設的模組與禁忌阻礙聯想，例如：童年經驗）、文化障礙（周遭文化強加於個人的障礙）、專業障礙（受限特定專業領域的訓練，卻癱瘓創造可能性）、知性障礙（過度知識化可能也會忽略問題的癥結）、環境障礙（環境對個人解決問題的行爲所產生的影響）（Papanek, Victor 著 / 楊路譯，2013：220-236）。而且其引用 Robert

Lindner 說法則認為設計需要面對三個層次的限制，包括：生物限制、生命限制、環境限制等（同上：122-125）。

　　社會創新設計確實對地方或社會帶來新的思維、方案與行動計畫，尤其是轉用 Kumar, K.（2013）一整套創新設計的方法，能更加細膩的操作許多社會設計方案。當然這種操作方法都是由社會底層開始進行資訊盤點，將相關的各種社會事務問題（事）以及相關社會人士（人）等層面，進行調查及釐清、深入分析、歸納及分類、串連問題、產生解決計畫、計畫測試及模擬執行、編列部門分工計畫及所需資源、正式實施、檢視調動與回饋等整套設計。

　　另外，社會創新設計並不是一開始即為宏觀視野，反而是從微觀個別社會成員及其日常生活行為中出發，所獲得的設計方案才能務實解決生活上的問題。創新性不僅是由地方或社會中產生而來，在創新上也因為脫離地方或社會過多反而帶來危機。因此，創新性的程度將因人、因社群、因社會、因地方等，而有所差異，不僅沒有標準也無法完全抄襲、複製其他成功案例，反而自己特有的社會性或地方性往往是社會創新的基礎原料，因為忽視社會性或地方性的社會創新設計，創新時經常傷害原有珍貴的特色。社會創新設計不應該是一種表面的「破壞性創造」，不當的創新可能是社會或地方的創傷，尤其是式微、邊緣、弱勢的社會（社群）與地方。

　　然而，社會與地方本身一直是動態的發展過程，無法靜態停滯不前，社會與地方一再變遷的時間與過程內容，將成為一部地方史，尤其是在現代社會中的變動更是加快速度，因此，社會創新、地方創新都有其必要性，才能帶來新的發展契機。理想上，社會創新應該由社會底層大眾共同由下而上產生，如此，創新的價值利益牽涉到的階層愈多，也因為如此將吸引愈多人加入，創新的實踐行動也更容易成功。

　　另外，社會創新應該是有機體的概念及操作方式，在過程中，所有社會成員皆可隨時加入或退出。社會創新不可能是社會集體創新的整體行動，集體行動只有極權社會才有辦法，而且集體性的行動是否能真

正帶來創新，值得令人懷疑，因為過於極權的社會只會帶來封閉的社會性。社會的創新設計反而是個人與社群的參與行動，才是務實創新的做法，也因如此，社會創新在一個地方或社會之中，才能呈現多元、蓬勃、有趣的社會現象，能同時擁有豐富的各種社會創新概念及創新行動。社會創新不會是一個集體一致性的創新，因為如此將造成社會或地方的傷害，因為一致性將使得失去多元性，反而不利持續創新，社會創新應該是一個豐富、多元且非單一的創新設計。

社會設計：理論與方法
Social Design: Theories and Methods

第 5 章

社會設計的地方理念設計

第一節　自然理念型設計

一、里山倡議設計

(一) 概念論述

國際里山倡議（Satoyama Initiative）發起於 2010 年日本名古屋舉行的第十屆生物多樣性公約締約國大會，里山的倡議主要是：形成一個「國際里山倡議夥伴關係網絡」（The International Partnership for the Satoyama Initiative，簡稱 IPSI），強調建立在全球各地夥伴的網絡交流活動，包括：分享實務經驗，互相學習借鏡等（李光中，2018：140-141）。

里山倡議中的「里山」是指在自然地區、鄉村地區和都市地區的連結處，即「森、川、里（聚落）、海」的連結，其中「里」的連結角色。里山倡議的「里」是家的概念，一群人的家，靠「土」、靠「田」耕及互助謀生，所謂「里」就是鄉村地區的農村聚落。與里山相關名詞還有「里地」（satochi）（指平原的農村社區）、「里海」（satoumi）（指海邊的農漁村社區），而簡化以「里山」代表鄉村地區的農山漁村聚落及其生產地景，其地理約是距離農村聚落半至一小時腳程範圍，且里山的「山」，指可利用的次森林資源，例如：採集木料蓋房子、採野茭香菇、漁獵等。比里山更遠是「奧山」，奧山不是人類而是野生動物和山神的居所，「里山」是人與野生動物共享的地方（同上：137、147）。

里山倡議中所倡議的內容與生態發展有極為密切的關係，例如：在里山倡議中相當強調在里山地區的「生物多樣性指標」，視生物多樣性與民眾生活和生計息息相關，其生物多樣性指標，分為重視農業生物多樣性（agro-biodiversity）及野生生物多樣性（wild biodiversity）（同上：140-141）。並在 2007 至 2010 年進行「日本里山－里海評估」，於《里山－里海生態系統與人類福址：日本的社會－生態－生產地景》

中提出關鍵概念為「社會－生態－生產地景」（SEPLS, socio-ecological production landscapes）。倡議里山永續發展「三生」面向：生產、生活、生態，也就是經濟、社會、環境，是有人、有自然，是一種半自然、多元生態系所構成的動態鑲嵌地景，強調人與自然、人與土地的互動，謀求正向的互動，一種永續性的人地交互作用（同上：142-143）。

臺灣政府則自 2010 年開始引進國際里山倡議概念和做法，由農委會林務局將里山倡議內容融入各地，與大學及民間社團合作推動《水梯田暨溼地生態系統復育及保育計畫》，其示範性案例計有：新北市金山區八煙聚落、新北市貢寮區田寮洋、花蓮縣豐濱鄉港口部落等（林務局，2019a）。因此，里山倡議引入在臺灣地區的時間也跟日本相差不遠，只是還需要更多擴大推廣與建立制度等工作。

然而，我們認為在里山地區真正要發展的永續性，除了上述「三生」（生產、生活、生態）之外，最重要的應該是第四生：「生命」，也就是，里山倡議所倡議的內容本身就是一種價值、精神、信仰，屬於里山當地的「地方生命」，若缺少地方居民對於地方發展的生命，將失去中心思想、核心價值、地方認同、發展軸向等，再多的里山倡議也淪為口號。

在里山中，李光中（2018）認為水田是許多亞洲國家的代表性 SEPLS。水田是人工溼地，孕育豐富的生物多樣性，農村有很多水塘，用來灌溉、蓄水或是養魚等，而草原可用來養牛、養羊，茅草用來蓋房子，草生地也是非常重要的里山地景元素（李光中，2018：149）。水田及溼地不僅在里山地區具有生態基礎作用，都市的溼地更具生態功能，包括：增加雨水滲水、防洪、降溫、提供鳥類等生態棲息及繁殖、發展可食地景、市民農園、提供遊憩聚會、產生土地認同、社會教育、緩衝都市災害等重要作用。里山倡議也強調農村的「韌性」（resilience），促進城鄉交流和互惠，里山提供各類生態系統及能服務附近都市，發展綠色消費及生態旅遊等（同上：149）。

(二) 行動方法

　　日本提出里山倡議概念時，也提出一些在地行動的實施方法，包括：確保多樣化生態系統服務及價值、整合傳統知識和現代科技、謀求新型態的協同經營，另外有五個行動策略面向：控制環境承載力及回復力、循環使用自然資源、認可在地傳統文化價值、促進多元權益及關係人合作貢獻社會與經濟成長等（UNU-IAS, 2010）。

　　其實，在臺灣的里山倡議行動做法，需要公部門、私部門及第三部門的共同合作參與，尤其是在地居民的覺醒，以及對於自己土地的認同、信心與信念。設計者及其團隊需要喚醒居民意識之外，更重要的是成為里山倡議中的里山地區，會對於居民個人及整個地方帶來哪些好處及壞處之分析，對民眾的好處應包括居民生計發展及文化保存兼具的方式，缺點為需要受到哪些限制與衝擊等，讓民眾得以公開討論與投票確認方案。對於長遠發展來說需要立法，讓里山地區得以法制化正式成立，不然依照臺灣過去經驗都是無法長久持續下去。

　　因此，如何運用所在地相關法規來進行規劃設置，例如：具有文化資產價值時運用《文化資產保存法》（以文化景觀區等整個地區劃設保存之方式）、在都市地區的《都市計畫法》相關規定（主要計畫或細部計畫等，指定及劃設里山地區，或是里山保存及發展特區等）、位於非都市地區的《非都市地區土地使用管制規則》相關法規、位於國家公園範圍內的《國家公園法》等，善用這些法規工具進一步立法，以確保各地里山的合法性，以及有利里山地區長期永續發展與在地經營。

(三) 反思問題

　　臺灣政府部門認為在臺灣推動里山倡議的問題，將包括：必須有整體性政策和策略規劃，須強化研究和實務經驗之知識性分析與交流，須建立能力培育機制，須建構臺灣以里山倡議完整架構引導的實踐案例（林務局，2019b）。

　　不過，要在地方上真正實踐里山倡議，在地居民的自覺往往才是基礎關鍵，其餘都是外來專家學者、政府資源、相關法規制度的協助工作。然而，居民要自覺是一件需要長久努力的工作，不然一個由上而下或由外而內的里山地區，不只不是里山倡議的里山，可能只是一種被扭曲的口號。

　　因此，如果居民能夠連署確認朝向里山概念發展，加上專家學者專業協助地區整體發展及系統性的各項規劃設計，再加上政府的資源支持、法規的保障等，便能實踐里山倡議中的里山地區及其發展理念。

　　我們認為里山地區並不是以保存為主而發展為輔，反而應該是地方保存與地方發展同時並重，也如同藻谷浩介等人（2016）提出「里山資本主義」讓地方再生，在世界各國有許多案例，例如：小鎮用木屑發電或超高齡化社會的島嶼經營個人與地方共利的設計等案例，他並認為「里山資本主義」提供全新的方法及善用隱藏地方的資產及生活常識，以零成本讓經濟再生帶來改變（藻谷浩介等著／林宜佳譯，2016）。

　　我們如何從地方創生角度思考規劃與經營一個里山地區，讓年輕人回流且有合適的生計與未來發展機會。因此，里山地區要成為吸引返回故鄉（或他鄉）年輕人回流的地方，所依賴不只是就業工作與薪資高低，應該是整套的計畫設計，例如：夫妻同時的就業機會、生活機能、文化與教育設施、子女養育計畫、休閒去處等，是在地方上整體規劃一整套有關食衣住行的配套措施，而不是像現在中央及地方政府各單位以年度預算委外採購，在標案內增加幾個當地人及給予幾個月的薪資經費即可改善，因為短期薪資僅能找到短期人力，採購期間又很匆促也無法深耕地方。

　　另外，里山概念源自日本，日本常見的里山地景類別是次生林地、稻田、灌溉用的池塘和溝渠、牧場和草原等（李光中、呂宜瑾，2012）。雖然日本與臺灣在地理特性上某些相近，然而在臺灣的本土里山概念與類型，也值得進一步研究分析。例如：上述只是地理區位及地景風貌所區分的類型，如果是以社會文化類型，像是以族群文化區

分，在臺灣可以成爲閩南里山、客家里山、部落里山、新住民里山、跨文化里山等，而且每個地區都具有自己文化的獨特性，或是，臺灣有自己獨特的自然地形條件，中央山脈貫穿島嶼、高山眾多且與平原距離較近，不僅高山與海岸距離較近形成特殊景觀，也有自己的生態環境及水土保持等問題。無論如何，強調地方性、多元性與永續性的里山倡議，更是應該在臺灣各地發展出屬於在地的里山特色。

最後，里山倡議中所倡議的「韌性」，主要在於環境面的韌性，而在臺灣更需要的是「文化韌性」，因爲我們經常複製別人的文化（包括里山倡議），卻忘記自己的文化，我們經常受到外來文化的衝擊與影響，卻遺失自己珍貴的文化寶藏。「文化韌性」之意，是一方面我們吸收外來文化，同時能保有（或保護）自己的文化，就如同傾盆大雨對地方產生衝擊，地方設計出各種設施保有環境韌性，不僅緩衝大雨帶來的損害，更能吸收大量雨水且再利用轉爲對地方有力的灌溉、水利等貢獻。然而，要產生一個地方的「文化韌性」需要仰賴當地民眾對於自身文化的認同作爲基礎，以及集體的自覺過程。

二、生態設計

(一) 概念論述

生態設計是一種面對環境變遷趨勢的設計，不過，生態設計不只是自然生態，在此生態設計的範圍可以分成：第一，人文生態設計；第二，自然生態設計，而且二者都與社會發展息息相關、密不可分。

在面對過於人工化的環境變遷中，現代社會城市是一種容易造成社會成員其人與人之間產生各種疏離（異化）的環境，因此，人文生態設計是一種找回人與人之間社會關係、文化關係的設計。另外，由於面對自然環境之變遷，物種消失、環境汙染、生態破壞、全球升溫、氣候變遷、塑膠氾濫、垃圾問題等議題，自然生態設計是因應這些環境問題而進行的相關設計。

進一步分析，生態設計的類型不只有自然生態，完整的生態設計類型，涵蓋以下兩大層面：

1. 人文生態設計

人文生態設計的範疇，在地方上至少包括：社會倫理、鄰里關係、人與人互動、地方秩序、社群連結等設計。由於注重人文環境，因此，重視地方歷史發展脈絡及地方性，包括：文化資產的保存、地方文化的傳承與發揚、地方智慧、地方風土及民情、信仰及風俗等具有地方性特色的文化。在都市方面，人文生態設計也重視不同社會階級與階層、角色與位置的人，其社會資源與機會的不平等現象及問題[1]。

2. 自然生態設計

自然生態設計是基於當地各種自然與地理因素條件之下，進行各種與自然環境相關的設計，不過，其範圍並不只針對自然地區（國家公園、高山、森林等）的環境汙染、生態破壞、物種滅絕等問題而已，也同時重視人口居住密集地區，例如：在都市地區所產生的各種有關自然生態問題，例如：都市熱島效應問題、都市災害問題、都市能源耗竭、雨水逕流及淹水問題、水泥城市、垃圾回收、食物汙染或食材浪費等等相關問題的各種設計。

如上述分析，也就是，「生態物種」包括：原生物種、原生居民與原生文化。「生態多樣性」包括：物種多樣性、文化多樣性。「生態系統」包括：自然系統、人文系統。「生態永續」包括：自然永續、文化永續。

---

[1] 人文生態設計案例之一：販賣良心的自動販賣機。「天聯廣告公司（BBDO）透過趣味互動讓大眾在遊戲中理解快時尚產業的道德倫理議題，在德國柏林亞歷山大廣場設計一台銷售良心的自動販賣機。販售一件只要 2 歐元的廉價 T 恤，但當投幣後，會先播出 20 秒短片，在黑白畫面中真實記錄 T 恤背後被剝削的一群貧窮婦女與童工，每日在擁擠密閉環境 16 小時以上工作卻只領到極低工資，播放後螢幕再跳出一道選擇題：你會購買 T 恤，還是選擇捐出方才投下的 2 歐元？結果居然有高達 90% 的人願意按下捐款，實際成為改變不公不義環境的一分子。」（設計趨勢，2017）

　　另外，所謂的「生態」設計也有兩大層次與不同意義：第一個層次，是上述聚焦在人文生態及自然生態的設計議題；第二個層次，就是要設計出一個「支持系統」的設計，或是打通一些問題環節，讓社會或地方上能逐漸形成一個（或多個）所謂的生態系統，能長期、永續、良善的持續循環運作。

㈡行動方法

　　Sim Van Der Ryn and Cowan, Stuar（2002）認爲生態設計是將設計帶入生活之中，由於我們的環境是由各種知識與設計所建構而成，但在今日卻造成環境的問題，所以顯示出目前「環境的危機就是設計的危機」（Sim Van Der Ryn and Cowan, Stuart 著／徐文慧、翁萊恩譯，2002：8），並認爲「生態設計是一個整合人類目的與自然本身的流動、循環、型態的方法。最終是一個可永續性的文化之工作，一個人熟練的重新編織自然的及人類的多階層次。」（同上：24）在設計上，以回應地方性（土壤、植物、物質、文化、氣候、地形等）來加以整合，且解決方法源自於地方，尊重地方物質、技術與經驗，思考與整個體系一起運作及提供內在完整度及連貫性最大的可能設計，將自然與文化視爲共生的設計（同上：25-26）。

　　在生態設計是一種人與自然環境相處的整合性共生關係之概念下，Sim Van Der Ryn and Cowan, Stuar（2002）提出生態設計過程有五個原則（同上：51-172）：

1.源自於地方的解答

　　生態設計屬於一個地方詳盡的知識，地方知識是細膩且綿密的直接反映在地方的日常生活之中，地方日常知識的累積，經常適當的、有價值的反映出生態設計的永續使用性，是被傳承好幾世代累積而來。某些地方知識也會出現在地方故事、民謠（及童謠）等，以及在匠人、漁夫、守護島的人、風土建築工人等不同人的身上，是長期累積而成。

2. 生態會計（ecological accounting）開啟設計

視生態是一個帳戶，利用會計報表追蹤生態土地相關變數，例如：可用土地、電力、水、腐殖土等，計算生態交易系統，像是汽油燃燒排放廢氣與植物光合作用回復空氣品質的循環計算等，才能在地方一再永續循環，並且追蹤其流向，例如：電、垃圾、汙水等，成立「生態帳戶」有助於詢問生態問題及其細節，產出對環境衝擊降至最低的設計。

3. 以自然來設計（design with nature）

與自然為合夥關係，生物圈本身是所有生命之交互連結，以自然來設計的策略，藉由留意每一層次的健康為先決條件，連續減少有害之衝擊，以多重視角設計最有益生態健康的型態。生態設計是根據在自然與文化之間相互演化，介於人與其他生命群體之間，維持自然的完整性及和諧，例如：人類廢棄物可能是其他生命的食物，或是洪水控制為水循環再生等。運用「自我設計」（self-design）或「自我組織」（self-organization）在各處運作，每個生態設計是一個小宇宙，都是利用與再生的循環系統[2]。

同樣在向自然學習設計中，會注意生物多樣性，而在各個生態系統區域過渡的邊界往往是交互作用及生物多樣性之處。而生物多樣性其實也暗示一個生態系統的多樣性。另外，有時候為了減緩生態衝擊也會在外圍設置生態緩衝區，避免兩個差異過大的生態性造成的生態問題。

4. 人人都是設計師

傾聽設計過程的每個聲音，尊重每個人特別的知識，人們一起工作復原他們地方的同時，也療癒了他們自己，因此，人人都是設計師，培養設計思考能力，建立永續性是一個文化過程而不是一個專家過程。

---

[2] 「自我設計」（self-design）或「自我組織」（self-organization）之案例：「魚菜共生」。「魚菜共生系統中，魚與作物共同維繫著水質與營養平衡，魚類排遺提供作物養分，作物吸收養分改善水質。若魚類與作物的種類搭配成功，作物便能取得足夠的營養。」（Lin, Hung, 2018）

5. 使自然顯而易見

　　反自然的環境忽略我們的需求及學習的潛能，顯而易見的自然循環與過程使環境再次復活，設計應反映我們在自然內所處的地方，都市環境如未連結自然，將產生惡性循環。生態應該是在日常生活中隨處可見，喚醒我們更寬廣的自然世界感官[3]。

　　因此，我們認為生態設計不僅反應在設計目標及設計內容之上，更重要的是，在生態設計的方法本身，應該也是一種多樣性的、原生種的、循環性的、系統性的技術。也就是，生態設計做法是尊重地方各階層及位階成員的原生知識，各種社會成員、族群或社群能運用自己的各種語言（而非只是專有名詞、專家語言）及「土法」（而非專家技術），重視社會動力模式、社會成員關聯與影響的各種操作工具。因為，生態設計的方法本身就是朝向原生、多樣、循環、系統的特性，依照每一個個案其獨特因素與條件來加以進行。

(三) 問題反思

　　生態設計不僅是以生態的手法，設計出生態環境、地景、場所等空間的生態設計，生態設計更重要的是一種地方的社會價值、居民們的生活態度、社群的精神信仰等。可是反觀國內目前生態設計成為一種跟風、潮流或用來爭取政府的預算補助之用，尤其是許多硬體空間的生態成為樣板（例如：不生態的生態博物館，毫無意義及內容的生態蚊子館

---

[3] 「使自然顯而易見」案例：「花園城市」。英國 Howard 在 1902 年出版《明日的花園城市》一書中，提出「花園城市」（garden cities），「是以人性可居的角度描繪一個烏托邦城市藍圖，進而影響英國的新市鎮規劃，花園城市的概念就是城市應該能自給自足、具有鄉村優點、不應漫無目的向外擴張、應有隔離綠帶、土地應為公有或政府能控制。花園城市的規劃理念，包括：花園城市為低密度開發地區、城市內部須有完善公共設施、最佳容納人口為 32,000 人、區段（sector）為城市基本單元、外圍設置農村區為緩衝、核心區為市鎮中心、公園與住家在不同層次分別規劃、主幹道不進入城市內部等。」（廖世璋，2012：26-29）

等），許多社區都打造各種生態池、生態公園，甚至標榜自己是生態社區等現象，向政府大量爭取經費進行生態工法的各種硬體設施，到處出現「生態社區樣板地景」現象。

「生態社區樣板地景」是忽略生態設計是一種社會生活的設計方案，原有的生態設計是一種價值取向重要於建設取向的設計，而「生態社區樣板地景」只會造成政府預算浪費、突兀的地方建設、地方居民不認同且參與率不高等，生態精神與生態資源無法在地方上一再產生循環作用，也造成政府給經費就誕生一個生態地景，例如：水池、溼地、花園等，然後使用率低或髒亂不堪的成為地方問題，之後再爭取預算一再重複興建，然而這些都與生態設計理念背道而馳。

另外，生態設計過程中，專家知識介入過多，地方淪為外來專家學者（及帶領學生）的實踐（其實是實驗）場地，對當地的原住居民的重視性不足，利用在地知識引入解決地方問題的視野不被重視。簡單說，地方知識成為一種無用武之地，反而移植許多專家帶來的外來知識，由於外來知識的強勢性以及到處使用的一致性，造成許多原本具有人文生態與自然生態極度差異的各地區，在專家學者的設計等行動後，卻失去原有差異性而造成地方同質性愈來愈高。尤其是生態設計有別於其他社會設計，更重視在前面的目標、中間的操作方法上，以及產生的結果等各方面都須具備多樣性、原生性、循環性、系統性等特質。

三、樸門永續設計

(一) 概念論述

「樸門永續設計」（Permaculture），是由 permanent（永久的）、culture（文化），以及 agriculture（農業）組成。樸門設計的精神是運用及模擬自然，以永續方式提供人們食物、能源及其他物質與非物質需求。是一套設計系統，不僅以友善地球的方法生產食物，也引導設計永續的居所，例如：陽台、屋頂、後院以及大至社區、村落或國家。

1974 年於澳洲 Mollison, Bill 創始，逐漸推展到世界各地。樸門設計之精神提醒人人都是自己生活的設計者及萬物和諧共處的生態設計師，如同認識自然語言及模式的「樸門樹」，樹木是從種子向下與向上發展而成大樹，吸取養分同時消化及轉化養分，上下對應的兩個系統，形成一個循環、完整的系統，另外，樸門永續設計是一門通才，要消化及整合所有訊息，幫助人與自然和諧共生、共存共榮（孟磊、江慧儀，2011：69、71）。同時，孟磊、江慧儀（2011）分析設計是樸門重要核心，「再生型」設計（無論是地景設計或一個社會和概念系統等設計）可讓萬物生生不息，另外，分析社會或地方上所投入的投資類型，可分為「退化型投資」、「生產型投資」、「可再生型投資」，如下（同上：73-765）：

1. 「退化型投資」：只此投資會逐漸崩解且需要投入更多資源來維持運作，例如：汽車。
2. 「生產型投資」：最終也會逐漸崩解，但至少會提供支持或更多生產，例如：腳踏車，幫助人類省時又省力。
3. 「可再生型投資」：為能夠自我再生，或是擁有無限期自我維持的能力，因此，「可再生型投資」勢必要擁有生命，例如：生物多樣性高的森林或果園。可再生型的設計，就是可以自我支持，同時幫助萬物生生不息的設計，例如：城市運用電力及能源，無論地球如何源源不絕也終將枯竭，只有再生型投資能夠提供我們資源重生的機會。

　　基於上述類型，我們再舉例「再生型投資」，例如：中國大陸的吐魯番之坎兒井，因為是以人工地下挖井引山上雪水即是，而臺灣造成地層下陷的超抽地下水就不是。或是，在希臘島嶼因為冬天冷風大，種植葡萄是挖洞讓樹枝盤旋像鳥巢，或是以色列因為缺水，以保水的滴水工法種植蔬果之方式，都是再生型投資的重要案例。反觀在臺灣農業技術發達，但運用過量的農藥及化學肥料，造成物種消失及環境破壞等問題，也反撲到民眾自己身上，需要使用更龐大的各種投資來彌補農業及化肥的問題，或是臺灣中南部地區超抽地下水來進行養殖的情形十分嚴

重，或是過度使用塑膠海洋汙染、生物殘存塑料等，都是屬於「退化型投資」。

(二) 行動方法

　　孟磊、江慧儀（2011）認為什麼「不是」樸門設計，樸門「不是」一種有機農法，而是強調地景模式、功能及各種設計元素的組合，結合技術、策略與設計，這個元素應該放在哪裡才獲得最大貢獻與效益。也「不是」一種單一技術，樸門設計不是只有生態廁所、麵包窯、雨水集水桶等，而是永續設計的各種做法。樸門設計也「不是」一套規則而是人類邁向永續的運動，人人都是設計師（孟磊、江慧儀，2011：79-85）。孟磊、江慧儀也同時提出樸門永續設計原則「是什麼」，其內容十分有意義且重要，分析其重點至少如下（同上：88-126）：

1. 學習：觀察與互動、把問題看成正面的資源、以創意借力使力並回應變化。
2. 能源：蒐集與儲存在地能源、有效率的能源規劃、使用並珍惜在地能源與生物性的服務。
3. 合作：系統中的每個元素可能產生多項功能、系統中的重要功能由許多元素來提供、將合理的相對位置整合起來。
4. 生態：運用並尊重多樣性、使用自製系統並接受回饋、使用邊界生態及重視不起眼的資源。
5. 規模：使用小而慢的解決方式、從設計模式到規劃細節。
6. 生存：有勞有獲、從看似無價值物品中得到收穫。

　　上述樸門永續設計的原則僅能提供參考，設計上最主要的還是需要因地制宜、因案而異，以及找出環境與人的因果關係。設計原則並不是一套標準，尤其是在臺灣各地容易發生套用理論的情形，而這正是樸門永續設計理念想要避免發生的事情。

(三) 問題反思

　　「樸門永續設計」是一種崇尚自然、仿效自然的概念以及工法，在當今全世界各地大量人口向都市集中，樸門設計不僅對於都市密集地區利用公共開放空間（公園、綠地）及都市隙地（房屋之間的夾縫空地、街道細縫空地）、建築物空地（開放空間、法定空地、庭園、屋頂、陽台），提供其仿效自然的地景及各內容物，並且提供大量居民在社會的日常生活中可便利的接觸親近，更能在偏鄉地區利用更大規模的、更加完整的實踐出樸門的設計理念與其經營模式。

　　樸門永續設計不僅為上述所分析的概念與操作方式，還可與其他社會設計概念與計畫相互連接，例如：里山倡議、社區協力農業、地方幣（或社群幣）、食物森林、食物履歷、故事料理、區塊鏈等進行整合，發展一套地方自主營運模式。

　　樸門設計的問題在於推廣問題，由於都市生活忙碌且講求高效率及快成果，樸門設計需要觀察大自然，等待大自然生長，產出的成果較少。樸門設計能成為一種生活上實踐的理念，尤其是運用在臺灣已經是超高齡社會，有許多想要回歸自然生活的群眾，但是要在高密度都市中實踐成功的機會較少，這是因為都市土地昂貴，況且我們已習慣都市生活快節奏，以及現代社會的高效生產方式，因此，有許多困境尚須突破及努力大肆推廣。樸門設計可能在里山地區或偏鄉較能被實踐，但是都市人口較多、鄉村人口較少，在都市更需要樸門設計理念及其所帶來的效益。

第二節 人文理念型設計

一、社會慢設計

(一) 概念論述

「慢設計」（slow design）是因應現代社會過於忙碌的生活方式，現代社會不僅工作生產上加快速度，就連在接收資訊、影片觀看、購物等都可以在快速移動之中進行。「快」的生活是現今社會發展的特徵，但也是許多重大問題的根源，例如：社會成員個人的健康、浪費及垃圾問題、緊張社會氛圍、自然環境惡化、地球資源枯竭等現象。

現代社會在生產、消費、交換的「快」特徵，與資本主義（進一步說，應該是資訊資本主義）的極致化有極大關係，因為資訊及商品化的結合，使得消費者在生活日常中食衣住行等一切便利且瞬間完成各種需求，包括在 24 小時中白天與黑夜，以及在任何不同空間場合之中。

看似對於社會大眾無遠弗屆、十分便利的資訊資本主義的極致化生活，其實背後是正在加速資本主義的資本積累速度，且無時無刻、數據分析、個人客製等，也就是，當今社會加速的特徵，其實是資本家集團以各種商品與即時媒體資訊，加速資本積累速度的目的所產生的現象。利用行動裝置與載具等各種媒介（媒介本身也還是一種商品），快速即時同步連結「快消費」、「快交換」，並將數據反應到「快生產」之上，就是以達到更快速資本積累為目的。

Thorpe, Ann（2019）分析設計師的角色在過去的歷史變化，從早期工業革命開始到戰後復甦、現代主義消費到個性化商品的消費社會等時期，歷經不同社會發展而有所轉變，至今的生態問題，進而設計師也支持回應環境政策的設計。另外，設計也融入思考「事物能幫助我們快樂？」（can thing make us happy?）之議題，在消費社會中大多數人需要透過消費來彌補工作壓力的心理狀態，而產生「慢設計」的理念要與

使用者共同協作完成設計，來揭露之前看不見的因素，重視產品與人的關係性，例如：重視外觀設計能否引發內在精神層面感受、使用可回收材料、以很好的產品來放慢風格快速變化的腳步（Thorpe, Ann, 2019: 241-256）。

「慢設計」並不是只是一般所謂的「慢」，而是緩和下來詳加思考，重視在每一個無論是「慢生產、慢消費、慢交換」各個環節的工作，重新仔細檢視與重視這些小環節其應該有的、更細膩的，對人文社會或自然生態更好的問題與更好的價值，而不是為了快速資本積累去犧牲許多原本可以做得更好的工作。而且除各項設計思考之外，往外一層是去反思在當代社會主流資本主義及其資本積累方式，對於人們幸福感、環境破壞、商品的必要性等進行思考。

(二) 行動方法

由於「距離等於時間乘以速度」，因此，我們認為在「慢設計」中有三個主要處理的因素，就是：速度、時間、距離。

1. 放慢速度：「放慢速度」是一種形容詞，而且是重新檢視整套設計過程中的所有細節，例如：棄置速度（一次性速度、流行速度等）、材料（包含食材[4]）取得速度（取得正義及公平性等）、製作過程對於環境破壞速度、對人文社會的影響速度及程度等，以及放慢腳步仔細品味、細心消費等，以及行銷與銷售提供豐富資訊、仔細選購等，「放慢」即有更多時間檢視與設計有關生產、消費及交換整套過程中的細節。

2. 放慢時間：在各種不同對象（包含產品、計畫、活動）其整套生產、

---

[4] 1989 年慢食運動組織在法國巴黎發表「慢食宣言」（SLOW FOOD MANIFESTO）中，認為「快速生活」的價值貶抑甚至破壞我們原有的家鄉習俗，迫使我們攝取「速食」。必須恢復原有智慧並從「速度」中解放，提倡緩慢且愉悅來克服過多感官刺激，從廚房中慢食，在生產效率下，快速生活威脅環境而慢食是反擊方法（International Movement for the Defense of and the Right to Pleasure, 1989）。

消費、交換的過程中「放慢時間」。例如：生長時間（像是讓海洋魚類有更多生長時間減少捕撈、減少農業化學肥料使用讓農作物自然生長、木材在山中生長時間等）、製作時間（例如：古法釀製、等候成熟時間等）、使用時間（例如：長時間使用、經常性使用等，而不是一次性使用、快速汰換等），或是「以物易物」也是一種與信用卡網路購物相反的放慢交換時間。也就是，對於時間因素的放慢思考。

3. 距離：運用距離近的當地原料、工人、製作等，運用在地智慧（例如：在地工法等）也是一種近距離的思考，或是利用在地生產、在地消費等。較短的距離可以放慢整套生產、消費與交換時，對於環境汙染的程度，以及移動時所需要耗費的能源，例如：國外進口原料或產品需要大量運輸能源，且在運輸過程中產生許多空氣等環境汙染情形。

　　另外，慢設計概念所設計的對象，我們認為主要可以包括如下類型：

1. 慢產品：就是運用上述三種慢設計元素、一般眾所周知具有實質材料的（有形的）物品、產品、商品等對象。

2. 慢活動：就是非具有物質實質材料的（無形的）營利及非營利相關活動，例如：慢旅遊、慢食[5]、慢遊、都市慢走活動等。

3. 慢地方：在一個地方上，食衣住行都是慢速設計的產品，就會形成一個慢地方，仔細生產與品味到地方的特性與價值，例如：「慢城」[6]。

---

[5] 臺灣也在 2005 年成立慢食協會（國際慢食臺灣分會），提倡及推廣生態美食文化、保護生物多樣性以及促進生產者和消費者良性互動。慢食對農業、糧食生產和美食藝術概念基於三個原則：優良（新鮮、香氣馥郁、滿足感官的本土季節飲食）、清潔（維持環境和諧和人體健康的生產方式）、公平（提供小規模生產者合理的環境和報酬，給消費者合理的價格）（國際慢食臺灣分會，2021）。

[6] 2014 年花蓮鳳林鎮為臺灣第一個國際認證的慢城，之後，嘉義大林、苗栗三義與南庄也獲得認證（輕旅行，2019）。金門也推動慢城運動，認為這是當地能吸引年輕人返鄉地方創生的重要做法，也認為金門能朝國際慢城公約中主張的八項指標發展：「(1) 每一鄉鎮人口不超過 5 萬；(2) 致力於保護與維持純淨的

4.慢社會：倡議社會慢行動，用以反思諸如都市過度開發、社會日常過
快行動、快速膚淺的爆量資訊、時光飛逝的人生意義等，或是對資
本主義及生態浩劫的反思等，重新檢視並建立一個有自我覺知的社
會等。

　　另外，辻信一（2014）針對「慢」解釋爲緩慢悠悠及 ecological（對
生態環境有益的、環保的）、sustainable（永久的、可持續的）等，以
及用慢來創造美好，而提出一些生活提案，例如：慢食（回歸不依賴於
工廠，扎根於地方水土的飲食）、慢建築（麥稈住宅、樹屋、蘆葦房，
究極的綠房子）、慢設計（發明創業私塾的「非電子化」運動）、慢商
業（公平貿易、社區貨幣、合作經濟的新解方）、慢科學（不能證明爲
對的事情就不做）、慢生態（地球所需時間）、慢居（生命地域主義）、
慢日子（晃來晃去及懶惰之必要）、慢身體（緩慢的愛與性更好）、另
一種慢速度（生活中的減法）等（辻信一著／田園譯，2014）。

(三) 問題反思

　　慢設計是一種現代設計的另一端烏托邦理念，用「慢精神」來與現
代主流社會的「快精神」較勁，更是對現代快速社會所帶來自然環境
與社會問題進行批判反思。並且，走出現代社會一條新的出路，利用更
爲緩慢的、更細膩的思考方式，重新檢視目前存在於我們社會生活周遭
的所有設計。例如：「慢精神」不僅放慢一切進行重新思索，也回歸到
地方價值（地方信仰、風俗、文化、語言、精神等）、文化資產（有形
古蹟建築、無形的在地智慧與傳統文化等）、集體合作、關心弱勢族群
（公平交易、弱勢就業）、環境永續（綠色能源、綠色建設等）、自然
非人造（化學農藥與肥料、反對基改）等理念。

自然環境；(3) 大力倡導與推行可持續發展的新技術；(4) 培育本地文化，保護
當地風俗習慣與文化資產；(5) 推行健康的飲食方式與生活方式（吃在地食材、
地產地銷）；(6) 支持當地手工藝人與本地商業的發展；(7) 熱情接待外來客人；
(8) 鼓勵積極參與公共活動，培養公民意識。」（金門縣政府，2018）

　　然而目前社會大眾比較熟悉的是「慢食」設計（也比較容易執行），包括：從產地到餐桌的各種「飲」與「食」的材料、用具、儀式、活動等，都以「慢精神」來思考如何運用在地原料、文化、智慧及工法等，再思考運用到其他食衣住行等所有地方日常領域，設計相關的「慢產品」及「慢活動」，然後逐漸擴展到「慢生活設計」一個莊園、部落、小鎮、城市而成為「慢城」（慢地方）[7]。

　　「慢精神」不只是放慢速度，更是強調在地特有的地方性，也就是，我們並不是放慢速度卻還是使用西方、外來、現代都市、上而下、學院派、菁英思維方式來進行所謂的慢設計。「慢精神」不只是尊重在地文化的主體性進行慢設計，而是更進一步運用設計方法凸顯、強化在地的文化主體性，並且關心在地其他弱勢或式微的自然物種以及社會邊緣族群（例如：所得經濟、教育學歷等區分的社會底層），因此，社會設計師本身自己的素養、價值觀與看待對象的態度，才反而是問題的根源與成功關鍵。

　　另外，「慢精神」其實是一種社會生活運動，是社會設計師發起，但是由各個不同的社會階層、位置、角色等各行各業的各種社會成員加入，以相近的理念及一起完成行動，是一種由下而上（尊重且凸顯地方性）、由內而外（組織成員逐漸向外到社會大眾）、由小而大（從小計畫作起再逐漸擴大，例如：「慢食」開始到「慢旅行」到「慢城」等，檢視成效再擴大）。慢設計應該也是一種社會集體協作，是一整套社會設計計畫，從過程到成果一再循環檢視與發起當初所提「慢精神」之間的關聯性。另外，目前許多中央與地方政府的角色與位置經常與上述重點相反，因此，政府如何調整自己的角色與措施，而由居民能自行發起

---

[7] 在國際上，「慢城」是從「慢食」運用之後在全世界蔓延開來，形成一種「慢城運動」的生活理念與生活方式，在講求快與效率的現代化社會，形成全球各地追逐一種革命性的城市發展運動。義大利奧維托（Orvieto）是國際慢城總部，引領全球一股「慢」革命風潮，審視地方自己的傳統價值作為永續經營理想（La Vie 編輯部，2010）。

及能在地方上永續經營，也是需要一併反思的問題。

二、社會遊戲設計

(一) 概念論述

　　人生宛如一場遊戲。「遊戲」源自於社會生活的縮影、複製、改編等，遊戲除了休閒娛樂、敦睦親友情感之外，在遠古時期人們為了生存需要勞動並與外在環境對抗，於是將環境互動的經驗逐漸編織及發展成為遊戲，因此，遊戲不僅提供娛樂，遊戲更有學習適應現實世界、增加生存能力、凝聚情感、經驗傳承等社會功能。就如同孩童模仿大人的扮家家酒或狩獵等遊戲，是向家中親友及接觸到的社會生活以遊戲方式進行學習，例如：扮演社會角色、維持社會秩序、學習社會性別、進行各種社會行動等，或是各種西洋棋、跳棋、撲克牌、象棋、麻將等博奕遊戲，也具有模擬競爭及訓練競爭能力的社會化功能。另外，在許多遊戲中也透過遊戲作為一種媒介，來傳遞社會歷史文化，例如：麻將、象棋等等不只是遊戲，也同時傳遞了歷史故事、傳統文化、風俗信仰，或是社會價值與規範等。

　　在社會設計中，遊戲設計是一種重要工具，除了具有上述社會功能之外，從一開始的社會調查分析，到最後的社會設計產物，都可以透過遊戲的設計，讓原本嚴肅或無趣的社會議題，都變得容易親近及富有趣味性。

　　社會設計的遊戲設計，基本上可以區分成：「遊戲的社會設計」（屬於廣義的定義，整套社會設計都用遊戲進行思考方式進行），以及「社會設計的遊戲」（屬於狹義的定義，指的是以社會設計觀點產生的遊戲產物、產品）等，二者都是社會設計的遊戲設計類型。

1. 廣義的「遊戲的社會設計」

　　(1) 定義：一整套社會設計都是透過遊戲來進行思考、設計與實踐[8]。

8　社會遊戲設計案例之一：「在都會地區我們常見到空鋁罐或鋁箔包散落在街

(2)「人生如戲」，人生就是由各種社會生活日常活動組成。或是如同
井上明人（2013）所說：「過去 10 年是社群時代，未來 10 年則
是遊戲時代。」他將「遊戲化」（gamification）定義為「將遊戲
的想法和設計結構等元素注入遊戲以外的社交活動以及服務。」
（井上明人著／連宜萍譯，2013：23）並且「很多事情只要讓它
變成遊戲，執行起來就會很快樂，也會變得較能夠長時間持續進
行。」（同上：25）

2. 狹義的「社會設計的遊戲」

(1) 定義：社會設計產生的各種遊戲產物、產品。

(2) 基本上，遊戲本身產品要設計的內容重點，可包括：基本遊戲規
則、玩家在遊戲中的行為模式、過關獎賞（及失敗處罰）等。再
延伸複雜化設計，包括：積分、寶物、關卡（過程中各項挑戰，
以及一個階段最後的關卡、關主或魔王等）、進階方式、排名等
設計。

另外，一般遊戲基本類型主要分成：零和賽局及非零和賽局，零
和賽局就是有贏家及輸家博奕對戰，贏者全拿，而非零和賽局就
是不是對抗賽，與零和賽局相反。而零和賽局與非零和賽局都可
以單獨或交叉運用於遊戲設計之中。

胡昭民、吳燦銘（2010）認為遊戲分成以下類型（特色）：益智
遊戲（重視思考及邏輯）、策略遊戲（屬於戰略、經營或養成的
遊戲模式，也可分為單人劇情及多人連線）、模擬遊戲（模擬真
實世界的行為及情況）、動作遊戲（設定動作加以挑戰）、角色扮
演遊戲（RPG，讓玩家角色扮演進入建構的故事情節中完成各項

頭，而不是垃圾桶裡。Wouter Vastenow 觀察到這個問題並開始思考，該如何
將清理街道的苦差事，轉成一件讓路人都想參與的好玩遊戲。Vastenow 設計的
長椅，看上去相當普通卻兼具一項特殊功能，讓人將鋁罐等垃圾踢進長椅下的
狹縫裡，垃圾便會消失在裡面。如果用正確的方法成功踢進去，就會響起回饋
的音效來獎勵使用者。」（社企流，2017）

任務）、動作角色扮演遊戲（ARPG，爲動作緊湊的 RPG）、冒險
遊戲（重視人物刻畫、合理劇情、豐富的機關結構）等（胡昭民、
吳燦銘，2010：2-5～2-26）。

　同樣的，社會遊戲設計可以結合現存的各種遊戲形式，包括：
「線上」虛擬遊戲（各種網路連線與下載的各種遊戲）、「線下」
實體遊戲（物品型、桌上型、實境型的各種遊戲）以及「線上線
下整合」遊戲。另外，遊戲設計的功能，也可以分成：主要功能
產品（也就是遊戲本身就是主角）、附加功能產品（遊戲贈送，
提高主產品的附加價值）、衍生產品（主角爲各個合作夥伴或各
個對象，遊戲是一種串連引導玩家想更深入了解或進入各個合作
對象）。

　然而，無論是廣義及狹義方面，社會設計使用遊戲方式，主要有以
下在不同階段的功能。因此，運用遊戲要進行的內容、重點及功能，將
會因爲不同階段而有所不同。

1. 社會設計過程前（最初的社會議題盤點）：進入社會或一個地方時，
　利用遊戲方式減少隔閡，以活潑有趣的遊戲設計，了解參與者社會成
　員的問題及需求。
2. 社會設計過程中（社會設計方案的遊戲操作方式）：在社會設計方案
　形成的過程中，讓參與者透過各種遊戲的過程，產出原設定的社會設
　計方案。
3. 社會設計過程後（社會設計最終產出物）：最後的社會設計之產品、
　活動、方案、計畫等是一種遊戲呈現方式。

㈡ 行動方法

　做法上可分成：廣義「遊戲的社會設計」及狹義「社會設計的遊
戲」，如下：

1. 廣義「遊戲的社會設計」的設計做法

　在廣義的整個社會設計過程，皆運用遊戲概念以及各種媒介進行之

方式，基本上引發想要進行（玩）遊戲的「動機」是所有動力基礎。井上明人（2013）認爲在遊戲設計需要思考使用者的動機，分成：外在動機（例如：獎勵、報酬、賞罰）、內在動機（例如：驅動的因素）等來激發士氣（井上明人著／連宜萍譯，2013：64）。例如：在「金氏世界紀錄」中，諸如背誦小數點的圓周率等，都是「將行爲轉成爲遊戲」，金氏世界紀錄讓「測量」成爲一種遊戲（同上：120-122）。

　　遊戲概念及媒介運用在社會設計之中，至少可運用在：

(1) 社會設計組織運作：例如：組織及部門的結構方式、組織分工及組織系統運作方式、組織及各部門名稱及執掌事項、組織的行政流程、組織的運作目標等，皆可朝向遊戲化思考與設計。

(2) 社會設計專案運作：包括：專案執行的過程，例如：社會設計前期的地方問題與需求之盤點及調查工作，導入遊戲化操作方式。或是，設計中期的研訂社會設計方案之過程，利用遊戲讓社會成員參與共同操作出各種方案計畫。或是，在社會設計後其實際執行時，就是呈現一種遊戲化的社會實踐計畫等。而此某些部分，將與狹義「社會設計的遊戲」的性質及產出物相互重疊，也就是，專案運作本身有時候一部分（或全部）也會成爲遊戲活動及遊戲產物。

　　另外，廖世璋（2016）曾提出當我們進入一個陌生地方從事調查時，我們屬於「外來者」（outsider）而不是「內部者」（insider），如何與居民產生互動融爲一體，不會對調查產生不信任及排斥，同時獲得調查團隊要的相關資訊，便可透過一些地方民眾參與的遊戲設計，透過遊戲方式進行參與，民眾在過程中和樂融洽又透露訊息，並增加社群的向心力及凝聚力（廖世璋，2016：138）。

　　而且，在前期地方盤點工作運用具調查功能的某些參與式遊戲設計，在中期或後期也能轉用產出許多社會設計方案，例如：「心理認知地圖」、「地方劇本」、「地方尋寶（地寶）遊戲」等遊戲設計，除了有助於前期的調查工作外，在中期與後期也都可變成設計方案，舉例像是

「地方劇本」開始可調查居民的生命故事，中期與後期可轉爲地方故事相關設計產品，例如：生命史的微電影、社區劇場、故事料理及其他故事周邊產品等，也就是，許多遊戲設計能涵蓋前、中、後各期所需及完整的操作功能（同上：138-148）。

另外，廣義「遊戲的社會設計」類型，也可分成：社群型的遊戲設計、地方型的遊戲設計。分析如下：

(1) 社群型的遊戲設計：

　　①屬於不分地點、區位、特定場所。

　　②主要以「社會議題」爲主，例如：生態、環保、節能、經濟、政治、衛生、交通、城鄉、教育、性別及其他社會議題或問題。

　　③社會大眾有愈多人對此議題的價值或理念等愈是具有關注性、認同性，則愈容易受到重視且更容易成功。

(2) 地方型的遊戲設計（廖世璋，2016：138）：屬於由「特定地方」來設計遊戲，需要留意：

　　①因「地」制宜及因「人」制宜：每一個地方社會不同，例如：當地人文條件（人文歷史、風土民情、文化素養、教育程度等）不同，或是自然環境與地理條件（環境資源及限制、環境特色、規模大小等）不同。因此，遊戲需要配合地方條件而因地制宜進行設計。

　　②因「目的」制宜：計畫目的及調查內容因個案不同，而需要反應在設計遊戲中，來發展出具密度功能性的遊戲。

有關廣義「遊戲的社會設計」操作方式，基本如下：

(1) 遊戲企劃階段：屬於企劃書階段，工作包括：問題、需求及相關資訊蒐集、計畫主題方向、名稱、整體構想、遊戲劇本、角色設定、初估人力及物力、經費、預定進度、時間與品質等。

(2) 遊戲設計階段：

　　①初步設計階段：主要將上述企劃構想全面具體化設計，像是開

始針對遊戲方向進行系統化、編寫遊戲流程等，將文字劇本變成人事時地物都較具體的遊戲腳本，並提出數個初步構想替選方案，在確定之後才進入下一個階段。

② 細部設計階段：是遊戲實質設計，將腳本變成分鏡表，將所需的畫面、音樂或旁白等元素設計具體加入遊戲之中。

(3) 遊戲製作階段：是將上述這些遊戲企劃、設計構想，依照各種媒材、素材進行製作。製作方式將依照遊戲的類型與性質有極大差異，其中的重點是製作時同時確認原本企劃中要傳遞的訊息、線索、畫面與情境，是否清楚有效的被呈現出來。

(4) 遊戲試玩階段：初步完成由熟悉的行家、民眾代表、專家或其他關鍵人士（像是利害關係人等），進行測試、回饋，再度修正，數次循環讓遊戲更臻完善。

(5) 遊戲公開階段：正式對外使用。

　　廣義「遊戲的社會設計」在設計工作上，亦可引用 Sellers, Michael（2019）對於一般遊戲設計的比喻，認為遊戲是在打造一個系統的世界，遊戲設計是系統性的體驗思考，不只是包括抽象系統性的建立（各個分別的層次及整體完整風格特性），也包括具系統的具體體驗設計。一個遊戲的系統性組織其元素包括：構成元件（parts）、循環（loops）、整體（whole）等，而玩家自己也是整個系統的重要構成元件，因此需要了解玩家的心智模型，為遊戲本身、社交、情感、文化的互動以及遊戲帶來的樂趣（Sellers, Michael 著／孫豪廷譯，2019：104-181）。

　　另外，井上明人（2013）認為有以下三個步驟，可將一般社會生活事物轉為遊戲化設計（井上明人著／連宜萍譯，2013：149-180），也可以作為我們運用遊戲在社會設計之參考。

(1) 構想：運用日常中既有活動發揮創意，例如：減重、戒煙、顧客關係、勞資關係等。並有以下以生活為基礎的創意來源：加強關係、訊息回應的可見性（更明確回應訊息，訊息愈是明快愈能激

勵玩家）、令人沉迷的行動、留意技術變化（技術創新將帶來遊
戲的轉變及擴展）、改良遊戲規則（增加玩家有趣的喜好，或改
簡單、複雜等）、融合遊戲規則、商業模式思考。

(2) 製作：製作讓玩家感興趣的適應過程，好遊戲就是容易上手，短
時間感覺到遊戲樂趣，因此一開始單純覺得容易上手、好玩、記
住玩法及趣味的核心。再依照玩的時間逐漸增加複雜度，設計趣
味的順序，包括：解鎖、關卡設計。

(3) 測試：玩家試玩、評價、調整改良、再試玩等步驟，成熟後正式
推出。在遊戲規則及演算法等可運用導入排行榜排名（在玩家社
群中亮眼）、注入金錢產生力量（購買金幣解決部分無法突破的
問題）、加入益智問題（提問作為關卡等）、強制型遊戲（賦予條
件形成挑戰，例如：加入時間期限）等策略。

2. 狹義「社會設計的遊戲」的設計做法

　　「社會設計的遊戲」也就是要設計出遊戲產品本身，其主題基本上
來自兩大方向：地方的社會議題、社群的社會議題，二者也會相互重
疊。另外，社會設計的遊戲在營利與非營利之間容易產生相互矛盾現
象，例如：好玩、好賣但是社會效果不高，或反之。因此，遊戲設計製
作時應該同時注意如何相輔相成，例如：以重大的社會議題為訴求，即
使不夠好玩但因議題的重要性與知名度而大受歡迎，或因更好玩的遊戲
吸引更多人來玩且重視該社會議題。

　　另外，在社會（或地方）中存在著某些「單位」支撐及架構出整體
社會的階層與整體結構，在此我們結合遊戲概念的說法，就可將「如何
測量」這些「單位」本身轉為遊戲。例如：「工作時間」單位，完成社
會或社區工作計算為社工貨幣或時間貨幣等；「能源」單位，利用家庭
電表設定節電設計，換取獎品或其他獎勵的設計。

　　但是，無論是商品化與否的社會遊戲設計，都需要了解及分析市場
及目標使用者（玩家）對象的心理及行為特性，才能知道未來在市場
規模、目標玩家對象、遊戲定位等，以及使用者（玩家）的心理與行為

特性，並研訂一套行銷推廣的策略與計畫。也就是，無論營利或非營利的社會遊戲設計，都需要進行市場導向的分析與設計，才能有助於推廣、進行遊戲設計的原始初衷，讓產品叫好又叫座，也才能持續推廣獲得大眾支持。

以下，再進一步分析不同類型的社會遊戲設計及其設計重點，在此可引用胡昭民、吳燦銘（2010）提出的看法，其原意雖然僅為線上虛擬遊戲，並非包括具實質材料的現實世界遊戲以及社會設計概念，但還是可作為設計時的參考，如下（胡昭民、吳燦銘，2010：2-5-2-25）：

(1) 益智遊戲重視規則及玩法，設計者需要全盤分析可能狀況與設計完整的規則與玩法，例如：五子棋、魔術方塊等。

(2) 策略遊戲是一步一步的進行遊戲，例如：象棋等，需要運用思路來配置及解決各種狀況。

(3) 模擬遊戲需要力求逼真，操作指令也較為複雜。

(4) 動作遊戲在挑戰與快感，角色簡單操控即可快速融入遊戲中，透過動作設計闖關而獲得成就感，例如：射擊類（可分成第一人稱、第三人稱射擊）、格鬥類、運動類融入其中，動作刺激具臨場感。

(5) 角色扮演遊戲需要主持人在流程中講述情節及規則，所有玩家被分配扮演特定角色及完成此角色的任務，重視劇情描述，包括：人物描述、寶物蒐集、劇情事件、華麗畫面、角色個性設定等。

(6) 冒險遊戲與角色扮演遊戲一樣需要大量合理的機關與劇情發展，讓玩家感受到進入電影或小說情境中，設計上強調人物刻畫、合理故事劇情、豐富機關結構。

然而，無論是哪一種類型的遊戲，「故事設計」在遊戲中扮演重要的角色，不同遊戲類型所需要的故事複雜性及完整性將不盡相同。故事的發展也是一種時間及情節歷程設計，在遊戲中如何掌握遊戲時間節奏，可運用真實時間計時器（例如：正數或倒數時間）或事件計時器（遇到不同事件及其狀況情境）（同上：3-23-3-25）。

因此，對於故事的蒐集及改編等精彩與否，會是遊戲的基礎要素之

一。而在某些遊戲是將故事作爲背景情境，並且同時產生遊戲規則條件，之後由玩家自己創造出屬於自己的故事，尤其是冒險類、角色扮演類的遊戲類型，例如：將遊戲結合到地方實境的角色扮演遊戲，就是提供許多線索讓玩家自己探索地方，將自己當成主角及自己在遊戲過程中創造出自己的故事內容。無論如何，有特色的劇本是遊戲設計的基礎。

(三) 問題反思

　　遊戲經常是社會的縮影，可能是來自模仿社會或是改編自社會的事件或現象，即使是完全創新的遊戲，也需要使用現實社會中的語言、符號、圖騰等，才能讓其他人了解及產生共鳴。然而，我們在社會設計的遊戲操作中，需要留意的是「遊戲是作爲一種目的」，還是「遊戲作爲一種媒介」，由於遊戲作爲一種目的將會產出遊戲本身，而將遊戲視爲一種媒介則重視在整套社會設計過程中，如何運用遊戲概念進行思考與設計。

　　因此，除了確認遊戲的目標將影響操作的重點及方向之外，在廣義的「遊戲作爲一種社會媒介」概念，並不是所有社會設計一整套過程都適合使用遊戲方式進行設計，反而須留意是要「爲社會設計而導入遊戲」。因爲，好玩只是一種參與方式，並不是所有的過程都需要具有強烈的樂趣效果，反而要將重點放在思考透過遊戲這個媒介作爲方法，究竟要達到哪些內容與效果，才能符合原先設計的初衷與目的。因爲社會設計的遊戲並非只是一般的商業遊戲，是透過遊戲方式傳遞社會意涵，因此，會以相反方向思考，以社會意涵爲主軸，再來看如何透過遊戲作爲好玩的方法，讓大家參與其中，了解社會議題也感到樂趣。

　　另外，在狹義的遊戲本身就是社會設計的產物方面，除了留意在一般遊戲中的趣味性及流暢性，減少遊戲本身在設計上的問題，例如：玩家找不到預留的線索而無法繼續往下進行遊戲，或是遊戲太難使得玩家一再卡關而無法往下進階，或是玩家在遊戲中間如何突破或重生續玩的設計等，需要一併考量在遊戲內容本身，以免遊戲中斷或發生不流暢的

情況。

　　而且，既然是社會設計的遊戲設計，無論是否成為營利商品或非營利的社會活動，都重視具有特定社會意義的遊戲並不只是一般的遊戲而已，因此，除了滿足遊戲的各項條件之外，需要深入思考「遊戲化是否能真實傳遞原始初衷的社會意義」。

　　另外，無論是廣義或是狹義的遊戲設計，經常會出現好玩與淺薄化的問題，也就是，受限於遊戲本身的工具特性，例如：某社會設計主題的桌遊，在桌遊中僅能傳遞簡單資訊，但有時過於簡化資訊卻會扭曲原意。因此，有時候需要搭配其他策略及工具，尤其是互補的操作方式。成功的遊戲可有趣味性的帶領民眾以玩家角色與心態進入遊戲情境中，但還是停留在一定的深入程度而已，並不一定會達到非常深入了解的效果，畢竟這是社會設計概念出發的遊戲設計行動，我們可以透過遊戲吸引大眾，再輔佐其他工具讓民眾更加深入了解意義（例如：網站或專書、專文等）。因為，就如同世界著名的《大富翁》，即使剛開始設計時是為了社會倡議，讓大眾知道資本主義對社會的殘害，可是在後來卻反而被轉為學習資本家如何投資的遊戲，被資本主義收編，與原本初衷完全背道而馳[9]。

　　因此，如何兼具遊戲的綜藝效果與議題深度，趣味性及娛樂性與目的性之間的拿捏，將會是一個複雜的問題。更由於每一個遊戲對象或社群，其年齡、教育程度、職業、居住地區、品味及嗜好、文化資本等等有所不同，因此差異而產生衝突，例如：有些人可能會覺得不夠好玩（或幼稚），同時間有些人會覺得過於膚淺而不具教育意義、社會價值

---

[9] 《大富翁》遊戲：「發明人 Elizabeth Magie 借由遊戲來挑戰資本主義的產權制度，1904 年發明《地主遊戲》（Landlord's Game），讓玩家體驗土地掠奪的結果，從而理解不同的產權制度會造成的社會結果。這款遊戲很快風靡大學校園且改了一些規則，後來賣給了 Parker Brothers，才更名為《大富翁》（Monopoly）。」（Raworth, K.，2017）該遊戲就是起源於社會設計理念，但後來變成模仿如何炒作土地商品的遊戲。

程度。

　　另外，由於是社會設計的遊戲設計，遊戲的主題、單元、構思、架構、流程、展現符號等，甚至因不同遊戲類型所需要的其他領域，例如：音樂、照片、圖像、聲音等等，都需要儘量取材自及結合到地方社會或特定社群，以凸顯出地方性或社會性的特殊意義與特定價值。

三、社會貨幣設計

(一) 概念論述

　　社會貨幣（social currency）的「單位」及「計算方式」都從社會而來，因此，在此要論述及分析的主要有兩大類內容：其一為區分及構成社會上下階層與階級、位置與角色的「社會單位」，另一種是社會（社群）可計算的交易單位及方式，尤其是在現代資本主義特性下的社會貨幣。

　　「社會單位」是在特定時間、空間、各種文化特質及條件之下，在當時社會中會出現一個或多個讓社會階層進行排序的單位，因此，稱為「社會單位」。例如：過去歷史無論是中西方的許多地區，在古老傳統社會中出現以「血緣」為「單位」，皇族、貴族的血緣成為社會階層的基礎，透過血緣建構出特定親屬、家族及社會關係。

　　或是在中國封建社會時期，「讀書」（更準確的說，讀儒家協助治國的書）及科舉制度的考試，成為一種社會階層向上流動的單位及階梯，科舉考試分數被換算成「幾」品官位，「萬般皆下品唯有讀書高」，三教九流的職業被社會價值區分高低，在不同社會中存在由特定社會價值為基礎所形成的社會單位。從商業貿易行為來分析，過去原始時期許多地區以「貝殼」為計算單位，或是某些部落以「以物易物」進行交易，社會成員彼此之間分享一個彼此默會的交易價值為單位。

　　上述的社會單位是屬於社會價值單位，另外一種社會單位是技術單位、工具單位，例如：某些社會由國家直接統一度量衡（例如：公斤、

台斤、磅等重量單位，或是公尺、台尺、英尺等長度單位）。站在社會單位的角度分析，這些各種度量衡單位是一種具有不同社會成員能進行社會互動、溝通及傳播、形成集體行為的社會功能單位。

如果進一步分析，站在上層階級或國家的立場，統一度量衡單位具有穩定社會秩序、衍生統治區域的社會功能；站在下層階級或市井小民的立場，能產生公平交易的行動；對於商人則除了穩定交易之外，更能因統一的度量衡來計算盈虧，以及產生可測量、評估是否進入、預估未來投資等的單位功能。

因此，到了目前現代社會中，在資本主義的大環境背景之下，全世界各地主要以「金錢」作為社會基本單位的基礎，並且串連起整個社會（即使目前在國際間要評估各個在不同地方社會的企業家之財產，也會用「美元」單位換算）。例如：在社會上是否成為成功人士，是以賺取多少金錢財富來進行衡量，又如：成功的企業家並不是繼承財富的富二代，而是標榜白手起家靠自己努力賺到龐大財富的人，才是成功的企業家。而富二代也受到社會大眾的目光，在原有第一代的「金錢單位」財富數字之上，第二代自己賺取了多少「金錢單位」，才是不會被看輕的第二代。或是，在臺灣的俗語中，「富不過三代」也是以「金錢單位」計算的案例。

無論如何，從工業革命以來至今的現代社會，我們逐漸脫離以「血緣」為單位的社會，社會階級的劃分方式也不是以血緣為單位，也從傳統血緣形成的家族企業之生產方式，逐漸改變為以「金錢」為單位的企業組織化，來進行運作與生產。在企業中聘僱人員的方式，是衡量這個人能為公司賺多少錢為考量，逐漸脫離血緣單位的裙帶關係。

同樣的，在邁入消費社會，社會大眾以「金錢」購買的物品來裝扮自己，構成自己為某一類特定社會階級，身上穿戴及展現的名牌是象徵昂貴的金錢單位，將各種金錢符號往自己身上堆疊，來勾勒出自己屬於某特定的社會階級。另外，在日常生活中的食衣住行等各式各樣的品牌，其背後也是金錢單位為基礎，例如：「品牌資產」一詞，便是將該

品牌有形（例如：產品的產值、獲利、股價等）及無形（例如：品牌忠誠度、品牌形象等）價值，以金錢單位進行計算。另外，各種虛擬貨幣[10] 也都是以指數、數字代表金錢單位。

　　如同上述分析，我們所設計的「社會單位」可以是一個地區社會其內在價值以及技術工具等兩大層面的功能，二者所產生的「社會單位」，這個「社會單位」可以在線上線下各自分開或合併使用方式[11]。無論如何，在目前全球各地主要是資本主義之背景下，社會大眾比較習慣的是以「金錢」為單位的設計，也就是以「貨幣」形式所出現的可交易單位[12]。

　　目前臺灣坊間出現的「社區貨幣」（community currency），應該翻譯成「社群貨幣」或是「共同體貨幣」將更為準確，這是因為是一群認同理念或價值議題的社會成員社群，這些人並不一定要居住在同一個社區，例如：以時間為單位的「時間銀行」（time bank）[13]、為生態環境理

------

[10] 虛擬貨幣的使用案例，例如：臉書社群媒體（臉書 cc 點數）、網路商店亞馬遜（亞馬遜幣）、各種電玩遊戲（屠龍點數、魔獸世界金幣等）、各種品牌虛擬貨幣、企業紅利點數、常客飛行里程數等（Castronova, Edward 著／黃煜文、林麗雪譯，2018）。

[11] 線上線下合併使用的社區貨幣案例之一：「英國 Bristol 市發行自己的 Bristol Pound（布里斯托磅），利用貨幣來保障錢都會在當地商家消費，同時建立新的價值交換關係。商家地圖共有 600 多個食衣住行的 Bristol Pound 支付商店與兌換點。Bristol Pound 還可支付電費與瓦斯費、市政稅、營業稅等。前市長 George Ferguson 更以此支付全額薪水，市議員與部分公司使用為部分薪水。除現鈔外也推出 App 電子支付。」（Wade, 2018）

[12] 有趣的是，許多人認為要擺脫被資本主義蠶食鯨吞的命運，而主張「自己的貨幣自己印」（李沂霖，2017），可是我們進一步深入分析，便會發現就連「貨幣」這個單位本身及其交易的概念，還是處於發展資本主義的基礎之上。

[13]「時間銀行」概念是 1980 年 Edgar Cahn 創設及提出四項準則：資產（社會的實質財富是「人」）、重新定義工作（不是只有能賺錢才是工作）、互助（須打破單方面贈予變成雙方互換為「我們需要彼此」）、社會資本（志工服務也是當朋友）。「時間銀行」是以勞務或知識提供他人幫助，換取自己所需的服務，是一種非經濟的交易，「時間貨幣」就是以時間交換或購買時間，在臺灣由弘道老人福利基金會引進，入會可獲 300 分鐘「互助券」（田麗卿，2016）。

念的生態貨幣、為互助合作的目的等 [14]。

　　而另一種稱為「地方貨幣」（local currency），該貨幣不僅是支持特定價值或理念所誕生的交易單位，可能僅於特定地方範圍使用，或對於該地方要產生特定效益所設計而來，例如：在臺灣出現過的「花幣」[15] 或是「達悟幣」[16] 等都是地方貨幣。

　　「貨幣」只是反映一種資本主義社會的特性，「貨幣」單位凸顯出在目前現代社會是一個可計算、可交易的資本主義特質。「貨幣」的社會功能，是一種具有社會共識的單位。

　　在「貨幣」的社會功能中：

1. 微觀方面，社會成員自己可評估、測量、選擇多少及如何投入該行動，而社會成員彼此之間能進行互動活動或形成特定社群。
2. 宏觀方面，部分或整體社會產生較具公平、公開、公正的交易秩序，而能持續穩定發展。

---

[14] 互助合作的社區貨幣相關案例，例如：「1997 年，一群美國大學生共同發起，透透過購買土地，設立了『跳舞兔子生態村』（The Dancing Rabbit Ecovillage）。是一個平等、女性主義為核心價值的生態村，除強調在地材料及回收建材修築住所外，避免使用石化燃料、村內不停放汽車、對外交通採共乘方式，儘量將對環境的傷害降到最低。此外，生態村成功建立以工作時間為基礎的社區貨幣 HOURS，在 2007 年，將 HOURS 與美元接軌、透過網路管理使用。生態村的社區貨幣，是以每人勞動時間為單位，代替正式貨幣，促進各盡其能、各取所需，回歸勞動的價值核心。」（田麗卿，2016）

[15] 「花幣」是2008年在臺灣第一個社區貨幣的實踐者，「花幣」是來自於「台北花園新城」的居民，居民會員自稱「花錢·幫」，「例如：清水塔、帶小孩、剪髮、教英文或臺語等在社區中的各項活動，都可以標價，可用花幣交換，透過花錢來幫助彼此，活絡在地經濟。」（梁玉芳，2009）經過居民多次討論，「花幣」有三種面額：10分、30分及60分，由賴吉仁設計，在紙幣上印了臺灣原生種生物及蓋有社區鋼印以防「偽幣」（田麗卿，2016）。

[16] 2019 年 4 月 16 日「達悟幣」正式發行，「由民宿開始推廣，希望促進蘭嶼在地產業發展，把金錢流留在島上。發行總量 100 億。由數金科技 DTCO、蘭恩文教基金會、台灣說蘭嶼環境教育協會三方推出蘭嶼永續護照（Tao Passport App）共同發行達悟幣，瞄準在地觀光和循環經濟。以民宿作為達悟幣的推廣起點，進一步納入民宿合作商家，例如：餐廳等。」（黃郁芸，2019）

在「貨幣」的社會衝突中：

1. 微觀方面，社會成員將可能功利主義地計算投入意願，進而某些較無個人效益卻具有社會公共價值的活動乏人問津、參與率過低而逐漸被淘汰。

2. 宏觀社會方面，一旦成為一種社會交易單位，便具有市場特性而產生某些社會不正常現象，像是「貨幣」單位的計算方式是否具有公平性，是誰或哪些社會階層為哪種目的所設計，皆會受到質疑，而在資本主義中經常出現的勞動剝削及勞動剩餘價值等現象，皆可能會出現程度不一的問題。

　　「貨幣」單位只是社會單位中的其中一項形式，「貨幣」反映出資本主義的現代社會特性。不過，以社會單位發展出來的並不一定要是「貨幣」形式，就如同：捐血卡是以捐幾次、多少輸血單位為紀錄，或電表及水表是以使用刻度為單位、集點卡是以進出次數為單位、步行距離與心跳計算燃燒卡路里，或健康檢查中的圖表指數等。不只是貨幣單位而是所有的社會單位，其重點在於如何找出及運用具有可累積及社會成員具共識的「資本」特性，將其「單位化」作為計算的對象。而且這些人共同認定其特定的內在價值及好用才是重要關鍵，無論是貨幣等社會單位都是內在社會普遍內在價值呈現的外在形式。

(二) 行動方法

　　社會單位的貨幣（簡稱：社會貨幣），其設計方向上主要可以分成兩大類：從地方社會產生、從社會議題產生等二者，且二者在現實社會中可能交互重疊。

1. 從地方社會產生的社會貨幣：「地方貨幣」（local currency）

(1) 貨幣定義：從地方產生的社會貨幣，如果是運用地區被設定在一定地區範圍，便會出現當地專屬的地方貨幣。

(2) 來源基礎：地方貨幣的基礎來自於當地的地方性、地方文化資本。

(3) 做法及運用：「地方貨幣」從貨幣的價值、貨幣的生產、消費、

交換等社會行為，大多會在特定被指定的適用地區內進行。做法
設計如下：

① 盤點「地方文化資本」，找出此地方特有的地方資本為基礎。

② 設計成為一種社會貨幣單位，尋找及設計過程需要地方上具有
相關性的民眾們一起加入參與討論，才形成在地方上如何計算
及交易的共識，以及更多人認同此社會貨幣及其設計對於地方
帶來的社會功能效益。

③ 分析加入的社會成員性質、位置其合作方式。

④ 形成地方貨幣的合作夥伴對象。

⑤ 共同討論地方貨幣運作方式，例如：貨幣呈現方式（線上虛擬
貨幣、線下實體硬幣等）、生產及交易記錄方式、如何消費及
交換等等，整套貨幣在地方上運作的規則、技術、方法等與其
背後的社會機制。

(4) 貨幣效益：

① 地方貨幣的重點應在於「取之於地方，用之於地方」，因此，
整套貨幣設計需要「接地氣」，除了上述的貨幣來源及運用與
地方緊密連結之外，更重要的是地方效益的擴大影響層面與深
化影響程度，所以，設計者需要分析地方貨幣的上下垂直地方
生態鏈、地方貨幣關聯的左右水平生態鏈。所謂的地方生態鏈
概念，在地方貨幣屬於發展「營利」的地方貨幣，則為垂直產
業鏈、水平產業鏈之在地分析，如果是「非營利」的地方貨
幣，則為垂直生活鏈、水平生活鏈之在地分析，而產業鏈與生
活鏈二者有時在地方上也會部分相互重疊。

② 由於上下左右的系統性分析，設計者才能了解並掌握全貌，在
分析地方貨幣對地方整體及個別產生的哪些層面與影響程度，
也能依照各種需求成為向當時社會各界說明的具說服力之基礎
與證據，例如：一般里民大眾、想加入串連的夥伴、想報導的
媒體、去申請補助的政府、來質詢的懷疑者等。

2.從社會議題產生的社會貨幣：「社群貨幣」（community currency）

(1) 貨幣定義：從「社會議題」產生的社會貨幣，不指定於特定地區
使用，便會產生「社群貨幣」。

(2) 來源基礎：「社群貨幣」主要是從社會中特定價值議題，被社會
成員認同及達到一定規模的社群共識，進而產生而來。基於如
此，社群貨幣不一定會受限於單一地區，反而其貨幣基礎來自於
社會中特定的議題及其價值，簡言之，社群貨幣來自於「社會
性」。

(3) 做法及運用：如何尋找到當時社會中的特定「社會性」，成為基
礎關鍵，例如：特定環境議題（例如：生態、節能、減碳、環保
等）、特定族群議題（例如：原住民等少數族群等）、特定社會階
層議題（例如：兒童、弱勢階層、社會底層、低薪階級等）等，
以及其他相關具社會價值的議題。並且在社會貨幣的整套設計，
從如何生產及獲得貨幣，以及如何消費或交換使用等環節，都需
要環繞在當初的特定社會價值議題之中，簡言之，整套貨幣設計
是「取之於議題，用之於議題」。做法基本如下：

①議題設計：發覺關心的社會議題，以及分析議題社群（如同市
場客群）及其特性（如同消費者行為特性）。

②貨幣設計：設計社會貨幣單位，以及如何換算、生產、使用與
交換等整套初步貨幣計畫。

③供給設計：尋求對此議題有興趣的單位成為合作夥伴，一起討
論貨幣計畫與共同加入計畫成為合作夥伴，形成社群貨幣合作
聯盟。

④需求設計：社群貨幣的公共化推廣策略及使用者動員設計。

⑤上市設計：與社會時勢結合（社會事件、傳統節氣、常民活
動、政經環境條件等等）合適的上市時間、地點、方式等。

(4) 貨幣效益：社群貨幣的設計者需要系統性的分析出一個貨幣單位
及其交易使用等行動，運用垂直社會影響鏈、水平社會影響鏈等

分析關係人及部門，系統性的提出或是實際執行後的整理，呈現該貨幣對於所倡議的社會議題影響多少社會層面及程度，能清楚了解該社群貨幣在社會中扮演的價值，讓貨幣與議題本身同時受到社會大眾矚目與認同。

(三) 問題反思

「社會單位」的形成，經常涉及當時該社會集體的價值及身分歸屬的意識形態，「社會單位」通常都會構成當地（及當時）在該社會中，社會階層上下階梯排序的單位。因此，社會單位也分成正式及非正式類型，「正式的社會單位」例如：哪間大學（甚至是國外或國內區分）的哪種學位文憑、哪些機構的專業證書與證照、所得收入等，「非正式的社會單位」例如：血緣、家族、名聲、社會資本及人脈關係等，而資本主義的現代社會特性中，則主要以「金錢」及「貨幣」形式為社會單位。

因此，尋找特定社會價值再轉換為社會貨幣單位是基礎，而以地方價值所轉換而來的是地方貨幣單位，以社會議題價值轉換的是社群貨幣單位，無論是地方貨幣或是社群貨幣，都需要從具社會大眾認同且給予支持的特定價值基礎而來。整個來說，「社會貨幣設計」是尋找社會認同價值基礎、設計基本單位、設計貨幣形式、計算如何生產、計算如何使用、計算如何交易、計算如何回收等整套過程。

除了需要注意整套貨幣設計在生產計算與消費使用上的公正性、公平性之外，在交換上的可流通程度、公開透明程度也是設計重點之一，另外在貨幣回收上也是一個重要議題，例如：回收後如何重複使用或銷毀等設計，因此，進而同時考量要使用實體貨幣或線上虛擬貨幣等貨幣形式，因為二者的回收方式及問題皆不相同。

另外，如果是發展在虛擬世界中，虛擬世界（遊戲）的「貨幣通縮」很罕見，但是「貨幣通膨」現象則很常見（會發生通貨膨脹現象的原因，主要是駭客入侵、設計不良）（Castronova, Edward 著／黃煜文、林麗雪譯，2018：205-207）。上述，也是在考慮發行實體或虛擬

貨幣時需要留意的兌換及回收等問題。

　　然而，社會貨幣要吸引社會大眾及各種合作夥伴一起加入，除了集體認同的社會性公共議題之外，個人利益也是需要被照顧，才有個人參與的動力，也才不會出現曲高和寡的現象。因此，我們認為一個社會貨幣要擴大推動，至少要評估以下原則：

1. 具價值性：地方社會或特定議題的價值基礎獲得愈多人的認同，以此而生的社會貨幣設計就會有愈多人共同支持、加入及參與行動。

2. 可進入性：無論是外在的相關法規制度、社會環境條件等，以及內在自身的貨幣技術、人力及物力等，評估其推動該社會貨幣將實際面臨的種種現實條件，以及可以實際設計製作與運作的相關因素。

3. 具近便性：社會貨幣的生產、使用、交換等各個環節，各種使用者在操作上的方便程度及參與感受等設計，例如：貨幣本身是否一目了然、具體明確、容易計算等設計，或使用者在實際使用時，貨幣的好不好用、實不實用、使用便利性等設計。

4. 可測量性：可以清楚測量出貨幣計畫的貨幣整體及分期發行之數量，以及貨幣在生產、使用、交換等各個階段的數量，包括在合作廠商夥伴、使用者之間的貨幣儲存量與市場流通量的測量與計算。可測量性是讓社會貨幣可以具體明確成為可統計、可判斷、可預測的單位。

四、區塊鏈設計

(一) 概念論述

　　目前區塊鏈（blockchain）大多使用於商業方面，但是區塊鏈的概念及技術對於社會設計也十分重要，例如：2015 年「阿茲拉克（Azraq）難民營」[17] 在分配食物上就扮演著關鍵的成功因素。然而，區塊鏈並不

---

[17] 區塊鏈應用於社會設計之成功案例：「阿茲拉克（Azraq）難民營」。2015 年，約旦安曼東方 60 公里，聯合國難民署阿茲拉克難民營，居住 13 萬敘利亞人，但警察等管理者卻是約旦人，在難民營的特殊社會資本及社會關係的互動方式，成為可實施社區治理、制度建立、資源管理的新模式，其核心是區塊鏈技

是只使用在重大社會事件，反而是與普羅大眾的日常社會生活做緊密的連結[18]。

　　區塊鏈就是運用電腦網路凡走過必留痕跡特性的分散式帳本[19]。區塊鏈起初是從彼特幣[20]而來，區塊鏈的定義是：「一種按照時間順序將資料區塊以順序相連的方式，所組成的一種鏈式資料結構，並以密碼學方式保障的不可篡改與不可偽造的分散式帳本。」（董超，2018：1-3）。區塊鏈在運用上具有去中心化、開放性、自治性、資訊不可篡改性、匿名性等特徵，在資料上有分散資料儲存、點對點傳輸、共識機制、加密演算法等電腦技術的新型應用模式等特性，優勢是去中心化（安全可靠）、去信任化（公開透明）、集體維護（降低成本），基本分類為：公有區塊鏈、聯合區塊鏈、私有區塊鏈（同上：1-4～1-9）。區塊鏈發展階段[21]，分成：區塊鏈1.0（分散式帳本等）、區塊鏈2.0（智

術，帶來去中心化、即時、可追查的帳本保存系統。為「區塊鏈試點」計畫，世界糧食計畫署（WFP）運用技術將食物分配給難民，確保人人都拿得到食物，計畫負責人娜哈，將眼睛虹膜當成數位錢包，降低重複領取及偷竊問題（Casey, M. J. and Vigna, P. 著／林奕伶譯，2019：14-20）。

[18] 區塊鏈與民眾一般社會生活的連結愈加緊密。因為分散式帳本確保交易紀錄、任何人無法塗改，形成「去中心化自主物聯網」，是數位世界實現民主化，是一個機器社會在建立自己的社會資本。要完成這個機制需要滴水不漏的「可信賴」運算，從零組件、軟體程式等開始到組裝完成都是分散式帳本紀錄，包括日後交易紀錄等（Casey, M. J. and Vigna, P. 著／林奕伶譯，2019：162-165）。

[19] Casey, M. J. and Vigna, P.（2019）認為區塊鏈是「真理機器」（truth machine），原因是因為區塊鏈在網路走過的痕跡幾乎無法竄改紀錄，甚至成為一部新的世界憲法（Casey, M. J. and Vigna, P. 著／林奕伶譯，2019），而Filippi, P. D. and Wright, A.（2019）同時也補充區塊鏈是以「程式碼」作為無法塗改的「法律」，在區塊鏈的世界中是由程式碼來完全治理（Filippi, P. D. and Wright, A. 著／王延川譯，2019）。

[20] 彼特幣是一個由「中本聰」於2008年11月在線上社群發表而來，但不是由他單獨開發，而是在公開的社群中，對他提倡的區塊鏈技術有興趣的人們共同分擔撰寫程式碼，逐漸形成現在的型態（大塚雄介著／正正譯，2018：111）。

[21] 彼特幣第一筆交易相傳是在2010年5月22日，美國佛羅里達程式設計師在網路論壇上貼文「想要用彼特幣買披薩」，有披薩店回應「兩個披薩＝10,000個

慧合約等）、區塊鏈 3.0（自動化採購及管理、物聯網等），在發展歷程中 2.0 主要是使用於經濟交易，3.0 則廣泛應用在其他領域，例如：文化娛樂、社會教育、科學、健康管理、產權登記（動產及不動產的分散、公正、不可偽造、可稽核驗證）等（同上：2-3～2-14）。

㈡ 行動方法

由於區塊鏈涉及資訊工程、資訊管理等部門[22]且內容龐大，在此僅針對：區塊鏈如何運用社會生活領域及如何成為社會設計的產品等二者進行論述。

區塊鏈開始是彼特幣炒作事件，才擴大受到世界各地民眾注意，但區塊鏈的分散式帳本之應用特性[23]逐漸脫離虛擬貨幣，成為社會生活中其他領域的運用技術，與民眾最直接的是將生活中的消費及資訊串連在一起，民眾的行動載具及行動裝置與「物聯網」相互發展，甚至運用於「元宇宙」（metaverse）的數位虛擬世界之中，而加密貨幣或是非同質化代幣（non-fungible token）都是區塊鏈應用技術之一。

「物聯網」（internet of things）是結合網路、電信等資訊的載體，讓所有不同的人與物品透過網際網路相連互動，使用電子標籤將真實物體上網連結，將原本分散的人事物轉換為數據，資訊化及設計運用到各個範圍，成為相互關聯的網際關係，可運用到運輸與物流、健康與

彼特幣」於是開始有了交易，因此「5 月 22 日」成為「彼特幣披薩日」（大塚雄介著／正正譯，2018：116-118）。

[22] 在臺灣坊間有許多教導區塊鏈及以太坊之實際操作，實際操作大多是電腦程式與應用工作，僅列舉包括：田篭照博（2018）、趙其剛（2018）、吳壽鶴等（2018），以及陳孝榮、孫怡、陳曄（2019）等，由於電腦操作應用並非本書重點而在此並不贅述。

[23] 起初，區塊鏈最直接解決各地銀行交易問題，例如：有共同備份及共同監督（解決銀行資訊安全，容易被攻擊竄改之問題）、蓋時間戳記公開透明（解決銀行易偽造、不即時、違規套利問題）、即時高效及成本低廉（解決銀行效率低、成本高問題）、認證準確且保護隱私（解決銀行冒用身分、資訊洩漏、認證繁瑣問題）（董超，2018：2-27）。

醫療、智慧型環境（家庭、工作等）、個人與社會領域（許庭榮、彭冠今，2018：19-20）。

　　運用物聯網及區塊鏈進行交易的是虛擬貨幣[24]，然而，虛擬貨幣不僅只是線上的彼特幣、以太幣等等，也包括可以自己發行的其他地方貨幣、社群貨幣。如同 Castronova, Edward（2018）所說只要「多數人用來交易的就是貨幣」，而且可自成一套運作規則，就跟以前的人用大麥來買駱駝，鹽巴、起司或毛皮等都成為付款方式，人天生就會使用貨幣，可套用在所有事物上（Castronova, Edward 著／黃煜文、林麗雪譯，2018：78-85）。所以，我們的各種消費記點兌換贈品或打折、禮券等，或是郵票、印花等，或是各種地方貨幣、時間貨幣、計算點數等，都是各種的貨幣計算方式及貨幣形式。

　　區塊鏈如何運用在社會設計之中，主要包括：營利的社會設計、非營利的社會設計，分析如下：

1. 營利的社會設計

(1) 支付應用：以地方貨幣、社群貨幣等各種貨幣形式來支付特定商品。

(2) 地方公共資產託管：例如：地方文化資產、社區資產、公共資產等，或是共同營運的地方文化產業其動產及不動產，使用共同帳本、智慧合約等，由所有會員推派多位資產管理者、資產託管者、查核者等共同參與監督，由於共用訊息資訊透明而能隨時掌握資產情況。也同時能運用於公共財的信託基金之推動工作，例如：協助託管地方古蹟國民信託基金等。

----

[24] 區塊鏈是將現實世界的貨幣視為數字資產，數字資產交易視為信用交易，將信用交易資訊網路化，為共同認證的分散式帳本方式處理。區塊鏈的財富概念，是將過去原有的資產貨幣化（動產及不動產以貨幣單位計算價值）及資產證券化（資產以股票、票券方式計算），轉為資產數位化（以數位方式進行交易），過去真實買賣轉為網路交易（許庭榮、彭冠今，2018：76-80）。簡單來說，區塊鏈是應用於網路數位分散式帳本、虛擬貨幣是應用於網路數位交易。

(3) 交易證明及收據：除一般零售活動使用的地方貨幣或社群貨幣，加入區塊鏈位於鏈上的各個廠商、地方商家或社群組織等參與部門（者）各點，其原物料、成品及半成品等相互交易行為，各點參與者及各物品來往間的購買證明，交易時將同時計算列帳，十分公開透明清楚。

(4) 地方產業生產：整條區塊鏈在各點參與者的預估備料或庫存數量等，或製作過程的品管等，在鏈上記錄相關資訊、物流、金流等紀錄，例如：內部的產品品質管理、整條生產線管理等。或是外部的產銷履歷證明，消費者直接利用 QR-code 掃描即可顯示參與區塊鏈各點的紀錄資訊。

(5) 顧客產業消費：消費者在各點消費之行為模式、特性、時機、價格、數量等，將門市或其他消費現場交易同時回饋資訊，提供資料作為大數據即時調整，以及精準行銷策略的顧客資料訊息。

(6) 智慧管理：即時發現生產端、消費端以及二者串連的各種人事物問題，即時發現問題、回饋資訊、解決問題、追蹤是否改善、知識建檔、避免日後重複等。

(7) 個人及公司信用：帳本公開透明可查詢各個參與部門（者）過去的生產、交易、合作等紀錄。或是，員工過去的教育及訓練證明、工作履歷、個人態度等信用相關紀錄。

(8) 信貸紀錄。貸款時，銀行可直接查到借貸方過去的信用紀錄。另外，傳統銀行借貸需要動產或不動產抵押擔保才能借貸，區塊鏈由於有過去信用紀錄等，可能發展出特定借貸模式，例如：增加以故事劇本來借貸拍攝電影的機會。

(9) 人事縮編及共同管理：因為即時及同時公開，不需要過多組織上下階層而組織扁平化，且人力精簡為每位參與者（或特定代表）同時也是區塊鏈的共同管理者。

2. 非營利的社會設計

(1) 捐款及捐贈：用於非營利的金錢捐贈或物資捐贈上，所募得款項

或物資直接公開，使用情形是否真正到達需求者身上皆可查詢，有助於企業或個人捐款之意願。同樣的，也能針對捐款或物資進行管理，尤其是招募所需物資的物品種類繁雜，哪些缺少、哪些物資已超過等，可以即時記帳、公開透明、即時管理。

(2) 社會教育學習紀錄檔案：針對社區大學、非營利組織學校等社區教育機構，獲獎以及歷年學習檔案、教育經歷、時數、類型及成績等皆可線上記錄、透明且無法竄改學習證明。

(3) 社會教育資源的統籌運用：能藉由區塊鏈串連所有的社會教育資源，例如：文化館、圖書館、博物館、社區大學、線上學習等資源，即時同步及彈性運用各種教育資源。另外，針對某些公司企業所需人才專業領域，也可透過區塊鏈的串連，即時了解及媒合所需專才。

(4) 文化消費紀錄：例如：藝術品、古董的拍賣及交易紀錄，或是針對該收藏品的相關報導、研究等資料，以及各種出版品的版權紀錄及智財權交易與使用。在區塊鏈去中心化的概念下，各個民眾可自行查閱、研究、投資各種文化商品，會員能自組成立文化消費社群，發起各種文化活動。

(5) 社會公共空間資產的參與及監督：參與社會中各種影響社會生活品質，屬於社會公共財方面的各項參與提案、預算、執行方式與進度等，例如：古蹟（文化財）的保存及再利用、大型公共建設（例如：公園、學校等公共設施）的投票及決議等共同治理。

(6) 催生公民社會（civil society）時代的來臨：由於區塊鏈的去中心化、點對點、信任、平等、公開、透明等性質，區塊鏈從資訊資本主義社會中的網路商業中崛起，卻因為跨界運用而逐步加速催生了公民社會。

(三) 問題反思

總而言之，區塊鏈應用於營利的地方或社會計畫（地方產業或社群

產業），其優點、缺點及未來需要解決的問題，至少如下分析：

1. 運用「營利」社會計畫的優點

(1) 連接物聯網，即時知道市場需求，所有產業鏈供應者皆可管理原料數量、減少庫存量，尤其是農產品「蛛網理論」產生的風險。

(2) 區塊鏈紀錄，零組件可以溯源，例如：從產地到餐桌、身分履歷管理（農產品、手工藝、各種原料等），可以品質共同管理，除了消費者可安心使用，更重要的是可建立地方品牌。

(3) 去中心化，減少資本家（像是銀行）的剝削（去中介機構），降低成本。

(4) 信任機制，促成地方居民共同管理、去中心監督，培養公民素養，發展公民社會。

(5) 交易可設計產生「地方幣」成為公共基金，逐漸讓地方轉型為「自主營運」。

2. 運用在「營利」社會計畫的缺點

(1) 目前由於並非所有的資訊皆會上線，或是參與的民眾皆有能力上線，以網路建構的資訊、資料將出現缺漏不全現象。例如：傳統市場、夜市、地方特產等的零售交易，通常都是現金且金額小的零錢交易等現象，尤其在臺灣各地有許多非正式部門經濟為地方特色（例如：市集、攤販、地攤等）。

(2) 需要事先完成信任機制，社會大眾如果對於區塊鏈的新做法不了解、沒有信心及不信任，將無法推動後續整套社會、社群或地方區塊鏈。

(3) 具有數位落差，大多數居民不會使用點對點管理，更不用說智慧合約的製作及合作。

(4) 參與人數需要眾多，利用區塊鏈才有其意義、功能與效果。

3. 運用在「營利」社會計畫未來尚須解決的問題

(1) 技術問題：需要製作一個合適於社會設計及地方產業的區塊鏈基礎平台。由於社會設計也會關注地方微型產業，因此，需要製作

合適一般微型產業的智慧合約程式。也需要製作一般民眾即能簡易操作的介面及程式語言。

(2) 推廣問題：需要建立一套地方參與者「獎勵機制」，才能誘導地方參與者逐漸進入區塊鏈系統。因為涉及參與者認知、信任、共識、新投入成本、風險等而造成進入門檻。

(3) 資安及營業祕密問題：包括駭客問題、資料竄改問題（不只是病毒疑慮，分散式帳本只要認證機制過於集中在單一處，紀錄也有可能被竄改），以及廠商的個資及營業祕密是否願意部分透露或完全公開的問題。

另外，區塊鏈運用於非營利方面，可參考松尾眞一郎等人（2019）提出的問題來進行思考，計有：使用的經濟規模問題、個人隱私問題、在現實社會中存在的必要性問題、數位落差問題、信任機制問題、共識機制的權力運作問題、非正式未記錄的交易或社會互動問題、密碼遺失或被破解的問題、資訊過多錯誤的問題（松尾眞一郎等著／何蟬秀譯，2019）。

社會設計：理論與方法
Social Design: Theories and Methods

第 6 章

社會設計的地方盤點設計

　　在社會設計的「地方盤點設計」中，以下將分析：地方整體調查設計（地方文化資源盤點、地方承載力分析與疊圖法）、地方行為調查設計（沉浸式調查設計、環境行為研究設計）以及地方心理調查設計（心理認知地圖調查設計、生命中最重要的三個物件調查設計）等，分別是：地方整體、外在行為、內在心理三個層面的調查設計。此三大層面內容，其各種調查研究分析方法的比較，如表 6-1 所示及如下內容。而且，這些不同方法相互使用及共同建構出一個地方知識學

　　另外，建構地方知識學，可運用「地方知識漏斗」[1] 進行思考與調查分析，「地方知識漏斗」的形成方式及三個階段，分別為：(1) 盤點：地方性、地方問題及需求；(2) 啟發：社會現象背後的真正因素及條件、結構性特徵、一再出現的模式、地方生活經驗為何等；(3) 演算：提出深層的解決方式、做法、計畫方案等。由於在地方上，居民人與人之關係、文化差異、人性特質、情感關係等皆有所不同，因而無法使用千篇一律的固定公式，而是提出更為深層而非表面的解決方式。

第一節　地方整體調查設計

一、地方文化資源盤點

(一) 概念論述

　　地方文化資源盤點工作對了解地方環境特色與條件等狀況皆極為重要，也就是，透過盤點工作要找出「地方性」，並作為地方發展的重

---

[1] Martin, R.（2011）提出「知識漏斗」（knowledge funnel）概念，將知識漏斗分成三個階段：(1) 探索難題：謎題多樣化呈現方式；(2) 啟發（heuristic）：把問題縮小到可掌握的經驗法則；(3) 演算法（algorithm）：將一般的經驗法則再轉為固定公式，例如：在經驗法則上美國人想要快速、方便又好吃的餐點，麥當勞就將經驗法則轉化為固定公式而完全系統化（Martin, R. 著／李仰淳、林麗冠譯，2011：11）。

表 6-1　地方知識學具相關調查方法之比較分析

工具\項目	地方文化資源盤點法	地方承載力分析及疊圖法	環境行為研究及沉浸式調查法	心理認知地圖	生命地圖（生命中最重要的三個物件）
知識性質	整體	整體	外在行為	內在心理	內在心理
知識規模	宏觀	宏觀	微觀	微觀	微觀
知識切入點	全基地	全基地	個人、社群	個人	個人
知識擁有者	地方	地方	市民、團體	市民	市民
知識生產主體	專業者	專業者	民眾與專業者	民眾	民眾
知識內容重點	自然資本、人文資本、地理資本的地方文化資本盤點	調查項目地圖化、格子化、數據化、疊圖與判圖，分析發展質量、敏感地、承載量等	空間、人、活動三者間關係、互動方式及內容	個人內在世界對過去過往空間的對過往經歷	個人內在世界對過去時間的經歷
量化或質化	量化及質化	量化及質化	量化及質化	質化	質化
研究方法	資料蒐集法、觀察法、訪談法	資料蒐集法、數據分析法	資料蒐集法、觀察法、訪談法	圖像法、訪談法、觀察法	圖像法、訪談法、觀察法

資料來源：本研究分析整理。

要「資產」，因為每一個地方都擁有屬於自己的「地方文化資本」，因此，需要事先尋找出來並且進行合適的運用方式。尤其是，目前臺灣各地經常對於「地方性」尚未了解之下，又急著進行相關政府專案與結案，專業者常常帶著自己誤以為是「賦權」（empowerment）方式，卻帶著外來眼光讓原有具有差異特質的、具獨特性的地方風味消失殆盡，而出現許多同質性的做法，而這也凸顯出地方文化資源盤點的重要性，以及為何不稱為「地方資源盤點」而是加以稱為「地方文化資源盤點」之故，是為刻意強調任何地方內涵都與地方文化息息相關，「地方資本」其實應該視為「地方文化資本」。

另外，為何稱為地方文化資源「盤點」而不是地方文化資源「調查」，是基於地方特性沒有個人主觀色彩，無論調查者自己是否喜歡，所有地方內容都是地方珍貴資產。也就是「盤點」是「如數家珍」，是一種清點工作，地方上每一個對象都是構成地方的重要元素，如此才能放下事先設定的眼光重新完整的看待地方，而「調查」則容易陷入調查者個人主觀的意識形態，而不自知的選擇出自己早已先入為主的看法。

廖世璋（2016）認為「地方文化沒有高低階級之分，地方文化只有差異，文化差異特質愈高要再生產為地方文化產業的價值性就愈高。」（廖世璋，2016：128）地方文化資源盤點的工具，可協助調查者更有效全面系統性的整體清查構成地方性的各種元素。因此，地方資源的盤點調查工作，可分成：自然環境資源、地理環境資源、人文環境資源等三個層面（簡稱：「天地人盤點法」）（同上）。

在執行地方文化資源盤點工作時，清查構成地方性的地方文化類型，分為地方生活方式的總合、地方藝術、地方價值、地方符號等，且地方符號不僅是視覺圖騰、標誌、記號，也包括地方特別的味覺、觸覺、聽覺、嗅覺等象徵對象。地方文化資源也分成「顯性」及「內隱」形式，留意在地方的「集體性」（量）達一定集體程度，也會構成特有的地方性，另外，某些地方少數具有相當「特殊性」（質）也可能是構成地方性的元素（同上：129）。

(二)行動方法

　　地方文化資源盤點工作需要事先預先設計一張地方文化資源盤點表,在縱向軸(Y軸)中則可以分成:天(自然條件)、地(地理條件)、人(人文條件)等三大類,以及相關的細項,例如:「天」(自然條件)有關的日照(時數、方位、陰影等)、雨(量、時間季節等)、溫度、溼度、風(風速、風向等),以及「地」(地理條件)相關的地上(自然方面的地形、地貌、坡度、坡向、景色、林相、山丘、特殊景觀等,人文方面的古蹟、地標、博物館、街屋、廟宇、住宅、學校、公園綠地、街道、區域等)、地下(地質結構、土壤、水位、河流、湖泊等)。在橫向軸(X軸)則是調查單位,例如:產權、代表人、規模量(面積或體積、重量或數量)、發生時間、發生現象、其他各種專屬測量單位等。

　　也可以針對地方「過程」進行盤點,例如:地方特色產業中的最初原料、中間製造、物品產出及購買消費等過程進行現況盤點分析,以了解該產品在地方產生的地方產業鏈、供應鏈等。

　　在完成地方文化資源盤點工作獲得基礎資料後,分析及提出發展與因應對策,之後因應這些課題與對策規劃數個不同的替選方案,在方案提出時需要以「最多」及「最大」進行方案設計思考及評估的重要指標。

　　其中,方案的「最多」是參與社群、參與者、參與部門、民眾人數、商家人數或帶動哪些效益及影響程度等「最多」,而這些「最多」的數據及說明,正好可以作為說服各界及相關單位給予支持(例如:爭取政府補助或民間資金投入)以及更多居民共同參與(吸引更多大眾關注)的重要評估指標。

　　「最多」指標是用來思考與評估對於整體社會或地方的參與性、影響性等,而「最大」指標則是回應「地方性」,由於僅僅關心「最多」可能會帶來新的摧毀原有地方性的做法,同時強調「最大」是檢視所提方案是否能凸顯在地性的特色價值,如果無法則需要修正調整,回溯地

方根源重新思考與提案。

　　「最多」與「最大」需要在二者兼具之中，找出最合適的設計方案，例如：目前臺灣各地許多地方引入文化創意產業發展觀光，可能帶動地方經濟「最多」地方民眾參與地方觀光產業鏈（也可能只是少數業者而已），並無同時思考如何讓地方性、地方文化凸顯「最大」，將逐漸喪失地方的獨特性，且因過高的同質性消費，不僅原有自己獨特的地方文化受到衝擊消失殆盡，也因為各地過於一致性及商業化，而讓地方經濟與文化皆輸，十分可惜。

(三) 問題反思

　　地方文化資源盤點十分強調盤點者要以客觀、不帶個人色彩、尊重地方、留意式微與隱性的地方特質，以及是站在清查的角度進行工作，這也是「地方性」不使用「locality」而使用「the locals」一詞的重點。因為在臺灣的發展脈絡中，「地方性」經常被掛在嘴邊，進入地方現場的工作者所看到的「地方性」，雖然表面上也強調尊重地方文化特性，但卻還是經常帶著自己個人眼光及視角來凝視地方特色，以及提出相違背地方性的做法，因此，在臺灣過去至今的歷史發展脈絡中，可發現政府投入資源愈多以及各研究菁英、設計師、規劃者等進入地方擾動頻率次數愈多，反而造成喪失當地的地方性之各種現象。

　　臺灣本島原本在各地歷史發展中擁有自己的地方差異特質，卻在資源投入及多次淺薄的擾動之後，各地方的同質性愈來愈高，只剩下臺灣離島地區，反而因為經費、資源及菁英人力不足，卻保存及呈現出當地的地方特色。因此，才會選用「他者」（the others）概念的「the locals」（原意為地方居民、農民），反思及強調在臺灣歷史發展中的「地方性」，是將地方居民或農民用來作為研究者、專業菁英的次要對象，地方居民擁有的珍貴在地文化只是被採集、調查的內容而已。然而，這正是為何要進行客觀詳細的地方文化資源盤點之基礎重點，否則地方文化資源盤點工作只是又多了一項無意義的工作而已，還是無法解

決臺灣的地方文化發展問題。我們要提醒與留意，臺灣各地從過去發展至今，在今日雖然專業者刻意強調地方性的重要性，但是調查出來的地方性，不應該還是停留在菁英專業者外來凝視的地方性，而應該是當地人自己的「地方性」。

二、地方承載力分析與疊圖法

(一) 概念論述

　　「疊圖法」（overlay）是用來分析地方引入活動的環境承載力，由於一個地方的自然環境資源具有一定程度的條件與限制因素，需要事先進行分析與評估進而了解最大的發展容許量，以及在哪些區域合適從事哪些活動。因此，地方承載力分析，就是將所有相關的環境因素逐項進行調查之後，利用地圖加以呈現，而形成不同評估項目擁有一張分析地圖，各種項目有各種分析地圖，再將這些不同項目的分析地圖套用相疊在一起，便是所謂的「疊圖法」。

　　地方承載力是來自於地方的容許量，地方容許量所要分析與評估的主要因素，侯錦雄（2005）認為至少分成（侯錦雄，2005：298）：
1. 環境容許量：像是生態特徵（土壤、坡度、植被、野生動物、溼地等）、自然災害（洪水、地震、空氣品質等）、環境汙染（水質、空氣等）、景觀資源、資源消耗（水的供給、能源等）。
2. 設施容許量：主要密集性設施的提供、實質設施（運輸、汙水、下水道等系統、學校、遊憩場所、自來水廠等）。
3. 經濟容許量：就業情形、一般經濟成長情形、住宅、農業生產力、漁業、林業或其他地方基礎產業等。
4. 知覺容許量：態度、價值觀、生活型態、對未來的期望等。

(二) 行動方法

　　這些預計套用的各個項目因素，可利用地方文化資源盤點的資料，

將原有的數據、文字等資訊以「地圖化」方式呈現，例如：在「天地人」中的各細項因素分別繪製於不同張圖面之上，再加以相互重疊套圖就是「疊圖法」。

　　另外，爲了要更爲客觀的進行分析，會依照地方的規模大小利用不同比例以格子化繪製，在每一個格子中進行分析，以避免遺漏某些局部地區，或是針對每一個格子內的資訊加以評估分析。格子化的評估方式，可利用加權指數法（數字化）或實際事實分析法（事件化）等方式。

　　以下分析疊圖法的操作方式[2]：

1. 進行地方文化資源盤點。
2. 將地方文化資源盤點的內容地圖化，以地圖及劃設格子方式呈現。例如：在「天地人」中各個項目的地圖，至少需要「天地人」（自然環境、地理環境、人文環境）各一張才能清楚標示。而格子大小看地方規模大小、預算及人力、時間等，以及未來方案分析與設計時需要使用現場資料之細緻度而定。
3. 不同的評估項目以質化及量化二者，以不同的顏色或記號，例如：質化以顏色、量化以數字標示，在地圖每一個格子上加以逐項分析與標記，例如：顏色愈深或數字愈高，表示愈是需要保護、保存等。
4. 留意某些在地圖上不以面狀格子而是以線條狀出現的因素，例如：交通動線（道路、步道等）、給水及排水動線等，以及無法在地圖上完全呈現的評估項目之相關資料，需要一起輔佐註記才能客觀判圖。
5. 將地圖資訊結合在地方文化資源盤點分析中，針對地方參與及效益影響「最多」以及凸顯地方性「最大」等二大方向進行分析評估。

---

[2] 侯錦雄（2005）將分析方法分成：(1) 套圖法：設定基地分析項目，每項目一張圖，每一個格子依適宜程度標註不同深淺顏色，最後疊圖綜合分析。(2) 數學組合法：設定權重分數，每格子的單元值愈高分則愈不適宜開發。(3) 同質區界定法：設定相同性質者同一個代表符號（例如：圓圈表「合適」、方形表「中等」、三角形表「不適宜」等），每一格子與附近格子加總一起，成爲可利用因素組合法或群落分析輔助法。(4) 邏輯組合法：設定各個發生狀況及合適性，分析每一個格子的符號標記之後綜合分析（侯錦雄，2005：304）。

6. 依照原先的地方規劃設計目的提出幾個替選方案，並再針對替選方案再次分析評估，過程中需要不同民眾、文化社群、相關部門等參與，以減少專業者的地方盲視，也有助於增加凝聚認同與共同支持。

7. 選出合適方案加以試辦、試辦回饋、修正調整、正式實施，實施後逐年檢視，與民眾共同檢討，動態調整。

(三) 問題反思

　　地方文化資源盤點工作會出現一張非常大的「地方文化資源盤點表」，如果在地方成立工作站，則可將地方文化資源盤點表於室內大片牆上繪製，並設有各種標籤紙及工具，讓民眾及工作人員隨時進行增加與修補內容。同樣的，由各項環境因素分析呈現的地圖，可以將許多張不同的地圖分別呈現在另一個牆面上，牆面中間可以製作大型地方模型，整個工作站的地方資訊將一覽無遺地清楚呈現在工作站中，且具有過程中隨時可以表示意見、修正資訊等功能。

　　如此，也可以避免人為疏失（例如：專業盲視、專業誤判等），隨時補充地方各種相關資訊，以及與地方居民一起協作完成的各項現場盤點工作。畢竟許多工作站的工作者是外來者（規劃師、學生、研究者等），最好的方式就是由當地人自己盤點自己擁有的地方資料、在地知識等，自己協作提出替選方案，以及共同評估合適的方案，如此才能達到上述所關心地方發展「最多」（參與）及「最大」（地方性）的兩大指標。

　　另外，由於各種地方因素會出現逐年動態變遷，因此，需要在實施方案數年期間，再重新展開地方文化資源盤點、承載力分析及疊圖工作，以了解方案導入後對於地方出現的各種影響類型與影響程度。

第二節　地方行為調查設計

　　在正式進入地方行為調查之前，需要先了解什麼是「地方」。「地方」指一個特定具有自己的「地方性」之場域，可以是一個家、地點、場所、區域、社區、城市等，在該場域中具有當地特有的獨特土味，又彼此分享著一個共通的氣質、氛圍。由於地方是一個地方民眾的行為經驗與心理認知的場域範圍，因此，可能是地方偏鄉也可能是都市中心區域等，屬於一種有意義的實質或心理空間。

　　這些無論是地方的日常生活行為與心理層面的認知，透過日常生活的各種地方活動在當地展開一連串的實踐行動，將逐漸累積與產生屬於當地的「地方性」特質。而且，需要了解的是「地方沒有高低、地方只有差異，地方差異特質可以再生產為地方創生價值。」[3]

　　「地方」不只如此，在日本與臺灣，由於人口集中於都市的趨勢，加上高齡化、少子化等社會現象，更為關心的區域是指偏鄉地區，而提出地方創生政策計畫，展開各種地方再生的規劃策略，這些也是偏鄉地區的社會設計領域之一[4]。

---

[3]「地方沒有高低、地方只有差異，地方差異特質可以再生產為地方創生價值。」就如同須田文明（2016）以法國對於「風土」（terroir）概念進行說明，法國為強調傳統鄉土產品的價值性與殊異性，以及表現出地方獨特魅力，因而地方傳統經驗與地方知識是重要「風土」，例如：法國國立農業研究所（INRA）及原產地名稱管理局（INAO）指出，「風土」是「在特定地理空間所形成，由居民共同體在漫長的歷史中建立起的生產模式，其綜合掌握了物理與生物環境及各種人為要素，形成生產的地區，因為無論是社會技術與地理空間都具有特色，讓這些特定產品產生了殊異性及高品質。」所以，「原產地」成為一種特定品牌意義與價值，「法國的原產地概念及定義，規定產品需要具有物理、生物及人的因素相互作用，必須是特定地理環境（國、區域、地方）產物，品質必須是自然及人為要素相互作用而成。」而歐盟也仿效法國制訂的原產地命名保護制度（PDO）（須田文明著／蕭志強等譯，2016：93-94）。

[4] 神尾文彥及松林一裕（2018）面對日本偏鄉消失及老齡社會的問題，提出「地方經濟樞紐」（local hub）及「廣域都市圈」（mega region）來重振地方繁榮，

　　無論是進入都市中心區、偏鄉地區或是地方創生基地等各種地方，如何事先找出「地方性」是最基礎與重要的工作，因此，在地方的行為調查中，分析如以下重點與做法。

一、沉浸式調查設計

(一) 概念論述

　　這裡的「沉浸」並不是指沉浸在一個環境中，基於「個人主觀」（或稱為個人「主體」）投入情緒在特定情境中進而產生積極的動力。這裡指的「沉浸」是讓「眾人客觀」（或稱為環境「客體」）沉浸在於原有的環境之中，不會因為某種行動而讓原有的環境產生明顯的擾動，降低發生干預情形。

　　「沉浸式調查」（immersive investigation）是一種進入地方從事調查時，應持有的基本態度[5]。「沉浸式調查」定義為「調查者」與「被調查對象」等二者，皆盡可能「未被發現」正在「刻意」進行地方文化資源盤點。因為當被調查者發現正在刻意做資源盤點時，將可能產生「表演」以及刻意造作出來的資料。例如：我們已經執行相當多年的生態觀察記錄工作，由於工作者長期隱藏在自然環境中，因此，被觀察的對象（特定動物或植物對象）不會被人為調查干擾，而能持續呈現其原本的

其中「地方經濟樞紐」是城市和世界接軌，以地方特有資源價值成為國際競爭力，成為賺取外匯、吸引人才及資源的城市據點，而「廣域都市圈」是將多元人才集居至此，提高產能及產生高附加價值的都市圈（神尾文彥、松林一裕著／王榆琮譯，2018）。

[5] Dijk, G. V., Raijmakers, B. and Kelly, L.（2013）也提出類似沉浸式調查性質的做法，稱為「影子計畫」（shadowing），如下：(1) 概念：工作人員融入顧客、第一線的員工等現場之中，觀察對方的各種行為與經驗。(2) 做法：隱藏於現場中，儘量不要打擾被觀察查者，以免出現「觀察者效應」（observer effect），即研究者在現場干擾到對方的行為反應。(3) 功能：現場觀察實際情形，看到不同服務的接觸點之即時互動情形，或甚至是言行不一致的行為等詳細了解與記錄，作為未來計畫的參考（Dijk, G. V., Raijmakers, B. and Kelly, L. 著／池熙璿譯，2013：156-157）。

樣貌，亦能同時獲得較爲準確客觀的觀察紀錄。

在觀察記錄地方的自然生態環境之外，針對地方居民對象，除了運用某些科技與技術手法保持距離進行觀察記錄，以免影響觀察結果之外，無法免除需要進入地方與民眾互動，尤其強調參與式規劃的方式及過程，更是強調之間的長期互動。不過，我們在「沉浸式調查」的概念下，還是提醒儘量不要去擾動被調查的對象。因此，「沉浸式調查」最佳的方式及狀態，就是各種調查記錄活動是在地方日常「生活中」自然的呈現出來，而不是在特定的、專案的「生產中」刻意的製造出來。

如果進一步，從地方發展的「靜態」角度分析，爲了不被對方發現，「沉浸式調查」概念最理想的做法，就是「調查者」與「被調查者」爲同一人或同一社群，而且長期在「生活中」被呈現出來。如此，不僅資料不被擾動、刻意創作出來，也是避免產生因爲階層差異而產生的地方知識不對等的現象。「地方知識異化」就是地方原本知識擁有者只是淪爲被知識菁英分子調查採集的對象，而論述權以及知識加工再現的內容，卻把持在特定上層知識菁英分子階層。

不過，如果地方情境可能無法保持不動，就當作各種因素進入地方，在拉扯之間產生地方變遷，包括：進入調查規劃設計時已經被察覺（政府很多案件皆是如此，政府都希望讓地方大眾「知道」政府有在做事），或是由於參與動員過於激烈進而擾動地方發展等。

也就是，我們從「動態」角度分析，地方社會本身就是一個開放式的有機體，各種作用因素隨著時間一再的進入與離開（地方動態變遷形成地方史），地方一直處於動態的變動（諸如：演變、變遷、移轉等）過程之中，如果不可能一再隱藏，不如帶著特定社會倡議理念、價值、目標作爲信念進入地方社會，進行地方調查等展開各種社會實踐行動，也是一種社會設計。（但這裡的「沉浸」是個人因情緒等沉浸在特定情境之中，產生積極動力。並不是沉浸在客觀事實的環境中進行調查之意。）

(二) 行動方法

以下再詳加分析「沉浸式調查」之操作型定義及操作方式：

1. 調查者：諸如地方工作者、研究者、政府部門等。

2. 被調查對象：除了地方或社群內的民眾之外，亦包括當地其他動物及植物之各種物種，以及背景環境（例如：天然氣候、地理資訊等）。

3. 沉浸式調查：分為調查者、被調查者二者的沉浸。

    (1) 調查者沉浸：融入地方、社群之內，沒有覺得為調查而調查，如此能獲得更真實、實際的資料（從局外人變成局內人，從「專長」變成「日常」）。

    (2) 被調查者沉浸：無論是哪一種類的被調查者，原本就是以每日生活活動「沉浸」在當地場域。「被調查者沉浸」設計，是指被調查對象本身沉浸在被設計過的氛圍中，沉浸在一起完成該項任務、工作，其所有的、任何的各種可能設計。

4. 沉浸式調查參考之方法：

    (1) 外部方法：不進入地方的各種做法，包括：

    ① 資料蒐集分析法：文獻、數據、統計、網路（後台）資料等。

    ② 保持距離觀察法：隱形調查設施、遠距離觀察記錄。

    (2) 內部方法：進入地方的各種做法，包括：

    ① 工作站改為住家。

    ② 訪談法改為平日經常性的串門子聊天方式。

    ③ 田野調查法改為自我記錄法（例如：設計一個民眾自己書寫日誌一起分享，或民眾拍攝自己的日常生活等）。

    ④ 近距離觀察法：與居民成為朋友、鄰居的近距離調查。

    ⑤ 互動參與法：直接參與互動並告知正在進行研究調查，以較長時間相處來檢視居民是否刻意表現或是一般正常行為。

在「沉浸式調查」的行動方法中，Dijk, G. V., Raijmakers, B. and Kelly, L.（2013）提出類似的概念及做法，稱為「文化探測」（culture probes）。「文化探測」是一整組資訊蒐集工作，以使用者參與、進行自我資料記錄爲工作原則，給參與者特別長的時間進行這項工作，從中找出資訊作爲設計靈感。其有很多不同做法，例如：受訪者寫一段時間的日記等，日記中可利用相機留影，依照自己的方式自我記錄一般傳統方式無法看到的內容。然而爲要獲得最深入的資訊，研究人員要儘量不打擾到受訪者。文化探測讓研究者不用在現場也可獲得現場資訊，可以安排各種不同人進行文化探測，因此，文化探測將能有效解決文化邊界的問題，將更多不同人的觀點帶入設計流程之中（Dijk, G. V., Raijmakers, B. and Kelly, L. 著／池熙璿譯，2013：168-169）。不過，無論是沉浸式調查或是文化探測方式，都需要提醒留意所調查記錄到的內容，究竟是被刻意呈現的訊息，還是現場的眞實訊息。

　　「沉浸式調查」簡單說，就是將調查工作的「生產」，轉爲地方「生活」方式進行的各種技術方法及工具使用，來緩解因爲調查而產生的刻意現象與地方衝擊等問題。過程中儘量做到不產生過多衝擊影響，因爲在現場進行盤點調查還是很不容易不被當地發現。

(三) 問題反思

　　如同觀察自然生態棲息地，社會是一個「文化棲息地」。我們爲何要將調查工作以「生產」轉爲「生活」活動，是爲了回應目前國內各地許多個案執行計畫，例如：政府委託、補助或學術研究等專案工作計畫，總是出現專案在而人在，專案結束就不見之現況問題，在有限的執行時間與經費之前提下，又需要產出許多原本要求的成果指標，於是快速大幅擾動影響原有社會文化特質，或是僅進行淺薄的表層調查及進行動工，二者都直接影響當地原有的「文化棲息地」。

　　不僅如上述所分析，「沉浸式調查」強調一個不是爲調查而調查的態度，進入現場時不去刻意影響當地，就如同對於一般生物棲息地一樣，調查者在進行觀察研究時不去干擾原生物。因爲，如果所調查出來的內容是被刻意製造出來的假象，又以這些假設資料進行各種社會方

案，就愈來愈背離地方真實需求或問題，社會設計的結果反而是傷害了原有的地方性或社會性。就如同臺灣推動社區營造迄今，許多原本在地方歷史發展過程應該不同，社區應該擁有屬於自己獨有的地方性，卻因為建立在不符合當地真實情況而是刻意產生出來的調查資料之上，投入大量計畫與經費，不僅讓許多社區喪失了自己原有的地方獨特性，反而增加大量社區發展的問題。

因此，「沉浸式調查」的概念，視社會為「文化棲息地」，在各種調查行動中，謹慎小心避免過分擾動所調查的對象，因此，最好的方式就是長住當地，或是自己人進行自己的社會計畫。

二、環境行為研究設計

(一) 概念論述

無論是一個城鎮、鄉村、社區、地域、街區都是一個地方，地方也是一個空間環境，而我們就在這個環境之中從事各種日常行為，這也是環境空間、人、活動三者互為連結，共同呈現地方個性、特色的來源。因此，當我們進入一個地方，如何去記錄、了解與分析當地人在地方社會的日常行動，與地方環境互動的方式與特質，便可運用「環境行為研究」的調查法及工具。

環境行為研究（E.B. study, environmental and behavioral studies）主要研究：人（使用者）、活動（行為）、空間（環境）中的互動關係及其特徵。其中，包括：特定對象在特定時間、特定空間、特定議題進行中的過程與現象結果。環境行為研究的功能是能作為未來在地方提出各種計畫的基礎調查資料。

另外，環境行為本身不僅凸顯社會成員其個人在地方活動的方式，也會顯現地方許多團體組織及非正式社群（人群）聚會、集合之處及其行為特質，例如：地方各社團的行為地點、活動環境、行為模式等，或是朋友聚集聊天社群、下棋、土風舞、買菜等，在微型社群中各行為在

空間中表現的社會日常及生活特徵。

　　環境行為研究不僅調查人與環境之間的行為方式及特徵，也可分析出人在環境中的移動軌跡、經驗歷程等，不同的居民在地方的流動串連、特殊有意義的場所及所體驗到的情境等。

　　環境行為研究主要在於微觀的個人或社群，與其活動環境中的活動行為調查與分析，因此，在方法的特性上，主要在於人與人、人與其自身所處的環境之間的近距離接觸之內容。所以，尺度規模過大的整體城市、都市等並不是此方法的適用對象，反而規模較為適中、較小的地方場所，較能運用近距離的觀察與記錄，也比較能凸顯此方法的特色與意義。此方法也很像是一種以空間環境行為為主的人類學民俗誌調查記錄與分析方式。

(二) 行動方法

1. 環境行為研究的調查範圍

(1) 調查對象：各種不同社會階層及社會成員，進行全面的代表性抽樣、局部普查、隨機與立意的抽樣等。也可以分成個人行為、正式團體行為、非正式社群的行為對象，進行分類及抽樣。

(2) 調查時間：分成平日與假日、白天與夜晚、特定節日與平常時段、一年的四季不同時段、重要時段等。

(3) 調查空間：日常空間及特定空間（例如：巷弄生活場域、廟宇神聖空間等）。調查的空間範圍可以結合「心理認知地圖」及其他方法，事先確認哪一個行動範圍較具行為環境的完整領域，以及哪些環境較具特色與代表性的範圍等。

(4) 調查議題：屬於地方生活、生產或生態的空間，或是特定主題的議題，例如：文化路徑[6]、戰爭路線、移民軌跡等。

6　這裡所說的「文化路徑」（cultural route）並不一定要正式的成為國際間認可的「文化路徑」（屬於長時間產業、知識、思想等多方交流產生的交通路線），例如：全世界第一條文化路徑是 1987 年由歐洲委員會（Council of Europe）通過

2. 環境行為「三量」調查

分別為「物理量、生理量、心理量」之行為調查與研究分析。廖世璋（2016）曾經提出此「三量」的操作定義。計有（廖世璋，2016：135-136）：

(1) 心理量：心理認知量，也就是，使用者自己心理所感覺的狀況。

(2) 生理量：身體認知量，是在一定的物理量之下，身體感知的狀況。例如：居民於行走時身體感覺到土地的堅實程度、對氣候的體感溫度及濕度、體感風速等，或是與人體各部位尺寸有關的人體工學之需求情形。

(3) 物理量：環境構成量，是以初級資料或次級資料等，調查及蒐集有關構成環境本身、使用者與環境之間其物理相關的基礎量，便可作為日後判斷的科學數據根據。例如：當地環境的土壤成分及地理結構、交通數據、一年四季的溫溼度、風速及風向等基本數據。

因此，例如：地方民謠，物理量為 dB 分貝、生理量為 dB(A) 為人耳朵感知舒適或噪音程度、心理量為歌詞意境與歌曲動聽程度。又例如：地方料理，物理量為五大營養素、生理量為每人食量規模及色香味接受範圍與喜好、心理量為吃的不是食物是符號。

3. 環境行為研究的「技術」方法

(1) 非破壞性（非干預性）方法：資料蒐集法、行為觀察法、記錄法、痕跡法等（也如上述「沉浸式調查法」，提醒留意現場的資料擾動問題）。

的「聖雅各·德·孔波斯特拉朝聖之路」（El Camino de Santiago）。1993 年在歐洲正式文化路徑委員會，負責推動歐洲各種文化路徑事宜，如今已有 38 條文化路徑，如莫札特歐洲之路、猶太遺產之路、庇里牛斯鋼鐵之路等（曾令懷，2020）。而在這裡的「文化路徑」是居民經常出現特定行為模式所串連的路線，例如：前往廟宇、學習、買菜、散步、聚會等具有地方日常生活文化的交通路線。是屬於不同社會階層、角色與位置的居民們，其長期從事地方活動交流的生活路徑。

(2) 破壞性（干預性）方法：問卷法、訪談法等可能因爲接觸調查者的問題，而改變原本狀態的調查研究法。尤其以公民論壇、深度參與調查的過程，同時變了當地的使用者的觀念或做法。

4. 環境行爲研究的「時間序列」方法

(1)「現在時間」進行中的環境行爲調查：運用上述各種破壞性或非破壞性的調查方法。

(2)「過去時間」的環境行爲調查：也就是觀察記錄時，現場並沒有見到使用者及其行爲時，使用「實質痕跡觀察法」。

「觀察實質痕跡」意指有系統的注意過去因活動留在環境中的痕跡，透過痕跡去推測當時的活動類型與使用頻率，以繪圖、照相、文字註記說明方式進行，也可以計算次數，許多都是活動帶來的副產品，透露出許多訊息（Zeisel, John 著／關華山譯，1996：105-128）。

除了系統性的完整逐次分析之外，所觀察的痕跡如下，並進行推測造成痕跡的原因、性質、次數等。

① 增加的痕跡，例如：觀察階梯或門把之使用痕跡等，將因爲使用次數及其位置而產生磨損痕跡。

② 減少的痕跡，例如：由於人的穿越造成公園樹木樹冠高度，或座椅下方並無雜草生長痕跡等，表示該處使用者眾多。

或是，運用「使用者用後評估法」以過去已經使用過的使用者，以其相似的使用經驗，進行調查與評估工作。

(3)「未來時間」的環境行爲調查：是以過去及現在正在進行中使用者行爲，進行推估未來的使用需求規模與使用特性。

5. 環境行爲的「五感」分析

目前環境行爲調查的相關書籍及研究資料過於著重在視覺感官，因此，需要留意的是視覺、味覺、嗅覺、觸覺、聽覺等「五感」都是構成環境行爲特性的重要來源。

例如：以聲音構成的地景風情「音景」（soundscape）（Schafer, R.

M. 著／趙盛慈譯，2017）如臺北聲音地景計畫[7]，或是寶藏巖藝術村的自立造屋呈現的聚落地景，或是以前的眷村空間及在臺灣各地許多傳統的夜市等，都具有特殊「音景」。

然而，不僅「音景」呈現地方特色而已，就連「味（嗅）景」、「觸景」等都是「視景」以外，地方居民以日常行為逐漸構成「地方性」獨特樣貌的重要元素。例如：漁村小鎮「海」的嗅覺味道、溫泉山城的「硫磺」熱氣的身體觸感等。

6. 環境行為模式的分析

環境行為分析除了針對使用者的使用量、使用性質進行調查及分析之外，不同類型的使用者之行為模式，也是分析的重點。

所謂的「行為模式」分析，是「分析在當地經常出現的活動及其現象特性，以及調查、記錄與分析其固定出現的時間及空間、移動方式及軌跡等，並進一步分析探討為何會經常性出現的各種因素。」（廖世璋，2016：137）。

7. 環境行為研究描繪記錄方式

(1) 需要記錄記錄者本身，以及對象在當時的人事時地物等基本資料，例如：天氣、溫度、時間、表情、談話內容等。也可以比較像是人類學的細膩的、活動式記錄。

(2) 在原本像是訪談法、觀察法等的文字記錄方式，增加或改以繪圖及文字的記錄方式。

(3) 如果，將外來研究者的圖文記錄方式，改由居民個人自行書寫繪畫，就變成居民對於當地的心理認知地圖之操作方式。

(4) 記錄方式，如圖 6-1 所示，需要將所見細心觀察及逐項繪製記錄，包括：人在環境中的行為、軌跡、活動、與環境之間互動行為等，同時特別註記。另外，需要在不同時間進行不同的繪製記

---

7 有關「臺北市聲音地景計畫」，其計畫包括：臺北捷運站體環境音樂等，詳細內容為 http://www.taipeisoundscape.com/?fbclid=IwAR15lmY3Oq0gC9_5Mt8CK-uxVl1FM7_KXJ_37G4FQOHPTvyqy3Lbkmq0yxc。

錄，例如：平日與假日、上午或黃昏等。另外，某些現場局部記
錄亦可利用局部繪製或是拍照標註文字記錄等方式。

(5) 其他附註記錄工具：像是錄影、錄音等影像紀錄亦可，但因爲是
動態影音故須同時設法標記特徵，才可找出紀錄所觀察到的重點
及後續使用。

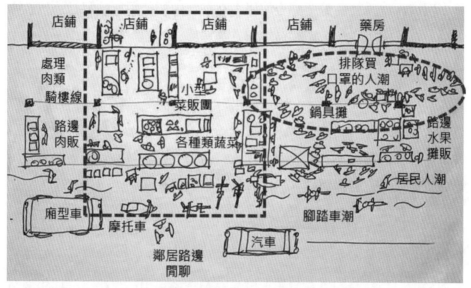

記錄時間：2022.2.28 上午 10:00　地點：某臺北市路邊市場　氣候：晴時多雲　記錄者：○○

圖 6-1　臺北市某傳統市場的日常生活記錄圖

資料來源：本研究繪製。

另外，Dijk, G. V., Raijmakers, B. and Kelly, L.（2013）也提出「日
常生活中的一天」（a day in the life），是一個日常生活的觀察方法，主
要是蒐集利害關係人在日常生活的一天，是每日生活動態的描述，請參
與者將一天的個人作息及活動、活動關聯的物品等詳細記錄下來。其功
能可以觀察到服務活動與參與者之間的日常關係，以及參與者的生活社
會背景脈絡，可以深入獲得參與者是受到哪些社會文化及生活等因素影
響，在接觸點中才會採取如此的特定行動或解決方案，有助於了解參與

者的動機與動力。在做法上，主要是運用文字、影像，甚至漫畫等各種媒材皆可，快速又簡單地豐富記錄在日常生活中的相關訊息，讓參與者反映出每天的互動過程中在想些什麼、用些什麼、做些什麼（Dijk, G. V., Raijmakers, B. and Kelly, L. 著／池熙璿譯，2013：174-175）。

(三) 問題反思

環境行為研究就是要調查使用者在環境中的使用行為特性，以及在環境中哪些使用現象是由哪些使用者及其使用行為特性所產生。因此，需要不同的使用者類型，例如：社會階層、社會角色、社會性別、年齡等不同使用者，都能在較廣且完整的範圍進行行為調查研究，或是針對設計個案需要的特定範圍，在範圍中進行完整的各使用者調查分析。

也就是，現場的樣本數將直接影響調查分析結果。環境行為研究的信度及效度問題與樣本數有關，樣本數的調查數量及分布在數量上是否足夠到產生一定的客觀性，另外，在樣本數的代表性上，由於環境行為研究某些情況無法全面普查，其受調查對象的代表性將相當重要。

所以，環境行為研究重視樣本數，也就是使用頻率，但過於重視使用頻率有時候會忽略了某些少數卻重要的行為，這些少數人的行為卻具有對於地方或社會的潛在價值，容易在調查過程中被忽略了一些重要訊息，因而需要留意與處理。

另外，在環境行為調查之後的推論分析工作方面，最好是由當地使用者一起來推論，因為有時候外來專家總是會帶著自己的價值觀取向來進行判斷推論工作，而與地方真實脫節。尤其是地方使用者在環境中的行為模式，所謂的行為模式，就是在環境中一再出現的行為特徵，更是需要使用者自己再三確定，因為使用者最了解自己的使用行為狀態。

第三節 地方心理調查設計

一、心理認知地圖調查設計

(一) 概念論述

　　心理認知地圖涉及的相關研究領域，包括（廖世璋，2016：139）：

1. 環境心理學：心理認知地圖中呈現繪圖者對地方的心理認知[8]，主要是個人在地方過去從事的活動經驗形成的自我意義與價值。

2. 圖像詮釋學：地圖中包含許多象徵符號、記號、圖案、關鍵字等，透過這些圖像詮釋解析個人的內在經驗。

3. 結構語義學：除地圖中的每一個圖像都具有價值與意義外，圖像與圖像之間建構的整個地圖，也透露出每個人對於地方的意義結構特性，顯現地方結構方式及整體價值與意義。

　　另外，分析與心理認知地圖主要相關的理論概念，計有：認知地圖、場所精神、地點感等，以下分別論述：

1. 認知地圖（cognitive map）

　　Lynch（1960）曾經提出五個元素：通道、地標、節點、區域、邊緣，是彙整出一個地區民眾們活動所累積出視覺化的、宏觀的、構成整體城市的五個重要元素，由這五個重要元素來構成一個地區的整體城市意象風格特色，具有參考價值。不過，在此的心理認知地圖卻是重視個人微觀的經驗地圖，與 Lynch 上述的概念有所差異。

　　這裡的心理認知地圖，是屬於民眾個人不同生活經驗的、微觀的、事件性的、歷程的、五感（非僅視覺）的內在世界所認為的外在地圖，也就是，心理認知地圖是由居民透過每日的日常生活活動在地方社會上

---

[8] 例如：Cresswell（2006）便認為地方是一個生活事實，「位居地方」（in place）是以我們的經驗為基礎，「家」通常是地方的一種隱喻，也是一種自己的記憶、想像及夢想之處（Cresswell, T. 著／王志弘、徐苔玲譯，2006：40-43）。

的實踐，歷經個人內在生活經驗所體驗到的外在地圖[9]。

2. 場所精神（genius loci）

Christian Norberg-Schulz（2010）十分強調「場所」中所散發的「精神」，無論是自然場所或是人為場所，現場都需要有在地氛圍。場所精神強調地方空間是由情境、歸屬和文化的有機組合，構成了場所精神的靈魂核心，重視地方日常生活與地方空間之間的關聯與精神。每一個地方都存在屬於這個場所的特質、氛圍與價值等，或是設計者在進行地景分析及設計時，不僅重視物質材料的構成因素（例如：各種磚頭、石瓦、木片等建材），應該注意到每一個在地方上扮演的場所特質，尤其是社區居民的公共空間，例如：市民廣場應具有市民及廣場精神、紀念公園的紀念性，小至一口井或一小片隙地在社區中扮演的場所精神。

場所精神概念也凸顯出文化資本保存以及在地方彰顯的重要性，因為，在地方上的古蹟、歷史建築等文化資產更是象徵此地區過去不可替代及不能消失的歷史脈絡及集體記憶。

3. 地點感（sense of place）

Tuan, Yi-Fu（1977）認為空間提供地點的形成，二者相輔相成。而「空間」（space）成為「地點」（place），是經由地方生活情感及經驗所產生。「空間」本身是理性卻無意義，例如：物理量構成的空間。「地點」之形成，來自於地方居民對於原本「空間」的事件、活動過程與親身經驗，逐漸形成「地點」（以及地點所存在特定的地點感）。

---

[9] 認知地圖其空間認知的過程：獲得訊息（蒐集、領悟訊息）經由大腦編碼（儲存及記憶、訊息解碼），到產生作用（距離及位置等，組織訊息）（徐磊青、楊公俠，2002：36），而認知地圖不僅是視覺化圖解，也可以加入文字或語言描述，例如：林玉蓮（1991）請學生畫出上海市，許多學生將蘇州河改名為一條「臭河」。認知地圖是個人每日在生活空間及其特性、相關位置有所感受、歸類、記憶、回想和詮釋，廣義的認知地圖等同於空間認知，是一種空間結構，人們將空間訊息編碼於此結構中，以視覺訊息為主，但是也加入其他感覺訊息，直覺又形象的將人們經年累月的活動與體驗構圖在大腦之中，不同社會階層將有所不同（同上：26-27）。

　　針對「地方」，Cresswell（2006）認為是一個暗示所有權、特定區位及範圍、歸屬感及隱私等等之處，一開始進入一個地方並不具有任何意義，但是當民眾張貼一些自己做的東西（參與做一些事情），空間變成了自己的地方，各種地方是因為自己參與了活動才有了意義，地方是人們創造的有意義空間（Cresswell, T. 著／王志弘、徐苔玲譯，2006：6-17）。

　　而地點存在的地點感、場所感就是一種地方意識。地方意識源自於地方居民的生活事件而逐漸形成對於當地的看法。外來者對於地方有一定的價值判斷即意識特質，但是不同於外來者的異質地點凝視（例如：觀光客的凝視），地方意識更重視由地方居民對於地方歸屬及文化認同所產生的意識氛圍[10]。

　　當地居民的地方意識，來自於個人對於當地情感的根源依附，或也來自於「社群意識」（sense of community），例如：不同的文化社群、地方派系等，即使同一個地方會出現不同的、多樣性的地方意識。無論如何，地方意識是在地活動逐漸形成的過程，由於地方中有各種不同的社會階層、角色、位置之成員，地方上不應僅有一個「共同」的地方意識，反而應該鼓勵擁有各種不同社群多元的地方意識，如此，地方才有活力與更具豐富性。

　　心理認知地圖的功能，能幫助我們了解民眾的地方經驗及認知，並可從居民所繪地圖中了解特殊地方事件、集體記憶場所、地點感、地方意識、地方的感覺結構、地方象徵性、有意義價值的空間或事物等，以及民眾感覺的整體地方結構、風格、印象及其形成的各種原因（廖世

---

[10] 不過，在資本主義的符號消費現象之下，就連原本講求地方或社群的異質性及地方歷史脈絡的「sense of place」，也被資本主義收編成為一種品牌及商品，變成一種商品文本，例如：某廠商就以東京的「sense of place」（https://senseofplace.tokyo/）作為行銷符號，透過購買似乎就可以買到當地的地點感，需要前往當地深層仔細體會的地點感，轉成為被網路平台淺薄符號消費的對象。

璋，2016：139）。

有關心理記憶與地方之關係，Cresswell（2006）認為「地方與記憶似乎無可避免的會糾結在一起。記憶看似私事，我們記得某些事也會忘記某些事，但記憶也有社會性……記憶表徵某些是建構記憶的主要方式之一，就是透過地方的生產、紀念物、博物館、特定保存的建築、匾額、碑銘等……都是將記憶安置於地方的例子……。」（Cresswell, T. 著／王志弘、徐苔玲譯，2006：138）而且，地方建構多半是將某些他者排除在外而成（同上：154）。

另外，不僅心理認知地圖用來深入了解個人的心理認知地圖狀態而已，也可以呈現及了解不同社群在某些地點的相近或相反的看法，調查出哪一些社群在地方上出現何種集體記憶之事件與現象，也就是心理認知地圖也能作為集體記憶的調查工具。甚至，在某些特殊民眾或是某些特殊的心理認知地圖，都是一種可以進行再生產的社會設計產品，也是心理認知地圖的功能之一。

(二)行動方法

心理認知地圖的操作過程主要如下（廖世璋，2016：139-142）。（亦可思考，將過去在田野現場經常使用的訪談法、觀察法等調查法，再加上此心理認知繪圖法，三者獲得的田野資料可以相互補充。）

1. 在合適的場地及時間中進行：由於需要繪圖及對話，居民不一定會馬上畫圖，故需要適當的環境場所。

2. 單獨或是集體繪圖中進行：一人單獨的優點是可畫圖同時對話這些經驗，可深入了解內心認知。居民集體繪製，優點除節省時間外，有時候民眾相互提供一些記憶線索，會勾起記憶，居民可相互堆疊地方記憶，但也可能出現相互干擾記憶。

3. 進行心理認知地圖個別分析：對居民在地圖上的各種記號、圖案等標示或文字說明等進行分析，了解當地經驗及找出有意義地點、場所、路徑、區域等，進一步分析構成這些重點的經驗事件，例如：地方歷

史、傳奇、廟會節慶、風俗、民情或故事等事件。

4. 進行心理認知地圖整體分析：分析個別地圖後，進一步整理分析不同社群民眾對當地所繪之地圖，能顯現出不同社群集體的心理認知內容。

5. 進行心理認知地圖展覽活動：分析之後，策劃一個地方展覽活動，讓居民們分享對地方的認知看法，互相了解及增加凝聚力，透過展覽活動讓居民回應這些地圖文本，或許能激盪出對地方保存及發展的某些共識。另外，地方居民心理認知地圖展，也有助遊客等外人對當地的了解，有助於推廣當地文化保存及文化產業。

　　在此，如何分析心理認知地圖，除了可以部分參考構成城市意向的五個元素：民眾所活動與有生活經驗的通道（例如：經常出入的步行、車行動線、街道、小徑等及其故事）、地標（內心認知屬於自己生活所經驗到的地標建築、場所等）、節點（像是人潮或車潮經常聚集的地點及其活動事件）、邊緣（所生活心理上認知的地區邊界，例如：大馬路分隔、河渠、山陵線等不會過去的地區界線及原因）、區域（在生活上內心所認知的區域，以及心理上屬於外面的區域）。

　　更重要的，是記錄及分析每個人的各種生活片段，因為有特定的生活事件才會促使該地點產生意義，而被繪畫（或說）出來。因此，除了運用五個元素之外，需要更加細膩的詢問每一筆線索背後隱藏的生活活動與故事情節，例如：跟誰？在哪裡？做什麼？在什麼時間？現在還留下哪些物件（照片、文物等）？

　　另外，通常一般民眾在繪畫心理認知地圖時，過程也會呈現重要與否的線索，有以下幾個重點可以作為分析的重要參考。這些分析準則需要交叉參考才能有效的判圖分析，並且現場可透過這些線索提問民眾，更進一步互動交談深入了解圖面上以及背後沒有被畫出來的生活故事與經驗。

1. 順序：通常都是在內心愈重要（或愈是熟悉）的地方愈優先畫出，在過去的經驗中顯示，一般居民都會從自己的家（或最熟悉、認為重

要）的地點開始畫起。

2. 位置：通常位於整張圖較爲中間位置者，表示比較重要，可以加以追問，同樣的較邊緣位置的可能是在心裡認知上也較爲邊緣，但需要口頭再加以詢問說明。

3. 複雜：一般民眾在圖面上繪畫或解釋（文字註記、口頭等）的複雜度，愈是複雜可能表示愈是重要或了解得愈細膩。

4. 面積：面積愈大也可能在心中也愈是重要，即使位置過於邊緣又模糊之處，可能表示另一個內心的區域。

5. 動線：一般動線的線條本身，除了反應路徑位置，動線也可看到移動的速度及使用交通工具（例如：直線可能是開車、直線只畫出站牌表示公車、曲線及註記出沿街商店可能是機車、腳踏車，步行的曲線度較高，且由於速度較慢故而記錄周遭事物較爲細膩）。

㈢問題反思

　　心理認知地圖是以民眾爲主角，其內心世界所經歷的有意義的地點與場所記憶，與現況真實情形一定不會相同，不同社群對於相同地區的集體記憶也會不同，不同居民對於同一個地點的記憶因爲個人經歷也會有所不同，重要的是如何讓不同的社會角色、社會階層、地位排序的人都來表達自己的心理記憶。如果只是特定社會少數人士的口述歷史，就失去心理認知地圖此工具的原本用意與特色。亦即，心理認知地圖與口述歷史的操作工具所要獲得的內容並不完全相同。

　　另外，在地方上大部分的居民（尤其是：老人或其他弱勢社群）在繪圖上有些心理障礙需要克服，調查者與其互動關係就會很重要，如何以類似聊天、話家常的方式完成地圖，需要調查者在現場用輕鬆的互動方式進行。而且，某些居民會習慣參考地圖之後再畫圖，如此將受到直接的影響而應該避免，並且留意心理認知地圖的重點是居民內在經驗對於外在世界的看法，圖面的完整性及美觀與否並不是重點。心理認知地圖在操作及用意上，與各地出現的「畫我家園」繪圖比賽完全不同。

　　而進一步來說，心理認知地圖並不是以視覺經驗爲主，一般民眾經常會以視覺感官經驗爲主，因此，需要特別強調自己身體的移動、耳朵所聽、鼻子所聞、嘴巴所吃的個人活動、事件與經驗，都是可以表達出來的重點。

　　另外，受限「地圖」本身這個媒介的特性與限制，認知地圖的問題是「環境在地圖上的投影，地圖能記憶的訊息十分有限，且地圖本身是視覺性的，許多過去的記憶不一定是以視覺性記憶，爲了要劃出來而必須強迫接受頭腦中的這張地圖。」（徐磊青、楊公俠，2002：30）以及「心理認知地圖的優點在於可找到與空間環境有關的心理線索，換句話說，與地方空間較無關係的其他重要事項，需要以其他方式進行輔助。」（廖世璋，2016：142）因此，心理認知地圖需要搭配口頭聊天、深入訪談與親密互動，將許多地圖難以呈現的重要訊息一併調查整理出來。

　　另外，Lynch 在構成城市意象的五個元素（通道、地標、節點、區域、邊緣），可以作爲一部分辨認民眾所繪心理認知地圖在分析上的部分參考重點，但是不僅不是全部，此次的心理認知地圖與 Lynch 的五個構成城市意象的元素有許多的不同。以科學哲學的認識論及方法論分別比較心理認知地圖與 Lynch 認知地圖上的差異，也有助於更進一步了解心理認知地圖。

1. 認識論比較

(1) 相同處：Lynch 認知地圖與心理認知地圖二者，都是透過地圖方式，用於了解居民在空間中其心裡面的內在知識，屬於經驗知識（例如：個人生活知識），並非是理性知識（例如：科學知識）。

(2) 差異處：Lynch 認知地圖爲長期且常態性的出現在廣大居民心中的經驗知識才是知識，心理認知地圖主要強調居民內心的差異性、個別獨特性的經驗知識才是知識。

2. 方法論比較

(1) Lynch 認知地圖：屬於宏觀及集體量化統計方法爲主，不同居民

的共通重要之空間。另外，也偏向「現象學」研究方法取向，討論不會依照個別現象有所差異，以現象背後的深層結構、原理、準則等而研究得出構成城市意象的五個元素。

(2) 心理認知地圖：屬於微觀且個人質化為主，個別居民在空間的活動內容。相較 Lynch 的認知地圖更加偏向人類學、民俗誌及詮釋學方法取向。也就是，重視每一個民眾的個案經驗以及如何加以詮釋，重視差異及個人主體，不重視構成現象背後永恆不變的原理、元素，每一個個別經驗都是獨特且不可替代，因此在方法操作上以親密的互動來獲得民眾個人所經歷的內容。

3. 知識的目的性

(1) Lynch 認知地圖：找出城市空間長期存在的「結構」，以及不變的要素、真理、原則等，例如：構成城市意象的通道、地標、節點、區域、邊緣等五個元素。

(2) 心理認知地圖：重視居民個人個別的「事件」本身內容，而非恆常出現在地方上產生的「結構」，並且重視日常生活事件（主文，text）與個人地方生活脈絡（上下文，context）間之關係與分析。

4. 知識的功能性

(1) Lynch 找出城市居民們心理認為的城市中的重要空間，並作為日後規劃設計使用。

(2) 心理認知地圖主要以居民內心過去發生過的「事件」為重點，並能了解某些集體記憶「事件」在不同社會階層、角色及位置的居民，其內心世界在空間中產生的歷史記憶。

二、「生命中最重要的三個物件」調查設計

(一) 概念論述

「生命中最重要的三個物件」不僅是地方民眾心理認知地圖的調查，也是一種藝術治療，也就是將操作過程視為重塑過去的生命經驗，畫出「生命中最重要的三個物件」是一種藝術的策略方法。就如

同 Pat, B. Allen（2013）認為「藝術治療這條心靈之路，每個人都能夠親臨，不需任何天賦。」且能突破自我陰暗面，重新找到生活及生命意義，其認為藝術是認識自己是誰的媒介（Pat, B. Allen 著／江孟蓉譯，2013）[11]。

藝術治療是一門結合心理學的理論與臨床方法，如同 Rubin, Judith Aron（2019）曾整理相關藝術治療理論，以佛洛依德、榮格等人觀點取向，討論心理動力取向精神分析，以及認知與神經科學取向的研究，除了藝術治療也討論冥想取向、辯證行為治療、神經科學以及心智化等臨床理論與技術。藝術治療涉及許多心理學層面，也利用許多方法強調治療效果[12]，或是用來針對特定年齡族群（例如：老人、兒童）進行臨床治療[13]，更涉及如何運用各種媒材及方法[14]（Rubin, Judith Aron 著／陸雅

---

[11] 王秀絨（2016）則認為「藝術治療意指以畫圖、創作作品等視覺藝術為主的心理治療模式，是相當具有前瞻性的助人專業。而且，圖畫不是口語，更像夢與詩，是生命的凝縮、替代與象徵；藝術治療是賦權的、是激進的，具有翻轉人生的力量。」

[12] Rappaport, Laury 則以「正念」冥想進行心理治療，培養智慧也促進個人身心健康的練習，整合正念和藝術治療，包括：討論正念和各藝術治療、透過藝術表達培養正念覺察、整合正念與各藝術治療及應用、正念藝術治療取向及教育訓練、神經科學與正念及各藝術治療之討論等（Rappaport, Laury 著／吳明富、陳雪均、江佳芸譯，2018）。

[13] 例如：陸雅青（2016）便運用 Lowenfeld 的兒童繪畫發展階段理論為軸心，以身心發展及藝術治療來闡釋兒童在各階段的繪畫表現與其認知、情緒與行為關聯，分成：自我表現的開始（2-4 歲塗鴉期）、表象的開端（4-7 歲前樣式化期）、形體概念的形成（7-9 歲樣式化期）、理智之萌芽（9-12 歲黨群期）、推理階段（12-14 歲擬似寫實期）。

[14] 吳明富、徐玟玲（2016）以媒材屬性來應用於諮商輔導和心理治療情境，整理各類不同主題媒材應用方式與創作活動，藝術治療的媒材至少包括：平面媒材（線畫、繪畫、拼貼、布料數位攝影、版畫等）及立體媒材（陶藝、塑型、雕刻、摺紙、複合拼貼等），同時也提出以下一些藝術治療的主題方案，包括：塗鴉敘事、寄給自己的明信片、懷念（火柴畫、酷卡配對、創傷人、糾結毛線牽、沙遊曼陀羅）、旅途（看見路上風景）、無常（彩繪心靈卡、門與盾牌、憤怒三部曲、靈魂拼貼……等操作方式。

青等譯，2019）。

　　在「生命中最重要的三個物件」及其他藝術治療的設計，幾個相關的社會文化理論的概念，分別是：後設（meta）、後設敘事（metanarrative）、後設語言（metalanguage）。分析如下：

1.「後設」（meta）

　　「後設」並不是回溯、追溯之意，「後設」指在此對象「之上」、「超越」、「之外」，例如：物理學（physics）「之上」，無法利用現在物理學解釋，在物理學之上、之外的為「形上學」（meta-physics）[15]。

2. 後設敘事（metanarrative）

　　Lyotard, Jean-Francois 對於現代社會中被普遍存在真理的論述，提出質疑，他認為這些「後設敘事」（metanarrative，大敘述、元敘述）是基於特定目的完成。

　　Lyotard, Jean-Francois（2019）對於後現代時期知識如何取得合法性（例如：科學）及其合法的問題，提出論述與質疑，許多由一些大敘事建構的環境使其產生合法性地位，例如：「現代」一詞，就是依靠大敘事使自身合法化而有別於過去其他社會（傳統社會等），他認為社會是由語言及語言遊戲所構成，知識亦是如此，「後現代」就是不相信這些大敘事的時代（Lyotard, Jean-Francois 著／車槿山譯，2019）。

　　簡言之，後設敘事是抽離敘事本身，在敘事之上、敘事之外，對於敘事這一件事情進行思考、反思，甚至展開批判。而藝術治療將針對學員所製作出來的文本及其敘事內容，進行後設敘事的分析與回饋。

3. 後設語言（metalanguage）

　　後設敘事是在敘事之上、敘事之外，對於敘事本身的重新思索，同樣的，語言本身為何？

　　語言作為被分析的對象，在語言之上、語言之外會來分析語言是什

---

[15] 另外，「後設」（meta）概念擴展出許多不同研究方式，例如：後設認知、後設電影（楚門的世界）、後設戲劇（劇中劇）。

麼？語言作爲構成社會的規則，串連各個社會成員的遊戲，並且語言秩序產生出特定社會秩序。藝術治療是針對學員所使用的語言（話語、用字遣詞、圖像、符號等等）進行象徵內容的分析與回饋。

因此，將學員所製作的各種文本，例如：故事敘事文本、圖像文本、聲音文本、影像文本、工藝（或勞作）文本等各種不同的藝術治療方法中，學員所生產出來的各種類型文本，以「後設」概念（文本之上）進行各種分析，了解學員的心理狀況，以及給予理解與適度的回饋等，進而產生治療的效果。

另外，學員所製作的各種文本，本身就有「回溯」的效果，學員在當下「回溯」過去的記憶時，當下的學員內在心裡狀況、外在環境氣氛等，將會引導學員「如何回溯」及「回溯出什麼」文本內容，因此在當下給予適當的引導也會產生治療效果，例如：當下快樂的氛圍重新引導過去的歷史記憶，將對同樣一件歷史事件引導出較爲樂觀的想法及所詮釋出來的內容。

結構語言學家 Lacan, Jacques 認爲語言具有「歷時性」，因爲句子到最後封閉之後，往前回溯，句子才會產生穩定的意義（杜聲峰，1989：74）。以下舉例說明：

1. 一句話：在「一句話」中，需要講完（或寫完）最後一個字，才會知道一整句的意思，例如：「你作業寫完……」，因爲還沒講完，所以會不清楚這句話的意思。如果在最後加上「沒？」或「了！」時（或口氣），狀況又會不同。因此，「一句話」需要講完（或寫完）最後一個字，同時才會產生語意的封閉性，而往前回溯了解這句話的意思。

2. 整段話及整篇故事：例如：小說、電影、韓劇等發展的劇情耐人尋味，但是「結局」變得很重要，因爲「結局」將定調整篇故事想要呈現的意思，例如：結局最後一幕是「王子與公主從此過著快樂的日子」，整個電影呈現完美的「高貴幸福感」；結局如果是「從此王子與公主過著快樂的苦日子」呈現「只要愛情、不要麵包的幸福感」；如果結局是「皇后拆散了王子與公主的愛情，兩人只有來世再相見」

則整篇故事是以悲劇收場。因此，閱讀小說、電影、故事都是在結局同時產生了封閉性，並且整個故事才會產生完整的意義。

3. 整個人生：人生也是如此，無論出生貧富貴賤、社會階層、位置及角色等，或是個人是偉大的英雄史詩，或是無民小卒的平凡人生，在最後一刻才會「蓋棺論定」。例如：某企業家從小孤苦無依，在個人努力奮鬥後，終究成為跨國企業大老闆，這是資本主義社會讚揚白手起家的「企業家精神」。

4. 一部歷史：在歷史的發展，也是如此。例如：「勝者為王、敗者為寇」，由戰勝者所寫的歷史內容將是對自己有利、對戰敗者不利的歷史。又不同的歷史時代，對於同樣一件歷史事件的解讀，將依照當時所需要的功能而出現不同的詮釋，例如：在「臥薪嘗膽」故事中，句踐是好人還是壞人？吳王又是好人還是壞人？不同的歷史族群皆以自己的特定目的及意識形態，進行完全不同的詮釋，因此，歷史是在現在閱讀時才產生封閉，並且回溯過去事件與時間而產生意義。所以，在不同時候的現在、閱讀者、閱讀情境時會產生不盡相同的過去歷史意義。

5. 眞理[16]：眞理需要「回溯」來檢證是否為眞理，例如：在宗教眞理方面，許多宗教都曾出現許多後世信眾回溯書寫而成的各種版本及教義，像是許多不同版本的佛經、聖經等。或是在科學眞理方面，許多理論科學家都需要後來的實驗、實證之後，才能確實檢證原本該理論的眞實性，某些後來發展的科學更會驗證過去所謂科學知識的眞偽。

綜合上述二者理論進一步分析，可以將「後設」理論以及「回溯才

---

[16] 眞理是在詮釋時才回溯產生的意義，然而，每次在當時回溯的當下，就會產生不同的眞理意義。因此，萬物沒有永恆不變的結構而只有解構現象，例如：Derrida, Jacques（1982）提出在「延異」（differance）作用下，一切事物的認知會一再改變並無法永恆不變，他以解構主義來質疑結構主義的各種說法，他認為如果《聖經》是永恆不變，就不會出現歷代有各種神職人員來進行補述，因此，事物的意義是不穩定及去結構的，結構不會存在，存在的只有一再的解構現象。

產生封閉性」作為心理治療技術，因為「記憶」其實是一種「召喚」及「再現」，例如：在當下對於過去事件的記憶內容，也是一種後設內容（在事件的真實之上、之外、超越真實的），並且在當下回溯時，如果當下的環境及自己的情緒是愉悅、快樂、溫馨的，當下所回憶的過去某段記憶將產生暫時性的封閉，選擇出並詮釋為較為愉悅、快樂、溫馨的意義。

這是由於在當下的記憶方式（文本）具有能動性，又會影響過去的記憶內容（上下文、脈絡），當下回想時暫時的封閉性（宛如一句話講到此為止的句點），往前回溯記憶，使得當下的記憶產生了穩定的意義。

因此，心理治療師便是運用當下回溯的暫時封閉性，以及後設詮釋記憶文本之方式，重新讓學員記憶出更正向、正面的記憶，而逐漸走出陰影，獲得治癒。所以，心理治療師在當下要事先建立一個歡愉、溫馨、安全的環境氛圍，之後再引導病患不知不覺自我詮釋過去的記憶 [17]。

另外，心理治療的回溯技術也可以使用各種媒介來協助，利用繪畫媒介為「繪畫藝術治療」、利用聲音媒介為「音樂治療」、利用植栽媒介為「園藝治療」、利用表演媒介為「舞蹈治療」、利用靜坐媒介為「冥想治療」、利用文字及語言媒介為「敘事治療」等等。

因此，「生命中最重要的三個物件」除了藉此深入了解民眾的內在心理世界之外，也同時具有敘事治療、藝術治療的心理治療功能，主要包括：

1. 對個人而言：
   (1) 生理：身體的運動、對身體的檢查。
   (2) 心理：建立自信、成就、歡愉精神、重新回溯、獲得認同。

---

[17] 甚至在臨床案例上，某些醫生會在病人不知情的情況下，先讓病患服用一種會快樂的藥物，之後，再讓病患重新回憶當時狀況，病患每一次都會用更快樂的方式來回憶當時狀況，透過快樂藥丸的協助重新回憶，走出陰影，獲得治癒。

2. 對他人而言：
　(1) 人際關係：親密性、熟識對方、凝聚力。
　(2) 相互照顧：彼此了解個性優點與缺點、生命故事、人生經驗。

㈡行動方法

　　「生命中最重要的三個物件」在過去操作的實務經驗上，需要依照對象的社會文化背景與生命經驗，進行不同的主題設計，才能有效回饋出對於生命中重要的事物。例如：對於中高齡女性族群是「生命中最重要的三件衣服」，許多人在生命中最重要的一件衣服可能是新娘禮服，且喚起當時的記憶與充滿情感的故事；對於中高齡男性族群通常會是「生命中最重要的三個行囊（包包）」，較能勾起他們的生命記憶；對於年輕族群則是「生命中最重要的三個料理（或三枝筆）」。因此，在主題選擇上，需要因當時對象社群性質進行選擇，畢竟「生命中最重要的物件」將會因為個人的人生發展階段、生命經驗等，而使其最重要的物件類型不盡相同。

　　由於「生命中最重要的三個物件」也是回溯技術、一種敘事治療（或藝術治療）的方式，因此，在現場其基本的操作步驟，主要包括：
1. 環境安排：輕鬆、舒適、溫暖、快樂，具安全感。
2. 媒材準備：畫筆、輔助工具等。
3. 人員引導：聊天中帶入主題。
4. 互動過程：對話、分析、回饋。

　　而地方民眾的「生命中最重要的三個物件」也可以再延伸生產為「地方劇本」等等故事計畫與周邊產品。廖世璋（2016）認為「地方劇本是屬於個人在地方上精彩的生命史，透過居民素人的說故事方式，一方面個別了解在地方上每個人的故事，一方面也整體了解在地方上特定的族群文化及地方特質等。地方劇本是由居民們自己寫出屬於自己的生命史、民俗誌，並進行分享以及之後可加以改編，以及自己來進行演出等。因此，地方劇本屬於在地方上個人微觀的、質化的調查方式，以

及在調查之後可利用這些故事轉作爲戲劇，並可運用在合適的文化產業。」（廖世璋，2016：143）而這些在地方上的各類社會設計產品，至少可以包括：戲劇表演、地方繪本（故事書）、文化觀光、微電影、地方工藝及飾品、地方特色小吃、地方戲曲及音樂等，以地方生命故事作爲發展各種地方文化產業的重要腳本。

(三) 問題反思

「生命中最重要的三個物件」除了解當事者的心理層面的記憶、情緒與過去的經歷等之外，更是一種敘事治療、藝術治療功能。當事者民眾本身就可以反思這些物件對於自己生命所存在的特殊價值與意義。

此外，集合這些民眾生命意義的物件圖像，也可舉辦具有社會思辨議題的地方（社群）展覽，擴大刺激其他不同階層、角色與位置的社會成員們對此議題或社群的關注與思考，例如：偏鄉問題、老化問題、社會底層或社會邊緣問題、弱勢族群問題、性別問題等，引起其他社會各界重視與反思問題現象，進而降低或消弭這些問題現象。

然而，由於生命中最重要的事物在回憶上將受到當時現場環境的氣氛影響，現場環境如爲快樂、愉悅、熱鬧的氣氛，當事者本身在回憶上便會比較愉悅、高興，也因此一次又一次的重新回憶（記憶再現），將產生傷痛治療的效果。因此，回溯事件的環境需要進一步精心設計，按照當時之目的進行規劃安排。

也因爲現在的現場會影響回溯過去的現場，因此，更進一步來說，過去發生的「歷史」是否具有眞實性？或如何存在？都值得令人再深入思考。

社會設計：理論與方法
Social Design: Theories and Methods

第 7 章

社會設計的地方創生設計

第一節　地方自然創生設計

一、生態跳島設計

(一) 概念論述

　　生態跳島設計可分成都市地區、鄉村地區的設計類型，其中，農村、漁村等鄉村較容易設置生態跳島，在都市地區中的生態跳島較不容易設置但卻更爲重要。

　　這是由於在高密度的都市地區，經常產生「都市熱島效應」。「都市熱島效應」的形成，就是在都市中由於建築及人工設施物過度建設，加上室內冷氣的熱氣向外排放、汽機車產生大量高溫及廢氣、綠地及植栽不足無法降溫等產生都市高溫現象，再加上大量灰塵，使得都市內部的熱能及熱輻射無法向天空散出的「都市溫室效應」現象，而造成都市內部比郊區溫度高出許多的現象與問題。

　　這種都市高溫現象，是在建築物及各種人工設施愈密集之處，其都市溫度愈高。由於在都市內部某些不同地區會產生相同溫度等級，將其繪製便形成在都市內部各不同等級的等溫線，各級等溫線由於高低不同，建築物密度愈高及綠地愈不足之區域其溫度顯示愈高，如此依照等溫線繪製成了「都市熱島」曲線。

　　都市熱島現象出現一個問題，就是在都市溫度愈高地區的建築物及人口密度愈高，也因爲人口密度愈高，愈是需要使用更多的能源來從事生產（例如：交通車流、工廠熱氣等）以及降溫（例如：使用更多冷氣耗能）以維持高密度的可居住性。

　　因此，爲了要降低「都市熱島效應」及「都市溫室效應」現象，在都市內部更需要運用自然工法使其降溫，例如：規劃設計在都市中較均勻分布及面積較大的公園綠地、大量的行道樹、多層次植栽等，都能提供降低溫度及灰塵，而大幅改善都市熱島效應及溫室效應。另外，各種

綠建築設計手法亦有其重要功能。

　　然而，在都市中大面積設置各種「軟舖面」（例如：公園、綠地、校園、菜園、溼地等）不僅能降溫，亦能增加都市雨水往土地下方滲流，減少因為颱風及大雨等造成都市水災。因為許多都市大規模淹水問題，都是因為過多的都市內部「硬舖面」（例如：道路、廣場、人工地盤等），由於大量雨水在表面逕流，且瞬間無法排出外海，而造成低窪地區之淹水問題。

　　這些都市內部大量的綠地以及大片的植栽，除了具有上述緩解都市水災以及能提供降溫、防塵、綠蔭等功能之外，大量的植栽與綠地也能提供鳥類及其他動物之棲息、食用、繁殖的重要功能，因此，可進一步設計為各種都市「生態跳島」，不僅能都市防災，更能提供水泥城市以生態重生的重要機會。

　　都市中的生態跳島計畫，也是為了因應一般都市由於規模過於龐大，加上內部大量建築物等構成密集的水泥叢林，使得原生種（及過境）鳥類與其他動物無法在都市內部生存。都市生態跳島計畫就是設計在都市中分布的公園、綠地、學校、開放空間、人行街道等，以及在建築物的陽台或屋頂花園，提供一般原生種動物、過境鳥類[1]與其他昆蟲等等，在都市中的休息、食用與繁衍的棲息地，並在都市中形成一種生態系統。

　　看似以都市生態出發的跳島設計，由於讓鳥類等動物、蝴蝶等昆蟲得以過境與棲息，不僅讓都市生態逐漸出現物種多樣性的城市地景樣貌，更使得城市內居民的社會生活愈加健康及有趣、豐富及精彩、情感

---

[1] 池文傑（2021）整理臺灣一年四季過境的候鳥，認為「臺灣處於太平洋西岸花彩列島的中央，正好位在東亞候鳥遷徙路徑上，加上多樣適宜棲地提供不同候鳥生息，成為成千上萬候鳥南遷北返時的中間驛站或目的地。臺灣的候鳥種類繁多且數量豐富，一年四季有不同候鳥造訪，臺灣珍貴鳥類資源……除鷺、雁鴨、鷸鴴鷗、猛禽以外，還包括鶯、鶇猛鶲、鶇、鴝、杜鵑、伯勞、燕、鴿、鶲、雀、椋鳥……等。」

及認同等。生態跳島設計是拉近人與人距離與解決城市疏離的一種社會設計計畫，引發居民們更多的交談、互動，提供多樣的都市活動，在冰冷城市中產生緊密的社會關係與社會情感。

(二) 行動方法

　　都市生態跳島計畫主要可以分成三大層面進行：

1. 全地區生態跳島規劃

(1) 盤點政府現有及未來預定興建的公園、綠地、學校、行道樹、人行步道、公共開放空間、溼地、農田、保護區等等分布情形。

(2) 分析某些地區缺少跳島，在一定距離內鳥類及其他動物無法穿越而中間需要彌補之區位及用地。

(3) 參與工作坊及盤點民間住戶或辦公大樓等建築物，其陽台與屋頂花園配合本次「生態跳島計畫」的意願及合作，廣納民眾參與，尤其是在原先規劃生態行經路徑中缺少的跳島路線地區。

2. 生態跳島的生態設計 [2]

(1) 在確定各種生態路徑後（理想上整個城市到處都是生態跳島），在跳島本身的基本設計需要枝葉密度較高、較為隱蔽的植栽（尤其是喬木）、一些乾淨水源、避免農藥與殺蟲劑、與人之間有緩衝距離、夜間燈光設計（避免偏亮及漫射式照明，且光源位置宜低），讓鳥類等有機會休憩甚至築巢繁衍之生機。另外，一個跳

----

[2] 行政院環境保護署（2021）鼓勵生態綠化而整理如何種植原生或誘鳥、誘蝶植栽，鼓勵種植原生種植栽，因為「在臺灣的原生植物是長期與本地環境共同演化結果，已和當地野生植物產生相互依存的穩定關係，是綠美化工程最適宜的植栽材料。而且對本地病蟲害的耐受性高並能調適環境變化……管理較為容易。從生物多樣性的觀點來說，選擇原生種植物，對種苗供應、栽植成活率及樹種遺傳多樣性，都是最佳的選擇。另外，對於社區綠化建議設置原則：(1) 綠地面積愈大愈好；(2) 植栽種類以在地性原生喬木、灌木優先考量；(3) 植物種類選擇以原生植物為主，並優先考量採用誘鳥、誘昆蟲植物；(4) 原生原地植物，適應性強、管理容易，僅須簡易養護亦可表現地方特色；(5) 日照不足環境可選較耐陰植物。」

島以儘量能支持一個微型或小型的生態系為設計的理想。

(2) 在植栽設計及選用上，選用枝葉較為濃密的植栽，運用多層次植栽設計，從低中高不同高度栽植不同多樣性種類，增加隱蔽性。在高樓屋頂及陽台上須注意強風防制、土層較為淺薄、嚴防根系造成漏水等問題，減少需要過度人工修剪的植栽，選擇容易開花結果、吸引蝴蝶及蟲類等。

(3) 調查分析在當地會過境的鳥類及動物等，其所喜歡棲息、食用、繁殖的相關樹種植栽，以及這些樹種（或植栽開花結果季節）與這些鳥類等動物之間的結合度。例如：林憲德（2009）曾整理在臺灣可以誘鳥、誘蝶植栽的參考表，或是莊溪（2014）也曾整理在臺灣的蝴蝶其經常食草與蜜源的植物列表[3]。

3. 生態跳島的社會活動設計

(1) 社會生態生活計畫：也就是，藉由生態跳島計畫同時在過程中的社會參與計畫，例如：與居民一起完成生態跳島工作，以及在生態跳島中引入附近居民的社會日常生活。例如：在跳島中自由散步、遛狗、靜坐、慢走、聊天、市民農園、各項運動等活動，以及教導居民生態知識，以及如何從事生態生活等。

(2) 各級學校的地方環境教育計畫：與學校等課程一起合作，生態觀察、記錄等正規及非正規教育方案的結合。

(3) 地方生態博物館導覽路徑及博物館生態展覽計畫：生態跳島結合社區宛如一個具有環境教育功能的生態博物館，地方走讀活動將社區作為博物館的生態導覽場地。生態跳島宛如博物館中常設展而提供相關自然科學與生物科學、人文故事的導覽活動，過境鳥

---

3 另外，在臺灣過境鳥類可分成喜歡棲息在溼地及陸地的候鳥，其中溼地例如：「宜蘭農田冬季有些田地會蓄水，吸引鷸鴴科鳥類停駐覓食。另有水雉會利用菱角田或長滿布袋蓮的廢棄魚塭為活動主要棲地。」在陸地上例如：「低海拔低次生林及人工林，甚至果園，容易見到包括鵯科、雀科、山椒鳥科、鷹科、鴉科等。」（臺灣國家公園數位典藏線上特展，2020）

類帶來都市居民驚喜，宛如博物館的特展活動，而居民就是最佳的導覽員，對社區的生態一切等如數家珍。

(4) 社區生態文化產業：將植栽的果實、花卉，甚至枯葉枝幹等等成爲社區材料，設計地方文化產品，發展地方文化產業，例如：蔬果樂器、植栽盆栽、果實餅乾、花卉香燭、藥草肥皀等等，甚至發展園藝藝術治療課程，朝向地方自主營運模式。

(三) 問題反思

都市熱島地區的建築密度愈高，開放空間綠地更少，因此，生態跳島的功能在都市的效果比郊區來得重要。並且，都市生態跳島計畫在民間的合作計畫是重要的成功關鍵因素，且相關計畫可從政府補助、專家輔導設計、成立社群組織加入會員一起共學等做法進行。

另外，由於生態跳島需要較多樣化的植栽，植栽種類需要選擇不要過多人爲干預（例如：修剪、照顧等工作）之外，更保持一定程度的生態環境功能與樣貌，還是需要一定程度的維護人力及物力，而且經營工作遠比設計、設置工作重要，不然容易產生野地及雜草叢生的亂象，這也需要與參與者溝通說明、共同合作。

在過於擁擠的都市中其空氣品質、噪音及人爲干擾等各種因素也是跳島是否能產生生態效果的重要因素。而部分民眾有用藥習慣，由於設置跳島吸引鳥類及昆蟲等動物前來聚集於該處，誤用農藥或殺蟲劑反而造成一起集中被撲殺的窘境，農藥及殺蟲劑等也同時帶來危害環境及環境汙染等問題，值得關心與注意。另外，臺灣地區經常出現登革熱問題，生態中的溼地往往會成爲蚊子的去處，也是造成窒礙難行的因素，需要解決。另外，相較登革熱問題較爲少數的禽流感事件，也會造成問題，這些都是在生態跳島設計時，需要一併解決的重要議題。

二、地方防災設計

(一) 概念論述

臺灣地處亞熱帶地區，高山與海岸線距離相較其他地方距離短，因而自然景觀及物種多樣性極為豐富，也因區位與地理關係容易導致許多天然災害，包括：颱風風災、土石流、缺水旱災、都市淹水、地震等。

加上，臺灣社會的土地使用規劃為「住商混合」方式，而有別於國外「住商分區」使用模式，就是住宅區是住宅區而商業區就是商業區的土地使用方式，這種土地使用方式的問題將導致住宅區在上班時間、商業區在下班時間人煙稀少，產生住宅區平日沒人而商業辦公區假日沒人等現象，容易出現犯罪事件，以及大量來往於住宅與商業辦公區的車流壅塞及生活機能不夠便利等問題。

在臺灣「住商混合」的土地使用方式，使得生活機能十分方便且24小時都有人潮（例如：在臺灣到處可見7-11商店且全天營業24小時等），但也由於許多大樓住宅與商業混合使用容易造成相互干擾（例如：噪音、停車、商業廢棄汙染等）、住家與商家關係緊張、都市活動複雜、零星人為災害（例如：火災）等問題，尤其是都市人口密集及其周遭地區，並且凸顯都市防災的重要性[4]。

無論是大自然或人為造成的災害類型都需要進行都市防災計畫，要防災的地區不僅是都市，偏鄉地區也需要防災計畫，只是地理條件與人口密度不同，要處理的重點不盡相同而已。但是都市地區更迫切需要防

---

[4] 以都市災害事件來看，陳明鴻、謝定宇（2021）認為從高雄氣爆、八仙塵爆、臺南206永康大地震皆災情嚴重，共同點皆發生都市中，凸顯都市防災重要性。分析臺灣災害防救法制發展歷程，分為：(1) 未法制時期（民國53年以前）；(2) 臺灣省防救天然災害及善後處理辦法時期（民國54年至82年）；(3) 災害防救方案時期（民國83年至88年）；(4) 災害防救法第一階段時期（民國89年至98年，因921大地震創制）；(5) 災害防救法第二階段時期（民國99年迄今，因88水災修法）。

災計畫，由於都市地區人口密度大且分布不平均，造成某些地區過度密集與過度開發產生的危機，例如：在山坡地上濫墾、因水土保持不良造成土石流、道路及公園綠地等公共設施之服務水準降低、空氣汙染造成太陽輻射無法往外擴散的溫室效應、建築物過於密集的熱島效應等，加上其他風災、雨災、地震等天然災害，在都市人口密集地區皆有較大的災害發生率及損傷程度。

尤其在臺灣許多地區位於地震帶，在都市地區大規模的地震災害，其破壞造成災害的順序基本上是：第一次災害起初為大地震時造成房屋及橋梁等大量傾倒，道路無法通暢，人員搶救不易，之後，由於瓦斯及電力、電信管線設備同時斷裂，因而產生各種火災、爆炸與煙霧，造成地震的第二次災害，使得搶救更加困難。

另外，大型颱風帶來的風災、雨災其破壞順序基本上是：一開始產生災害是房屋破壞、倒塌及淹水，淹沒道路造成搶救不易。之後，由於汙水同時造成水源汙染而停水，以及停電等現象，加上原本的都市過度開發，硬鋪面過多而大量地表逕流，無法短時間排出河流，或無設置都市滯洪區，造成局部地區持續淹水搶救不易現象，並且長期積水也容易引發病媒蚊傳染問題。

而近幾年出現的 COVID-19 病毒傳播也是一種都市災害現象，由於臺灣主要是「住商混合」土地使用，比起國外的「住商分區」使用，在臺灣人與人之間的距離更近，都市活動相較更複雜。「住商混合」使得許多外國人很喜歡臺灣的便利性特色，但同時病毒傳播的距離也會較近，政府控制與民眾自身管理如不完善，則感染的機率、風險性、複雜性反而較高。

上述這些地震、風災及雨災，需要政府「由上而下」的城市規劃開始，著手進行各區域的都市防災設計，從避免過度開發、設置都市緩衝區（如社子島原本就是臺北市的滯洪區）、規劃防災公園（或以學校代替）、都市海綿區（增加滲水綠地）、防災水池（如設置在溼地、公共停車場、公園廣場下方等）、逃生避難及搶救動線規劃，甚至房屋傾倒

時避免朝往救災道路之方向（建築結構安全設計）等，這些都是防災設計的重點。

　　針對自然災害及病毒災害，政府「由上而下」除了上述規劃內容，也需要設置「都市（及社區）防災中心」，在都市防災中心集中設置：市政廳（或區公所，成為防災指揮中心）、醫療衛生院所、消防與警政機構、公園及廣場（地下室是水源儲藏室，地上可以臨時搭建使用）、學校（轉為臨時收容所、方艙醫院）等及其他所需機構，將這些集中設置在同一個區域成為防災中心區，用來因應災害防治及應變使用。

　　然而，「由下而上」居民的都市防災設計更是一種社會計畫，需要以防災作為重要社會議題讓社會大眾一起參與，不然光靠政府「由上而下」的各項措施還是無法有效達成整體都市防災效果[5]。以防災主題作為社會設計，其優點是除了讓參與者民眾了解災害帶來的傷害、預防的重要性及做法，而達到社會教育、環境教育、防災教育的教育功能之外，防災更是一種社會媒介，用來喚起地方社會的互助精神，居民一起參與討論能幫助的不僅是突然發生的災害，而且也同時建立在社會日常生活之中相互協助的患難精神及集體的地方意識。

(二) 行動方法

　　都市自然災害的防災做法，其中政府角色及其防災規劃與建設占有重要地位與功能，社區的社會防災計畫通常與一般鄰里的互助計畫一起思考，以下僅針對鄰里方面社會防災設計進行做法的分析。如下：

1. 盤點地區自然、地理、人文的局部因素與條件，例如：微氣候、山坡地、洪水線等。

2. 蒐集過去類似自然災害及人為災害發生的事件、時間、地點、嚴重情

5　社區合作的防災設計案例之一：2020 年臺灣設計研究院與日本神戶設計創意中心、Plus Arts NPO 永田宏和跨國合作，將日本的防災經驗帶來臺灣進行交流，多次到新北市淡水區民生里進行社區田調，透過不同關係人的觀點與需求，整合出最佳設計行動方案（臺灣設計研究院，2020）。

形、是否有改善的相關措施。

3. 評估上述這些現況問題與過去災害事件，在目前是否依然有持續發生的機率及風險。

4. 分析及預估地區內某些民間新建案、未來政府建設等，是否對於環境帶來哪些問題與傷害。

5. 居民參與討論，將上述這些資料統一彙整分析，公開資訊且儘量讓災害的利害關係人擴及到整個（或大部分）社區民眾，讓更多民眾有感，進而增加參與人數以及提出問題建議等參與程度。

6. 與居民一起協作完成防災社會計畫，包括：居民一起施作相關防災工程或防災設施等，或是一起草擬對相關單位提出防災計畫及建言，例如：建議政府公園以都市海綿體概念儘量施作會呼吸的綠地，而非人工水泥地，或停車場的地下蓄水池等。更重要的與居民一起討論：自己社區的防災區規劃、逃生避難動線規劃、搶救路徑、防災監測系統，或增設某些社區廣播、網路社群群組、組織編隊巡守等都是由下而上可進行討論共同協作完成的項目[6]。

7. 也需要同時在計畫中帶入一些都市生活活動，讓防災工作變得更有趣，例如：全家一起植樹紀念、社區防災日、防災市集等。

　　另外，有關病毒防治的社會計畫，需要與醫療衛生機構共同合作，主要分成：隔離、阻斷、圍堵、消滅病毒等做法，更是需要「由下而上」的社會計畫，才能有效做好個人、社群、社區的各種防疫工作。

---

[6] 「由下而上」的案例，例如：西雅圖政府的做法是「政府的任務是制定最大公約數，訂出絕大多數人接受的遊戲規則，同時提供誘因與規範，引導市民從下而上提出因應在地需求所生出的創意與做法，尊重社區民眾對自己社區和鄰里的自主想法。政府不插手主導，而是擔任保障多數人權益不被侵犯的守護者角色，討論事項由居民自主決定……從下而上運作模式，步調雖緩慢，卻照顧大多數人感受與意見，制度設計上強調態度開放與多元參與。『傾聽在地需求』與『多元共治共享』是西雅圖市政府社區鄰里局（Seattle Department of Neighborhoods）推動政策的大原則。」（財團法人梧桐環境整合基金會，2019）

(三) 問題反思

當出現都市（及非都市）災害問題就是社會設計的議題。在臺灣目前都市防災設計的基本問題，是大部分的社會大眾會認為這是政府的問題，而民眾自己的災害防治意識較為薄弱，尤其都市地區民眾平日的生活相當忙碌，更是無法意識到災害防治可以從自身做起，但是如果一旦災害事件發生，在都市地區災情通常更為嚴重。

防災的社會設計並不只針對如何設置災害防治的建設、設備、器具等，更重要的是透過災害防治的社會議題，讓居民彼此連結情感與互助關係。災害出現總是少數個案事件，但可以藉此集合大家對於平日的社會巡守、關心社會公共議題等，這些社會巡守不僅可關注於社會安全、都市防災等相關事務，也可以擴及地方上公共財的安全，例如：巡守古蹟、歷史建築、自然景觀、老樹等文化資產是否有遭受破壞，以及藉社區防災議題一起想出更多社會成員相互幫助的各種計畫與活動，而病毒與病媒蚊災害防治巡守亦是如此。

三、食物森林設計

(一) 概念論述

「食物森林」（food forest）是運用生態學與植物學的原理，依現有環境條件特性以人工創造「植物社群」，讓每一個物種都扮演具有個別功能以及互補的角色。這個植物形成的社群，也如同一個共同體社群中各個成員都扮演重要角色，相互支援及補充，而讓成員們一起成長茁壯。

Turner, Tammy（2016）認為食物森林為創造一個自我維持且有益生態的系統，提供家庭或社群所需食物及用品，森林隨時間提供更多產出而減少維護，是一個複合充滿層次的食物網絡，植物成員包含可食及多年生作物、喬木和動物等（Turner, Tammy 著／徐嘉君譯，2016：1-14）。食物森林是模擬自然森林演替，逐年在不同的森林加入不同物

種來營造，此生態系統具豐富生物多樣性及生產力。食物森林具有多種功能：生產食物及提供昆蟲、動物、鳥類樹蔭，以及動物棲息、生產藥用作物、能源、工藝作物、提供身心靈療癒空間等（孟磊、江慧儀，2011：161）。

　　然而，食物森林的功能不只是提供食物本身而已，還兼具了：熱島效應的降溫、颱風大雨滲流防災、物種多樣性等生態效益，也提供社會成員之間的生活活動、地方認同及情感凝聚作用。例如：2009 年西雅圖市 Beacon food Forest 推動迄今，倡議「together we grow」與居民一起推出城市鄰里園藝計畫「P-Patch Community Gardening」，是居民一起成長進步的社會設計計畫（Mantilla, Andrés, 2021）。就是藉由菜圃及園藝的設計，來讓西雅圖市民彼此更加認識、熱絡情感的社會設計功能。

（二）行動方法

　　食物森林的基本做法[7]如下：

1. 分析地方自然與地理條件、原生種動植物、微氣候因素等，「微氣候」是氣象狀況，會因為局部地區不同條件而有不同氣候表現，例如：山區相較都市多雨、山谷地區容易積水、山坡地有土石流問題、都市高層建築物周圍的高樓風、都市內部因為熱島效應而局部地區溫度不同等，都是微氣候的表現。

2. 討論土地關係與確定目標願景，設計者協助土地擁有者釐清其想要與

----

[7] 「食物森林」案例之一：徐嘉君（2019）整理分析「2017 年林務局託管廢耕超過 20 年的台糖甘蔗園造林地，設計一塊 0.6 公頃的食物森林，研究食物森林作為野生動物生態廊道，採用自然農法兼顧農業生產的可能性。基地原是河道旁沖積地，土壤的含石率高，暴雨時可能成為行水區域，但位於野生動物喜好穿越公路的河道旁，動物使用頻率高，造林 1-2 年草生地，上方為稀疏 4-5 公尺高的烏心石、黃連木、櫸榆等樹種。為快速成林，先採用適合花蓮氣候的香蕉作為主體，以蔽蔭其他果樹如波羅蜜、麵包樹、蘋婆、龍眼小苗的後續生長，選用花蓮當地的食用香蕉種源約 10 種及野生臺灣芭蕉。」

土地之關係，訂定願景及明確目標，可提出無限可能想法，例如：教學用森林、香料森林、市民農園、野生動物棲地等，幫助未來的經營者更加了解本地食物森林的環境，且聚焦出可達成目標的行動和方法（Turner, Tammy 著／徐嘉君譯，2016：1-14）。

3. 設計植物群落[8] 及訂定分期分區計畫，食物森林需要從地被植物、草花、灌木、喬木的多層次栽植，且在幾年逐漸替換（以部分人工行為加速自然演化），因此需要將栽植計畫與經營計畫同時進行設計，才能確保在每一個時期都有相互支援及互補的植物[9]，以及事先設計可能在每一個時期階段生產出不同的花草、葉菜、果實等食物[10]。然而，

---

[8] 植物群落設計決定食物森林的成熟期，大部分熱帶及亞熱帶的果樹，如芒果、酪梨、波羅蜜、麵包樹、芭樂、葡萄柚、龍眼、荔枝、李、梨及柿樹都很適合。林下作物除食用或藥用（根、莖、葉、果實、種子）也考量其他功能，例如：伴生植物、誘蝶植物、驅蟲植物、吸引動物、固氮、生質能源、吸附重金屬或礦物質、球莖或根系強健、薪炭材、樹牆、綠籬、草毯、土壤覆蓋、肥力或堆肥、飼料或放牧等等。而「伴生（共榮）植物」是自然農法常用技巧，藉混栽某些植物達到互益功能。通常被栽植在喬木下，有助驅逐害蟲、吸引有益昆蟲等，或藉固氮、田間覆蓋或堆肥增加土壤肥力。伴生作物的選擇性很多，如植物：蔥、蒜、洋蔥、萬壽菊、羅勒、三色堇、金蓮花、蒔蘿、鼠尾草、薄荷、迷迭香、芸香、艾草、百里香、薰衣草、蕁麻等等。金蓮花是有名的誘引植物，可以誘引蚜蟲以減少其他作物受害。還有一些植物可以吸引害蟲天敵的，如茴香、香芹、歐防風、香雪球、香薄荷等等。固氮土壤肥力作物有：琉璃苣、康復力、羽扇豆、苜蓿、豌豆等豆科作物等等（Turner, Tammy 著／徐嘉君譯，2016：1-14）。

[9] 植物互補（互利共生）設計，例如：「玉米、豆類、瓜類是北美原住民種植方式，將玉米為主食，豆類攀爬在玉米上，提供蛋白質、作為氮肥，瓜類可抑制雜草、護根。植物間互相幫助，忌避植物還可幫助驅蟲，例如西瓜與蔥的組合，蔥可防瓜類土壤病蟲害，番茄與九層塔的組成，九層塔可驅走番茄上的粉蝨等。」（周怡君，2020）

[10] 以下以改善土壤、有機肥料（固氮）種植參考為例（以 7 至 8 年為最後階段目標）。第 1 年：先驅作物，豆科灌木、一年生作物、一年生豆科作物。第 2 年：將果樹樹苗種在先驅作物下。第 3 至 4 年：移除先驅作物，種植樹下作物。第 5 至 6 年：當果樹漸漸成長，將豆科作物枝幹疏伐。第 7 至 8 年：移植與疏伐 30-50% 豆科樹種（孟磊、江慧儀，2011：161）。

食物森林的植栽設計原則是模仿原始森林，在有限的空間內，依植物向上生長的天性，多層次栽種共生作物，從地底的根莖類，到地面的匍匐綠葉、低矮葉菜、小灌木、小喬木、大喬木，以及攀附在其上的蔓生作物，大致可以種出七個層次的可食作物（財團法人梧桐環境整合基金會，2019）[11]。

4. 收益設計，過程中的環境教學、逐年某些草本或葉菜類收割、長年生果實、花園咖啡、故事料理、作物及果實的加工成為地方產品（餅乾、麵包、香氛等）、遊憩體驗導覽活動等。

(三) 問題反思

　　食物森林在快速生產的社會中持續經營需要一定的堅持，加上管理維護期間需要一定的專業諮詢，也需要輔導團隊持續且長期的各種專業協助，不僅是分年期不同階段合適植栽的種植演替工作，更包括：生長過程中遇到的種種病蟲害、種植不良、環境變遷（例如：突發汙染）等問題，因此，在過程中需要成立社群加入會員並給予長期的輔導，一般民眾才有辦法逐漸參與擴大推廣食物森林。

　　當然，食物森林並不只是提供食物為主要或唯一目標，過程中的環境教育、生態復育、社會參與、鄰里關係、情感認同等都是重要功能，要達成這些社會功能，食物森林需要完全（或部分時間）成為公共開放空間，不然還是無法達成上述社會功能。只是食物森林與一般公園不同，食物森林區需要保存植栽及果實生長環境，能開放給民眾使用的人數密度較低，也比較不能引入高強度的活動，相較一般公園其承載量

---

[11] 江慧儀（2017）整理出食物森林種植時，依層次分為數個不同的分類：(1) 樹冠層植物（喬木）：如高大果樹、芒果、龍眼、椰子、苦楝、具固氮功能的豆科樹種。(2) 林下植物：較小型堅果或果樹，如咖啡、酪梨、芭樂、香蕉。(3) 灌木：漿果類、樹豆、洛神。(4) 草本層：多年生作物、香料，如薑科（薑黃、南薑、野薑），甘蔗、蘆筍、鳳梨。(5) 地被植物：如薄荷、地瓜葉、康復力、佛手瓜。(6) 攀爬植物：如山藥、愛玉、川七、火龍果。(7) 根圈作物：如地瓜、芋頭及蕈類。

較低，其性質比較偏向溼地或生態公園的性質。除非食物森林的設計功能是重視過程活動而非結果，在過程中容納更多民眾（議題社群或社區居民）一起參與，達到環境生態教育、休閒娛樂、探索學習、敦睦情感等成為一種「活動」，不然食物森林具有一定的封閉性，在主題、定位、性質及功能目標上，並不是一般開放給民眾摘採的觀光果園或網美拍照花園。

另一個需要留意的是臺灣處於亞熱帶環境，滋生蚊蟲尤其是登革熱病媒蚊事件，會讓許多民眾卻步，政府（區公所）也會不定時來噴藥，這是臺灣氣候條件需要解決的問題，也因為氣候條件容易滋養各種蚊蟲生物，果實的病蟲害防治措施又比其他緯度高的國家更為複雜。基於臺灣的地理條件因素，如果運用蚊蟲嫌惡植栽或天敵策略等措施，是否足夠抑制蟲害，值得進一步提出相關措施，畢竟臺灣不像高緯度國家，因為冬天下雪冰冷，許多蟲子無法熬過冬季，而且這些地區的病蟲害數量及種類較少也較為單純。

臺灣社會是一個「快社會」文化現象，許多社會議題都流行得快也去得快，一般民眾生活習慣快速生產及快速消費，提倡「慢社會」及慢生產與慢消費，或許是食物森林額外附加的重要教育意義。如果僅僅討論食物森林的生產量與生產速度，將無法媲美臺灣過去發展迄今已經非常精良高超的農業技術，食物森林的社會設計更應該重視一般農業生產無法取代的環境教育、綠色學習、土地關懷、社區認同等過程。

四、社區協力農業設計

(一) 概念論述

在工業社會或後工業社會中的農業出現許多問題，例如：農業被工業區汙染、機械農業（農業工業化、大片土地改種植經濟作物）、物種一致性（多樣性消失）、農民失業、大量農藥與化肥、土壤惡化、基因改造、種子智財權、過度生產、山坡地水土保持問題等，不僅農耕如

此，農漁養殖皆面臨相近的現象。除了工業社會在生產方式上造成的問題遺留至今之外，在目前的後工業社會是一個消費社會，更是鼓勵大量美食消費，進而造成食物的階級化、階層化、糧食分配不均、食物過剩浪費與飢餓不足、過度肥胖與營養不良等食物的生產及消費問題。

　　在現今社會中，所有農產的產業鏈幾乎都被特定公司（尤其是跨國企業）把持。九野秀二（2016）認爲農產品的價值鏈主要分成五大類，而且目前在全世界已經出現整合出大型跨國企業的寡占現象，諸如：孟山都（種子）、嘉吉（農產品交易加工）、雀巢（食品加工）、麥當勞（食品服務）、好市多（產品零售）等，且這些農業產業鏈，計有（九野秀二著／蕭志強等譯，2016：54-55）：

1. 農業資材部門：種子、農藥、肥料、農業機械、飼料等。
2. 初級加工及負責流動與販賣農產品的交易部門：農產品集散、儲藏、製粉、碾碎等。
3. 加工部門：加工食品、冷凍食品等。
4. 食品服務部門：提供餐飲服務的餐廳等。
5. 食品零售部門：直接面對最終消費者的門市、超市等。

　　然而，食物並不是食物來源及食品安全問題而已，跨國企業的國際生產方式，在其相反的另外一面是「地方食物生產」。而且，「地方食物生產」也不只是在地方上的食物生產過程及農業相關產品而已，「地方食物生產」其實是「地方的文化遺產、地方智慧」。例如：祕魯古代帝國中，印加人認爲玉米是印加人的祖先等起源故事與地方傳說，或是在臺灣鄉土傳說在特定節日去拔蔥（聰明）、鳳梨（旺來）、菜頭（好彩頭）等都是地方文化遺產、在地民情風俗與智慧的顯現。

　　另外，地方食物也可用來振興地方經濟。須田文明（2016）舉出由法國國家廚藝委員會（CNAC）主導的「美味名勝地」做法，需要符合以下四個條件（須田文明著／蕭志強等譯，2016：108-111）：

1. 高品質且成爲當地象徵標誌，深具歷史性並長期受到市場好評。
2. 與農產品生產相關的建築或環境擁有難得一見的遺產價值。

3. 擁有可吸引觀光客前來參觀，讓觀光客直接接觸農產品與產地人文遺產的可能性及相關設備。

4. 美味名勝地的概念以農業、觀光、文化及環境四個面向為中心，且各面向的行動者之間需要相互組織化。「食物文化遺產」是地方資源的文化遺產化，以藉此行銷地方農產品及地方經濟，強化地方性及地方文化認同，以文化遺產促進地方經濟多元發展，發展美食及旅遊消費，提振地方經濟。

所以，在目前全球化社會中，一方面的農業走向跨國企業的生產模式（分工生產，例如：南美採收、亞洲加工、歐美品牌等），另一方面，強調「在地最新鮮」而要求地方品牌的認證，例如：法國葡萄酒的防止偽造機制[12]。或是，在臺灣由於高山烏龍茶銷售一空，許多廠商從國外進口而冒用阿里山地名，故地方政府規劃臺灣茶認證工作。無論如何，在全球化社會中，一方面食物的國際分工降低生產生本，可是在另一方面，更是強調地方差異化特色、不可替代的在地品牌與食物特色。

因此，在地有機認證（甚至結合發展產銷履歷的區塊鏈機制）日趨重要，在地生產中，桝潟俊子（2016）認為「有機農業」產品並不只是推出無毒、健康的農產品，反而要強調在地性以及與地方土地的連結關係，是從安心及安全的飲食出發，更重要的是對於地方的關懷以及建立整個地方的永續環境（桝潟俊子著／蕭志強等譯，2016：205-230）。

---

[12] 須田文明（2016）說明法國自從 1905 年即通過防止偽造法且要求標示農畜產品產地標章，在 1935 年擴大為「原產地控制制度」（AOC）來標示葡萄酒生產地，逐漸成為葡萄酒產地的地方品牌，而影響歐盟各國經歷歐洲共同農業政策（CAP）、GATT 多邊談判等形成產地標章制度化，同時提升農業生產的多元化方式，形塑特色產品及其附加價值，認證及保護具有傳統古法或是特定製造方法及原產地的產品，在 1992 年歐盟推出「產地命名保護制度」（POD）（從原料到生產到產品都需要在某特定地區完成）及「受保護地理標示制度」（PGI）（部分製造過程在當地完成且產品具高度市場評價）兩種規定，之後再發展成需要由第三方公正單位來加以認定（須田文明著／蕭志強等譯，2016：95-96）。

因此，「土食主義」（locavore）者不只是關心消費地與生產地的近距離，以及食用已經長大的、非幼苗的（例如：小魚等）[13]，更是成為全球化、跨國企業、機械生產等方式無法取代的地方農產食物的愛好者，就是不喜歡吃麥當勞跨國連鎖店的食物，甚至不認為這些與地方沒有情感的食材並不是「食物」，而喜歡有土地風味、情感聯繫的在地食材與料理做法。

為了解決跨國企業在世界各地的剝削行為，於是在世界各地倡議「社區公平交易」，為了促使過去被機械化大量生產壓迫而滯銷的小農，則可以發展「社區協力農業」（C.S.A., community supported agriculture），其不僅滿足「土食主義」社群市場的喜好，更是從產地到餐桌、友善耕種、慢生產、慢消費、當季新鮮、無毒有機、土地關懷、居民情感連結、社會互助、增加就業機會、吸引年輕人返鄉、地方創生等，都是「社區協力農業」的社會功能與地方再生作用。

(二) 行動方法

「社區協力農業」[14] 就是認同小農的生產理念，以及認同土地、地方情感等，進而以會員及合夥集資、分擔款項、認購股份、食物寄送等整套設計。另外，社區協力農業也可結合區塊鏈、產銷履歷、野菜餐桌（果園或菜園之現地料理）、野菜採收與遊客料理、地方私房食譜（故

---

[13] 桝潟俊子（2016）進一步補充日本做法，說明「土食主義」（locavore）者注重採購當地生產的食物，是從產地到餐桌，由半徑 100 英里（約 160 公里）地區範圍內全部包辦之意（桝潟俊子著／蕭志強等譯，2016：209、226）。

[14] 社區協力農業之美國案例之一：美國威斯康辛州中部「大衛的楓樹有機農場」，是一處社區環境為低耗能建築及生態農園，發展「社區支持型農業」是以一季 500 美元會費集資，分攤成本，收成季節會員每週取得農作物及楓糖等加工品，直到雪季製作會訊分享蔬果生長情形、採收狀況，農園趣事等，農忙時請會員一起來幫助，讓會員與土地互動，排除資本主義集中式的經濟模式，降低消費者與生產者的距離，農夫安心為消費者生產健康、無農藥，甚至充滿靈性與能量的食物，而在全區廣義上減少整個社會對石油的依賴及確保糧食安全（孟磊及江慧儀，2011：131-136）。

事料理）、社區農幣等一起進行發展，甚至是「魚菜共生」[15] 及生態共生計畫等。

　　廖世璋（2016）曾經分析合作生產的社區協力農業，其基本做法如下（廖世璋，2016：226-227）：

1. 參與者：小農、計畫經理人（地方社團、組織或公司之專業者）、非營利組織及其會員（社會大眾）等。

2. 運作模式：會員合作生產，盤點洽商有意願小農及土地規模、產量等，規劃單位及計算每單位產量，比較市場價格，估算每單位年產量與售價，分析供食餐數或人數份量，對外公開徵求認購者（或會員），地方組織進行品質管理並協助小農日常維護，並協助將農產品以最合適方式寄送會員及提供生產履歷。認養計畫的成本計算方式，包括：一年種子等材料、所有工資、工具、組織運作等所有費用。

3. 農產品產地直送，減少運送車輛汙染及過度包裝。

4. 風險分析：由於全年認購，對會員產生風災等風險，評估並告知建立互信機制為計畫重點之一。

5. 地方發展整體功能：保障小農、照顧老農、消費飲食安全，有助於農村或偏鄉創生，地方組織收入作為公共基金，進一步達成地方自主營運的機會。

　　而蔡培慧等人（2015）曾整理社區協力農業可以發展的類型，其包括：

1. 生產型：以生產者為中心，發起固定認購的會員制，以定期分享聚會回饋會員。

---

[15] 「魚菜共生」原理：是「水循環環境下魚菜共養，結合水產養殖和無土栽培技術，是新型複合耕作體系。是在無土環境中建立魚、蔬菜、微生物的循環鏈。魚以排泄物提供植物營養，植物吸收養分且過濾水質，微生物對魚排泄物分解為植物提供養分。養魚不換水而無水質憂患，種菜不施肥而正常成長，達成魚菜的協同共生，持續循環零排放的低碳生產模式，魚菜共生系統小到居家系統，大到萬坪的商業化生產系統都適用。」（城田魚菜共生健康農場，2021）

2. 社群支持型：以消費者的具體需求出發，支持或主動組織附近生產者
   來提供安心食材。

3. 食農教育型：以農場為基地，依作物耕作週期，固定舉辦親子援農、
   農事體驗。

4. 農會及產銷合作型：以在地生產組合方式，推動在地特色品種、建立
   地方品牌。

5. 原民部落型：支持部落轉型無毒種植、發展加工，創造在地經濟。

6. 共同購買型：社區、企業、家庭集結力量，透過契作、共同採購以支
   持友善生產者。

7. 市集及生產聚落型：農夫市集為中心打造生產聚落與綠色消費支持
   系統。

　　另外，農民本身的生命經歷、栽種故事、職人精神、農產（樹種、
種子）的根源等等，也都可隨著社區協力農業在認股集資與農產品生產
時，成為品牌故事，例如：地方文化產品的「故事合作社計畫」（廖世
璋，2016：228-229）。

(三) 問題反思

　　在臺灣各地，某些農業都是由小農們自己耕種的中小型菜園，大型
的蔬果批發主要交給農產運銷公司及集中拍賣，但是許多小農的蔬果
規模過小因而行銷通路有限，因此，社區協力農業及故事合作社等計
畫，由股東認股分擔預購一年四季的蔬果，將有助於小農的農產品銷
售，以及以產銷履歷管理有助於產品品質，更因此建立無毒有機的生態
環境、降低環境汙染等等好處。但是，目前尚須大力推廣以及有更多成
功的案例來讓更多民眾了解與參與，就像臺灣推行好幾年的宜蘭穀東俱
樂部也是類似協力農業的方式，但還是需要多加推廣才能讓社會大眾更
多人認同與加入認購會員。因為，社區協力農業計畫不僅少了從總經
銷、分銷、零售等銷售通路的層層佣金，增加地方公平交易，將利潤直
接給小農，也能讓消費者食用有產銷履歷、無毒新鮮的食材。而且更重

要的，爲何社區協力農業是一種社會設計？是因爲此計畫會帶來社會情感、土地關懷、社群協力、社群凝聚、尤其降低都市疏離等。

另外，從生產面來看，大型企業（尤其是跨國企業）相當重視農藥殘留、汙染檢驗等問題，然而，小農由於知識、經費、人力等等因素有限，可能每一位小農的素質及耕種態度不同，教育訓練及管理上分散且較不容易，需要教育成本與時間，且產量的規模又較小而不敷成本。並且每個人或四季的食材品質其穩定性不足（反而機器生產、溫室生產較容易集體標準化控制），生產品質需要有人嚴格把關，進而增加成本。因此，某些業者學習將農產或加工特產等嘗試運用大數據與網路結合，發展科技農業、區塊鏈結合物聯網相關計畫，但成效將因個案而異，似乎還有極大的發展空間。

另外，在臺灣過去數十年前因爲實施過「客廳即工廠」（蔣經國時期的經濟政策），因此產生臺灣各地許多住家、工廠、稻田及菜園之間混合在一起的現象，截至今日，都還能在許多鄉村地區看見這種現象，其中小型工業廠房的廢水排放與土地汙染等問題，與國外發展社區協力農業的環境條件不盡相同，因此還需要在平日密切注意附近工廠是否有排放汙水等汙染農田，因爲無論是大型企業農業或是小型社區協力農業計畫，最基本需要關心的還是食物安全問題。

第二節　地方人文創生設計

一、地方編輯設計

(一) 概念論述

如果將「地方」（或地方社會）視爲一種「媒體」（或媒介），而採取「編輯」（edit）的方式進行設計，會創造出什麼樣的過程與結果？在日本「里山十帖」案例中，岩佐十良（2018）以「編輯」概念思考「旅

館應該是成爲地區與生活風格的櫥窗」，整棟是一座實體的媒體，在這裡可以觸摸得到、感受得到、吃得到、看得到、可以休息等，該旅館在2013 年決定取名「里山十帖」，意思爲在里山這裡發生的十個故事，重新定義奢華（岩佐十良著／鄭舜瓏譯，2018：58-64、77-81）。

地方編輯的設計思考，就是想像一個地方社會宛如一種「編輯物」（被編輯的對象），因此「編輯物」本身需要產出的內容，就會至少像是一份編輯物的各項品牌、風格、書名、封面、各式各樣的地方單元及文本內容、各種地方物件與產品、地方文化行銷策略等。而如果編輯工作宛如一份刊物的話，其工作至少需要文字編輯及美術編輯等，而在文字及美術編輯之前，更是需要進行地方的資料蒐集、採訪調查、攝影與寫作等，也可以同時思考這份編輯物所鎖定的目標市場對象的主要市場、次要市場是誰，以及我們要以哪一種策略及風格調性來呈現與吸引這些閱聽對象。

地方編輯設計涉及到編輯的觀點、編輯的功能目的等，以及呈現編輯物的媒介特性。地方文化的編輯工作，就是將地方文化進行鑑定、分析、挑選、整理分類、排序及組合、呈現方式等工作。然而，地方編輯不只是一般編輯工作，更是需要留意地方特色（地方性），以及加入地方文化資源盤點、沉浸式調查等其他單元所強調的各個重點。

(二) 行動方法

如果將一種平面雜誌概念的編輯物，轉成爲立體空間來思考如何編輯時，如何編輯地方？例如：餐廳或旅館、社區、村落、城市等空間（甚至一個更大區域的國家）。所以，地方編輯設計在做法上，至少有以下兩大層面，而這些都是屬於地方訊息編輯工作：

1. 宣傳編輯物

地方上，所有實體與電子的各種宣傳、行銷、公共關係、社會溝通、事件報導等，平面媒體、平面與虛擬實境混合媒體、電子報、影像等，以及自媒體與社群媒體的臉書粉專、網路群組、網路貼圖、線上直

播等媒體，包括所有地方傳統媒體或是新媒體的編輯物，例如：地方誌、地方折頁、地方網路宣傳圖文或影片等編輯物。

2. 空間編輯物

「地方宛如一個編輯物」，將地方上的建築、館舍、特定地點、公共場所、開放空間、街道、鄰里、文化資產保存區、整個城鎮或村落地區、城市等，以編輯概念來加以重新認識、組成與經營。因此，在空間編輯物設計方面，在「空間作為一種編輯物（被編輯的對象）」時，在編輯物內容中承載（裝載）各種物件對象時，要如何編輯？

於是，原本平面編輯物的總編輯的工作，將包括：盤點獨特的地方性特色[16]、在空間中整個主題、各單元特色、呈現內容、編排順序、呈現方式、行銷策略等，在如何展現魅力以吸引目標對象觀眾前來之前提下，重新思考地方上如何安排及呈現上述內容中的各項重點。

原本在平面雜誌中之文字編輯，宛如作家、研究員、社會學家、人類學家的地方調查、記錄、攝影與書寫等工作，而美術編輯工作成為空間編輯、燈光編輯、氣氛營造、地方視覺傳達系統設計、觀眾如何互動及體驗方式等工作[17]。

---

[16] 岩佐十良（2018）在里山十帖中，如何在被人認為鳥不生蛋的地方挖掘出「在地特色價值」是「里山十帖」創新設計的思考來源（岩佐十良著／鄭舜瓏譯，2018：24-25）。只要用不同角度眺望就能不斷挖掘出地方魅力，但對當地人卻常忽略（同上：36-37）。設計就是解決問題及達成目標的過程，然而產品設計、包裝設計或網路促銷方法等都只是表面功夫而已（同上：41-42）。設計絕非僅是型態優美、想法嶄新，設計的本質應是改變社會的力量、使生活變得更豐富的力量（同上：65-66）。

[17] 另外，岩佐十良（2018）在里山十帖案例的編輯思考與工作，則是：(1) 精神價值共享比物質價值共享更重要（十篇故事讓房客體驗，十個故事是屬於里山才有的食、衣、住、農、環境、藝術、遊、癒、健康、聚會等體驗。）(2) 強化優勢深化獨特性（創造里山十帖等同於絕景露天溫泉的認知符號，「自然派日本料理」感受泥土香味，山菜自己採，從產地到餐桌。）(3) 回應特定客層需求（再訪率提升住房率，共鳴是關鍵。）(4) 意外組合引發創新（傳統民居與現代設計融合，環境友善與自然和諧。）(5) 創造真正有故事的商品（讓空間充滿故事，到處都是故事體現、感受到故事。）(6) 目標是為這個地區帶來創造性的貢

(三) 問題反思

「地方編輯」在概念上是一種創新思考，但是在做法上卻是需要因地制宜、因案而異，地方性才是地方獨特魅力所在，如果編輯的視角未見或無視存在於地方且是構成地方性的各種重要物件對象，那麼所編輯的內容反而流於形式，淪為一種口號或行銷噱頭而已。

然而，構成地方性的各種在地物件，經常隱藏於地方居民的日常生活周遭之中，且居民不僅已經習以為常，在臺灣的地方歷史發展過程中，這些隱性的地方物件還往往被當地居民「誤」認為並不重要，沒有什麼可貴之處。因此，再進一步的問題及做法，就是如何建立居民對於自己地方獨特性的信心與認同，而要建立居民的自信與認同，往往會是一場社會運動或生活運動，才有辦法澈底翻轉大部分居民的想法。

無論是地方上的社會運動或是生活運動，首先需要進行文化論述，建構一種讓民眾深覺「昨非今是」的不可替代之價值與意義，並逐漸讓居民感到自我認同。另外，遊客或媒體（在臺灣尤其是西方媒體）的外來者，也能逐漸喚起居民對於自身日常習慣的各種物件產生新的價值與意義，但是大量遊客與過於商業的媒體報導，將會帶來地方文化衝擊問題，因此，地方編輯者（團隊）需要事先計畫性地分期、分主題逐一進行。

除此之外，編輯是一種手法，地方編輯者（團隊）本身的文化素養與品味，將會產生特定視角與凝視出地方的特定視野，所選擇的物件、編輯的方式等，皆會因編輯者的素養及功力而有極大差異。每個地

獻（傳統蔬菜成為樂活農業生力軍，養活老農民提供收入。故事聚會邀藝術家來活動，讓當地人希望把這個地區變得更好。）(7) 對於看不見的成本敏感度要夠（愈是回應顧客需求愈能減少宣傳費。）(8) 錄用人才的關鍵是共鳴（找到有共鳴的人一起工作。）(9) 創造市場的構想（別盲目跟隨其他地方做法，品牌最重要的是品質，做出 A 級美食留存日本好味道，與地方農產合作讓全區受惠。）(10) 帶入年輕人力量及外部力量（將無形文化財與學生、藝術家、知名品牌合作共同開發，里山十帖不僅是本地及生活風格展示間，也將各種元素編輯在一起成為共鳴媒體。）（岩佐十良著／鄭舜瓏譯，2018：139-233）

方及編輯團隊皆有其不同的特性，但最基本的概念及做法，可以說「地方性是一切原料素材，編輯就是濃縮與再現地方性其原汁原味而運用的各種手法與相關物件。」

二、地方故事設計

(一) 概念論述

　　地方充滿故事。一般平庸的日常生活紀錄，如何轉爲精彩的生命故事，需要進一步的概念與操作方法。如同 Brown, Tim（2010）也強調故事的重要性，認爲「故事的重點就是故事本身」，將空間以時間做設計而時間就是故事所組成（Brown, Tim 著／吳莉君譯，2010：177-204）。而 Leifer, L. 等人（2019）認爲一個好的故事需要包括以下元素：「一個多數人都能感同身受的境遇；一個主角，最好個性親切又討喜；衝突與阻礙，主角必須克服它；具有高度反差的發展及變化；高潮，包括：結論與故事的啟示。」（Leifer, L., Lewrick, M. and Link, P. 著／周宜芳譯，2019：171）。

　　地方故事的來源，可以來自地方上許多文化眞實史料、鄉野奇聞、傳說、風俗、宗教、信仰、生活紀錄等等，故事的重點在於故事本身的地方性、獨特性，以及如何「講」故事，並且能運用故事軸線串連地方相關人事物等風土民情，帶出故事的情境畫面與地方想像。然而，地方故事除了敘事治療及生產各種文化產品之外，亦能達到地方行銷或故事行銷之效果（許榮哲，2019a）。不只如此，「講故事」更是當前許多產業，甚至管理、教育、業務等各領域的重要能力（耿一偉，2014）。

　　另外，廖世璋（2011）曾整理在地方的故事類型，主要可以分成（廖世璋，2011：152-153）：

1. 國家（或民族）大敘述故事，像是偉大的史詩、典故、戰爭、人物等歷史重大事件。
2. 地方（或特定族群）小敘述故事，像是地方上各種起源、傳奇、神

話、地方野史、鬼怪等。

3. 特殊專題故事，以一個具特色的主題來串連各地方的故事及其故事所在地的人、事、時、地、物等，該主題還需要能反映出獨特的氣質。

4. 個人主角的敘述，以個人為主角所發展出來的故事主題，故事線便是以個人的歷程及其所衍生出來的各個故事情節。

　　地方到處充滿故事，但是故事是否能成功轉用於市場及發展各種產品，將涉及兩個指標，廖世璋（2011）認為故事運用的成功與否，與故事本身的「文化認同」及「集體記憶」二者程度有關，可以藉此去評估分析故事是否具有市場價值（廖世璋，2011：152）：

1. 「文化認同」程度為主要涉及故事本身「質」的程度，也就是，故事本身的性質、特質等，例如：偉大的愛情其性質總是比殺戮的戰爭事件更加吸引人。

2. 「集體記憶」程度為主要涉及故事的「量」的程度，對於故事產生記憶的人數，例如：過去攸關全世界發展的歷史人物及其歷史事件，相較比只是一個小小社區發生的事件具有更大的集體性，不過，這並不代表小小社區故事的「質」不夠，只是如何擴大「量」將成為地方故事行銷策略所要因應的課題。

　　另外，除了事件本身的著名程度、遍及性將會產生社會群眾集體記憶的規模大小之外，社會的普世價值的普遍程度也是另一種集體記憶規模，例如：追求自由、絕美愛情、情感認同、弱勢關懷等等都會產生許多人的共鳴，而共鳴的集體量也是另一種市場規模大小。

(二) 行動方法

　　地方故事可以再生產為民眾個人內心的敘事治療，以及外在各種地方產品等功能，但是故事不只是自己的故事內容相當重要，如何「講」故事也十分重要，許多原本平淡無奇的故事，可能因為「講」的精彩而產生變化，而「講故事」本身就是一種需要技巧的故事設計。以下分析幾個如何進行故事改編的方法。

1. 故事基礎要素：因為、所以、結果

(1) 故事是一連串的事件所組合而成，而一個事件的基本要素，包括：「因為」（起因）帶來「所以」（現象），導致「結果」。

(2)「因為、所以、結果」三者，是要以「因果」呈現。因為什麼「因」造成什麼「果」，或是什麼「果」是來自於什麼「因」。

(3)「因為、所以、結果」三者，並不是要以「時間軸」呈現。例如：故事線的發展並不是要發生的前後時間，可以是因為、所以、結果的故事線，也可以是結果、因為、所以等變化。

(4)「因果論故事線」發展可以運用多條故事軸線交織而成複雜的故事文本。

2. 故事線及故事體驗設計

廖世璋（2011）曾提出「故事線及故事體驗設計」，將故事線的設計主要分為（廖世璋，2011：151、155）：

(1) 故事的發想階段：將真實或虛構的故事，以人、事、時、地、物等方式蒐集與想像，再將劇情發展關鍵化設計，將關鍵化情節再濃縮為關鍵字化，這些關鍵字（包括：人事時地物等）要件及發展情節，例如：人物塑造、事件設計、特定年代、特定場域、重要象徵物等，以及互為關係交叉發展出劇本。

(2) 故事呈現階段：是將故事具體場景化，將故事角色、發展情節、演出肢體動作及語言、布景情境、道具物品（含化妝及服裝等）等，以及傳達故事特定氛圍的象徵符號，透過許多的符碼組合具體構成要表達的整體情境，並思考五感體驗（視覺、聽覺、味覺、嗅覺、觸覺等體驗）互動設計。

另外，故事線是集合及串連所有故事發展的畫面及軸線，故事線不是靜態的故事文本設計而已，而是「一場動態的過程設計」。不僅無形的產品或活動（例如：電影、音樂、電視或廣播、博物館導覽、文化觀光等）適用故事線，有形的產品更需要以故事方式加以思考。原創構想將更因為故事而豐富，產品因故事的設計而更感性及動人，產品變成故

事結晶，發表活動如同一場宣說故事的儀式，行銷則變成傳播故事的策略等，形成不同以往的創意思維方式（廖世璋，2011：154）。

　　因此，「故事消費就是故事體驗的各種設計」，任何產品的故事線都成爲體驗的劇本，此劇本中分出各種劇情發展的場景，並繪製成一系列的分鏡表，每一個分鏡中的場景都精心設計各種體驗的方式，所以，一整套分鏡表就是一套故事體驗的過程，而一整套的故事體驗就是被巧妙設計過的符號體驗，以及各種需要消費者儘量親身經歷的儀式或活動（同上：155）。

3. 故事軸線法「ABCDE 五步驟」（如圖 7-1 所示）

　　故事軸線法「ABCDE 五步驟」是針對在劇情發展過程中，如何設計出幾個重要的故事「轉捩點」，以下分析並以「三隻小豬的故事」爲例進行運用分析。

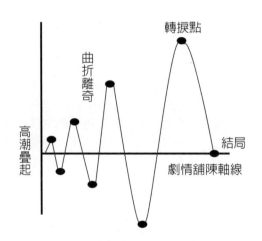

圖 7-1　故事軸線法「ABCDE 五步驟」

(1)「attitude」（態度、姿態、意見、意思）。設定的各個人事時地物，想要發展出什麼？（三隻小豬個性、態度不同）

(2)「behavior」（行爲、做法、表現、行動、活動）。因此，在劇情

上，分別做出了什麼？（三隻小豬蓋房子行動）

(3)「change」（變化、轉換、轉化、換位）。劇情變化成什麼？（三隻小豬遇到大野狼產生什麼變化）

(4)「decision」（決定、確定、主宰、立意）或 Climax（高潮）。劇情變化決定下一步發展什麼？或劇情變化產生了什麼高潮迭起狀態？（大野狼被第三隻小豬解決及解決的情節）

(5)「event」（事件、事變、事故、結果）或 End（結局）。完成一個故事情節事件，並且連接各個事件單元創造一個故事劇本，並回應主題，或故事的結局要帶給讀者或觀眾的是什麼？（三隻小豬快快樂樂的繼續生活）

4. 故事寫作七要素

許榮哲（2019b）曾整理與分析故事寫作七個要素，分別為：目標、阻礙、努力、結果、意外、轉折、結局[18]。並且，依照上述七個故事要素在不同的排序組合之下，可以產生相當多種故事類型發展變化之方式。

---

[18] 以下舉例以其提出的故事寫作七要素，分析周星馳電影《功夫》其中一條主要故事線：(1) 目標：男主角「阿星」從小存錢，長大要唸書當醫生或律師，報效社會貢獻國家。(2) 阻礙：孩童時遇一位乞丐騙他，用很貴的錢賣給他如來神掌武功祕笈。男主角以為練成武功，要救一個小女孩，無法救人反被人圍毆，於是開始走向邪惡成為想當壞人的人。長大去豬籠城寨欺騙弱勢居民不成，鞭炮炸傷斧頭幫大哥，假裝是自己人，引發斧頭幫僱用各種殺手展開報復行動，殺掉當地隱姓埋名的武林人士。(3) 努力：為了加入斧頭幫找出終極魔王火雲邪神，終於加入斧頭幫當上壞人。(4) 結果：大壞蛋火雲邪神出來與包租婆等大戰。(5) 意外：男主角在戰鬥中覺得過意不去、良心不安，於是在火雲邪神及包租婆大戰時，最後臨門一腳打了大壞蛋火雲邪神，於是在現場被暴力殺害。(6) 轉折：包租婆等救出阿星，發現火雲邪神不小心打通了男主角的任督二脈，產生天翻地變，變成功夫高手。(7) 結局：男主角終於用如來神掌打敗火雲邪神，並且開一家糖果店（回到兒童單純世界），小時候的女主角推著她的冰淇淋攤車不小心來到現場，男主角與女主角變回童年小朋友，快樂相見，金色蓮花盛開，故事結束。

5.「設計情節」（design scenarios）法

　　上述都是如何寫作及改編故事的方法，另外，亦可將故事運用在整套產品或服務過程，也就是，將原本的產品或服務以故事形式來加以思考與運作。在產品或服務中加入故事的方式，可運用 Dijk, G. V., Raijmakers, B. and Kelly, L.（2013）所提出的「設計情節」（design scenarios），其做法為（Dijk, G. V., Raijmakers, B. and Kelly, L. 著／池熙璿譯，2013：184-185）：

1. 在概念上是透過改編或虛擬的故事假設，來增加探索特定面向的各種服務。
2. 在做法上是運用文字、影像、故事版等建構虛擬環境，依照原始的設計初衷及目的進行虛擬故事設定。
3. 依照這些設想出來的條件，進行因應對策的設計，從中找出新創的可能性。

　　此方法可達到的功能，包括：在任何階段都可運用故事情節的設計，找出因應方式或解決方案，所有預設的情節都有助於檢視、分析及深入了解驅動的因素，以團體形式運用設計情節進行討論，更有助於不同利害關係人之間的知識交換。

6. 故事版（storyboards）法

　　「故事版」是一連串的素描或圖片，描繪出特定事件的過程，Dijk, G. V., Raijmakers, B. and Kelly, L.（2013）所提出的「故事版」，其做法包括參與者面對的真實情境以及想像出來的虛構情節（Dijk, G. V., Raijmakers, B. and Kelly, L. 著／池熙璿譯，2013：186-187）：

1. 故事版可以透過幾種方式建構起來，最常見的是使用漫畫概念的圖片，用一連串的圖畫陳述故事情境。
2. 故事版方法，實際運用腳本的形式，將使用者經驗的故事帶入設計流程中。
3. 人們將接觸的經驗簡述出來，即使不一定是真實存在的故事，也能成為問題與機會。

4.誘導出有意義的分析及精彩的討論，有助於以故事角色者的角度融入
   新的設計。

(三) 問題反思

　　在目前的後現代社會是一個消費社會，進一步來說，更是一個故事
消費的社會。在此社會中，社會大眾喜歡看、聽及體驗真人真事所改編
的故事，至於究竟改編程度是多少似乎不重要，社會大眾並不在意。由
於在消費社會中故事逐漸被商品化，故事成為一種商品價值，因而真實
性似乎已經不是消費重點，因此許多商品都是比原本的故事還更加具有
故事性，比較重要的是消費者透過故事刺激獲得的快感，然而，這卻是
我們需要反思的現象問題之一。

　　地方故事來自於當地的個人經驗（例如：生命故事等）或地方集
體（例如：歷史、事件、傳奇、風俗等），在故事的調查與運用上將因
為故事的功能及目的不同，在做法上將會不同，而也會出現不同的問
題。例如：主要以故事消費為主的故事劇本及其周邊產品，是否會因為
為了市場需求而扭曲故事的真實性，增添許多華麗且投其所好的情節設
計，也就是故事為了商品而生產的問題，故事的真實性也可能因為過於
商業化而產生爭議。

　　或是，故事的功能目的是為了敘事治療，故事的保密性變成需要考
量的部分，因為涉及個人的隱私問題，因此，是否能擴大再利用到其他
地方，哪些能夠改編及改編的程度等，都需要與故事當事者做好完善的
溝通與評估。

三、社會植栽設計

(一) 概念論述

　　在社會設計計畫中，植栽在種植的目的，除了以生產農作物為主
要目標之外，有許多地區因為規模及人力等因素而無法進行大量的生

產，植栽種植計畫的目的其實重要的是地方收入、地方特產及料理素
材 [19]、社會教育、生態環保、園藝治療、休閒遊憩、情感凝聚、土地關
懷、地方認同等作用。

　　因此，植栽不只是植栽本身的生物性、作物性等功能，植栽具有強
大的社會性的功能，產生「植栽的社會型」典範特徵，大量的植栽種類
都和社會發展息息相關，也就是，結合人類學、植物學、物理學等發展
的「民俗植栽學」（民族植物學，Ethnobotany）。而不僅植栽不只是植
栽，「民俗」更是反應在當時的地方智慧、地方氣候與地理條件、生活
特性、儀式與宗教信仰等社會文化特徵。

　　在臺灣「植栽的社會型」在各時期社會的發展脈絡與典範特徵，其
歷程分析如下 [20]：

1. 臺灣早期原住民時期的「部落文化植栽」

　　臺灣原住民社會與植栽有著密不可分的關係，例如：對於植栽林相
與特殊山勢形成聖山的神聖禁地。許多植栽與生活有關 [21]，例如：檳榔
等能提升在山中活動的精神等功能，而具有特殊地位，某些植栽因為巫
術使用有也其禁忌。植栽具有人文象徵及生活意義，例如：芋頭、刺
桐、百合花等 [22]，對於少數部落擁有特定意義。

---

[19] 在地方特產及料理素材方面，例如：梅原真（2021）分析 26 個日本地方創生
且重新翻轉地方之案例，從絕處逢生的設計找到一級產業的獨特魅力、在產量
縮減 98% 的荒廢栗子山重新找到價值等，以設計思維化危機為轉機，運用設計
力改變困境幫助地方產品熱賣。

[20] 潘富俊（2014）曾研究在臺灣各地不同時期植物的文化歷史意涵、生態意義、
民生利用方式等，列出 101 種代表植物，按原生植物、荷前時代、荷蘭、鄭
氏、清朝、日本、中華民國等七個時期，分別介紹植物與當時的社會文化歷史
意涵、分布與生態意義及民生利用等。

[21] 有許多是針對原住民族的植栽研究，例如：鄭漢文、呂勝由（2000）就曾經針
對離島蘭嶼上的雅美居民進行民族植物調查，整理記錄雅美族人生活、祭典等
與植物之間的社會生活關係。

[22] 臺灣原住民的植栽象徵意義，諸如：潘建志（2020）所整理的「百合花是魯凱
族的族群精神標誌，象徵勇士的勇敢與少女的純潔，同時代表部落社會的秩序
與倫理，只有獵到一定數量山豬的勇士，及保持貞節的少女才能佩戴。石滬蘭

2.唐山過臺灣時期的「墾荒文化植栽」

在漢人移民墾荒時，帶著大陸神明的分靈橫渡黑水溝來台，興建廟宇（庄廟）為中心而在外圍逐漸形成房屋集居的聚落，經常分類械鬥合力抵抗外敵，在更外圍的是農作物生產區，例如：各種藥用植物、稻田、香蕉、各類蔬果等，不僅食用之外，當時「植栽的社會型」，是「墾荒型的民俗植栽」，例如：艾草具有驅邪及藥效等，因應惡劣環境的墾荒勞動工作。無論閩南人、客家人等移民墾荒族群，在自家周遭所種植的植栽大多是在日常生活中相當實用、可以食用的種類，並且與自己族群文化的民俗禮儀、宗教祭典、特殊節日等所需使用的植栽種類有關[23]。

3.日本統治時期「經濟文化植栽」

臺灣的林業（檜木、樟腦等）、農作物（香蕉、甘蔗等）都是外銷日本的產物，這個時期主要將植栽視為經濟產物。當時臺灣為日本的次殖民地因此以物產輸出供給日本帝國為主，由於是經濟作物的概念，因此也大量造林工程，只是大規模造林並非水土保持及生態環保，反而是提高經濟產值。

是鄒族特富野部落神聖花卉，相傳遍植在天神居所附近，所以部落最神聖的集會所也會種植。荷蘭時代傳入的聖誕紅，對邵族男子是能力的象徵，節慶時能找到愈大的花代表能力愈好。芭蕉在排灣族被認為是惡靈的食物，但家中有小孩發燒不退時，反而會去採集芭蕉樹葉讓他當床墊來睡，認為如此具有退燒效果。九芎及黃荊則是排灣族和魯凱族的情柴，青年看上喜歡的女孩時，會採集九芎或黃荊，成捆送至女孩家前。阿美族拿黃荊葉片做產婦產後泡澡用。鄒族認為山芙蓉飄散時不要靠近，因為是山的精靈聚集；阿美族拿它的花來做產婦產後美白；南排灣族取它的皮來製作綁繩。」十分有趣，運用植栽表徵了與社會生活文化的關係。另外，王志強等人（2011）也以口述記錄方式整理西拉雅族人其植物與傳統文化之關係。

[23] 在臺灣的民族植物研究中，從高大樹木至草花都是日常用品、燃料或建材，在先民生活扮演重要角色，植栽的功能包括：食衣住行、醫藥、宗教等應用或習俗傳說。植栽運用的在地智慧，例如：無患子果實是最好的洗滌清潔劑、月桃葉是食物墊材器皿且根莖可治療皮膚病等，植栽充滿生活智慧（鍾明哲、楊智凱，2012）。

　　另外，日本在臺灣南進政策時期，因爲計畫攻打東南亞，也將東南亞某些植栽帶回臺灣進行研究，例如：今日所見的臺北植物園內的許多植栽類型等[24]。另一方面，由外來統治的日本人們，也將家鄉中的某些樹種紛紛帶來臺灣，例如：日本黑松就與日本庭園用材有關，櫻花及杜鵑等都是日本人喜愛的植物，這些是一種鄉愁植栽。

4. 國民政府來臺戒嚴時期「軍事文化植栽」及「鄉愁植栽」

　　在 1949 年之後國民黨政府撤退並實施戒嚴令，此時期主要以反攻大陸政策爲主，加上陸續戰爭、冷戰及災後重建等，一方面接收日本許多林業相關的株式會社及持續發展「經濟型植栽」作物，一方面爲了預防戰爭發生，因而在此時期是軍事防禦型植栽的特徵，例如：運用植栽隱藏與遮蔽許多重要的建築物以減少空襲損傷等。

　　此外，許多老兵也從記憶中尋找自己家鄉種的某些植栽，由於這些老兵來自中國大陸各地，家鄉的樹種及植栽風格迥異，但都屬於另一種族群的「鄉愁型植栽」，例如：在各地眷村中出現不同居民其對於家鄉印象所種植的花草樹木。而臺灣本地人還是沿襲墾荒時期植栽，種植許多可食用、藥用爲主的實用植栽爲主，與當時物質短缺的生活所需要功能相互結合。

5. 臺灣經濟起飛時期的「商品文化植栽」

　　由於物質較爲充裕，社會生活中的植栽除了食用與實用之外，也增加觀賞、氣氛等，許多世界各地進口各種植栽、百花齊放，社會大眾種植小盆栽來調適心情、撫慰心靈等作用，例如：1982 年開幕的臺北建國花市等。而且，某些商人開始炒作流行的植栽，許多中國的開運文化與植栽相互結合，在商品中各種植栽產生一再流行與退流行的循環與產品替代，植栽成爲一種觀賞用、撫慰心靈，兼具象徵社會地位、生活風

---

[24] 同樣的，日本人也在東南亞地區捕捉許多種類的毒蛇，一起集中在臺北紗帽山上的毒蛇養殖場進行研究，然而，在日本人戰敗回日之前，便將這些毒蛇放走，造成毒蛇山中亂竄，在臺灣後來親美發展時期，又轉變成爲臺北華西街茶室產業鏈中的毒蛇產業及夜市特殊的殺蛇表演。

格的商品。

6. 後工業時期迄今的「生態文化植栽」

　　由於地球汙染、環境破壞等生態問題日趨嚴重，此階段植栽特徵，具有環境保護的思維，例如：對於過去日本人將山林樹木作為經濟作物，在今日我們會思考為山坡地水土保持而種，也就是「經濟型」轉為「環保型」的典範移轉。我們不只重視陸地上、都市中的植栽及其所帶來的生態功能，也重視保護海岸、沙灘、岩礁、潮間帶等，以及各種生態邊緣地區（例如：沙漠化、鹽化地區等）的植栽，此時期屬於一種有別於之前各階段的「生態文化植栽」的典範特徵。

　　由以上分析可知道每一個時期歷經「植物的社會型」典範及其與當時社會發展之關係。然而，至目前我們的植栽已經成為環境保護、休閒觀光、調劑身心等功能為主，尤其是在都市人口密集地區的土地或建築物屋頂上的市民農園，更是具有降低都市疏離感、增進社會人際關係及交流的功能與意義。

　　另外，各種植栽與社會生活之間互動且產生許多生態、生活意義、社會功能、宗教信仰、民俗風土、慶典儀式、地方智慧、故事傳說等等，都可以發展成為「植物地方學」。另外，充滿趣味的植栽文化能再生產，作為地方博物館的導覽與解說內容，以及發展地方另類的植栽文化遊憩體驗活動等。

(二) 行動方法

　　民俗植栽（或稱民族植物學）需要事先蒐集相關地方知識，並且進一步進行地方植栽盤點。植栽盤點除了調查物種類型、位置、分布、生長狀況等空間軸之外，也需要盤點時間軸，也就是不同種類在四季的開花、結果、盛產、凋零等狀態。

　　在了解當地的植栽現況之後，除了進行上述相關民族植栽知識的閱讀及分析之外，更重要的是需要進行田野調查，蒐集、整理與記錄在當地特有的植栽社會互動故事、傳說、生態功能、在地智慧、事件等

等，建立專屬於當地的地方植栽知識學。

　　除了地方植栽與社會生活關係的資料蒐集之外，訪問地方耆老、口述歷史等也是一個重要的方法，因為許多地方都存在著屬於這個地方的「微歷史」，並且不只是跟種族、族群等有關的植栽才是民族植栽，某些在當地具有局部意義的、個人重要性、地方故事性的植栽，其實也是重要的調查對象，就例如：三峽千里尋夫的故事與藍染有關，染色時用來變成藍色的原料：「大青」，就因為如此不再只是一種植物，而是一種「故事植栽」。

　　在調查完成之後，某些過去存在著與社會的關係，但現在卻碩果僅存或已經消失的植栽種類，亦可尋找當地某些合適的地點進行復育工作，能一方面增加地方植栽的多樣性，也能一方面強化地方集體記憶與文化認同情感。

　　由於植栽地景一直屬於長期動態演替，找回原生種植栽也是一種對於土地倫理與地方關懷的做法。然而目前臺灣各地有許多新住民、新移民，也應該要加入種植屬於他們自己的「故事植栽」，可尋找合適地點（例如：市民花園）栽種家鄉的植栽（或種子），這些鄉愁型的故事植栽，都將有助於多元社群或族群成員對於地方產生更進一步的情感與認同。

(三) 問題反思

　　在此論述各「社會型植栽」並非主要作為食物使用功能，而是植栽作為社會文化的重要媒介來進行社會植栽設計。植栽的社會功能在上述已經分析，問題是種植的地點之近便性、種植者本身的時間安排等，都是都市生活中的變數，疏於照顧的花園（或菜園、果園）都將成為雜草叢生之處，反而妨礙景觀風貌，甚至蚊蟲滋生及環境髒亂的問題。如果到後來造成惡化的現象，將會產生另一種新的社會問題（甚至出現惡化的人際關係）反而失去原本美意。因此，事先的整套計畫需要參與者一起溝通、討論、共識、協作等全盤規劃之外，應讓參與民眾有平日共同

管理維護的責任與義務。

　　爲了降低種植工作的單調，可以運用「分享」的概念舉辦某些有趣的活動，例如：一人一菜、農園餐桌、生態探索、野地派對、講座學習等都是一種社會設計的活動策略，更是製造社會人際互動的機會。或是，將某些植栽集中起來在現地販售，舉辦市民農園市集，或是製作成各式各樣的加工食品等，進一步發展成地方品牌與特產。

第三節　地方商業創生設計

一、地方創業設計

(一) 概念論述

　　日本與臺灣一樣，都是面臨偏鄉地方消失危機（增田寬也著／賴庭筠譯，2019），而地方創業是地方創生、地方再生的重要策略，尤其鼓勵年輕人返回他鄉或是自己的故鄉工作。在目前臺灣西部各地，十分便利的交通以及高速便利的網路社會中，民眾能同時在數地來回往返工作，也並不一定要完全只停留在自己的家鄉之中。

　　不過，政府各地要吸引民眾返鄉就業，吸引力並不能只有工作及創業機會的經濟支持而已，政府需要的是一整套配套措施才能吸引人才返鄉。除了需要規劃有關工作機會與薪資高低等生產條件之外，要眞正在當地扎根，需要規劃生活的條件才能讓年輕人在地方眞正長久耕耘，包括：地方是否能滿足食衣住行等生活需求，以及伴侶就業工作機會和未來小孩的教育及學習資源等，需要的是一整套地方吸引人才回流的整體規劃與措施。更不能像目前許多地方政府是以專案讓民間投標方式，以及短時間內就要看到績效的短線方式進行，如此，無論投入多少資源皆不容易成功在地方扎根，扎根就如同樹根一般，需要一整套完整的栽培計畫與時間。

在個人創業方面，基本的獲利來源、獲利程度，以及成本的控管等都是一般創業者的基本考量，然而在地方上如何與地方以「共生模式」作爲「商業模式」將會是重要成功關鍵之一，例如：多加運用當地的原料、技法、工人等，將獲得更多人的支持，而不會覺得是與原本就已經是弱勢的當地人爭利。

以地方「共生模式」作爲「商業模式」的概念，就如同木下齊（2018a）也認爲在地方創業需要在地區創造「獲利模式」的並不是自己的公司，而是需要將「對地方有貢獻的事情」連結到獲利，做居民迫切所需的必然成爲地方事業。專業計畫需要做出居民認爲有價值的事情，從小社群開始讓大家逐漸認同及參與進來，出現盈餘時會在地方上一再流動循環，地區經濟有所起色，會逐漸改變在地人的想法（木下齊著／林書嫻譯，2018a：59-62）。

同樣的，以地方「共生模式」作爲「商業模式」的概念，也如同市來廣一郎（2019）在日本熱海的實際經營經驗案例，他認爲地方產業經營要從「營造城市粉絲」開始，發現當地人對於熱海的負面印象不改善就無法改變，當地人知道當地事是相當重要，於是以「熱海領航員」計畫將當地資訊廣爲流傳，組成「里庭團隊」種植橘子樹，讓移居者從不了解熱海到渴望了解，結交好友並出現「熱海迷」，成爲隨時有趣事發生的城市。讓大家認爲想要挑戰改變某件事，讓閒置店面重新給年輕人回來經營，活用現有街道，找出城市不足的功能，變成新事業的營業內容（市來廣一郎著／張雲清譯，2019：67-156）。

而以「共生模式」作爲「商業模式」概念，除了上述內容之外，更需要凸顯出「地方性」其獨有的特質。木下齊（2018b）認爲在地方不能做一樣的事情，突出賣點及差異性是關鍵，他舉出在日本約有 1,800 個地方政府都在做同樣的事情，地方沒有自己的思考能力，選擇療癒系吉祥物、特產開發、地方品牌開發等政府預算引導的計畫，結果演變成全部都在做相同事情的怪現象。地方要成功需要的是「突出賣點」，活化地方不是中央交預算給地方，而是交給地方上的經營者才有成功機會

（木下齊著／張佩瑩譯，2018b：50-56）[25]。同樣的，在臺灣各地也出現過類似的情形。

在地方「共生模式」作爲「商業模式」的概念中，「最多」與「最大」二者也是經營的方向與評估指標，也就是在創業中建立的經營模式中，是否結合當地「最多」的在地原料（具有實質的有形材料與食材等，以及無形的文化素材、故事等）蒐集與運用，提供「最多」當地人、部門、工廠等等生產者一起參與的工作，運用「最多」的地方工法、技術、智慧、古法等製造方式，在行銷時投入「最多」當地人及部門等，也就是，在當地創造出「最多」加入參與的產業鏈。另外，在「最大」方面，是否能彰顯最大的「地方性」，也就是，是否在各個過程中加入了「最大」的地方特色，利用地方特色作爲產品及產業的最大差異特色[26]。

(二)行動方法

在地方創業的做法上，可參考木下齊（2018a）其認爲在地方創業之過程，可分成：計畫階段（情報力、邏輯力）、設立事業（構想力、實踐力）、持續經營（組織力、業務力、數字力）等三個階段（木下齊著／林書嫻譯，2018a：147-234）。

----

[25] 木下齊（2018b）甚至更進一步分析日本政府大力宣揚許多「僞成功案例」，他認爲分辨真假成功的五個重點：「(1) 初期投資不以國家資金爲中心，而是活用投資與融資。(2) 推進的核心事業是否成爲商品或服務有銷售貢獻，決算是否獲利。(3) 事業是否達五年以上，持續的做出成果。(4) 領導者是否不用漂亮的故事包裝，而是用數字說話。(5) 到當地做一日定點觀測，自己是否實際感受到變化。」（木下齊著／張佩瑩譯，2018b：64-70）

[26] 須田文明（2016）則認爲在經濟全球化下，許多地區運用古法知識生產的農產品及食品逐漸被視爲文化遺產，追求許多農產品及食物的「本眞性」（authenticity）。「本眞性」不只是標示可追蹤的特定地理區位及製造技術的產銷履歷，更是要讓消費者與生產者拉近距離，因此，農產品的地方品牌化，不僅有助於行銷地方農產品，也有助於振興地方經濟（須田文明著／蕭志強等譯，2016：91-113）。

　　而以地方「共生模式」作爲「商業模式」的概念中，從一開始便需要進行地方文化資源盤點，以及分析如何將地方文化特色顯現於所規劃的垂直產業鏈、水平產業鏈之中。也就是，透過盤點地方文化資源結合地方創生的產業鏈，以此與當地民眾一起合作。如此的好處，是可以使用到當地最新鮮、最便宜、最快速、最環保、最容易維修與更新等相關資源、材料與人力，並且容易獲得更多民眾一起支持，帶領整體地方創生。

　　因此，我們認爲在地方創業過程中，更是需要「由下而上、由內而外、由小到大」的實踐行動方式，其方式分別如下：

1. 創業構思：由下而上。創業的計畫從地方性出發，盤點、分析、思考、構想、往上提案等。

2. 組織成員：由內而外。工作夥伴成員內部理念一致，再逐漸向外說服社會大眾，或其他合作團體。

3. 專案規模：由小到大。所創業規模需要一步一腳印，穩定且紮實的面對一切問題，因此，在思考上與經營的方案規模是需要由小方案開始，當大家見到成果之後，再逐漸擴大專業規模大小。

(三) 問題反思

　　在政府及媒體方面，日本和臺灣皆鼓勵返鄉創業。臺灣的地方創生問題與日本很像，木下齊（2018b）分析日本政府與媒體的問題現象，諸如：政府政策失靈一再重蹈覆轍毫無效果，媒體過度報導消費「地方成功故事」，以都市人角度看待鄉村生活及移民，報導偏向能在都市中造成話題的特殊案例，地方問題沒有獲得解決，所有人只是爲了製造話題，在地方發生與日本全國一樣的結構性問題，知道問題卻說不出來（木下齊著／張佩瑩譯，2018b：6-10）。這些現象似乎在臺灣各地亦有發生類型情形，包括：地方吉祥物氾濫現象，以及不當開發地方特產

的現象 [27]。

在地方政府吸引人才返鄉方面，臺灣各地政府經常使用的就是政府標案進行委外執行，經常看見在委外執行的專案中僱用當地年輕人、給付薪資。只是這是治標不治本的問題，標案開始急著找當地年輕人，但其專長並不一定合適，當專案結束沒有給付薪資時，年輕人就沒有工作，因此在工作期間也不會專心執行，也在騎驢找馬，對於專案本身的品質及對於地方的扎根程度都令人質疑。

地方政府吸引人才返鄉創業，需要一整套配套的措施，例如：就業輔導、貸款優惠、生活品質、伴侶就業、幼兒教育等，全面思考自己的地方環境是否足以吸引人才返回創業。尤其是，目前臺灣地方創生政策中，區公所扮演重要角色，區公所如果真的要促進地方創業，需要的並不是向各級政府要錢執行專案活動，更是要全盤思考與規劃如何吸引與留住地方人才。地方人才願意在家鄉長期創業、就業、繁衍後代，才能扎根及緩解偏鄉地方人口外流的根本問題。

在個人創業方面，臺灣年輕人返鄉創業（或就業），要面臨的不只是工作機會的問題，首先要面對的反而是父母、親友的質疑，被認為是否是在臺北等都市過不好才會返鄉，父母及親友的不支持反而成為根留故鄉的阻力，對於年輕人留在地方的長者們，自己對於地方的信心反倒

---

[27] 在地方特產策略及其問題上，日本的經驗與臺灣也很類似。木下齊（2018b）認為：日本的地方特產開發政策是運用當地材料開發商品，一旦大賣，地方就能再生。地方特產被認為是地方活化的王牌，政府經常舉辦活動推動鄉土名產，而地方特產在商品開發的問題，是商品本身錯誤（複製成功商品或被流行左右，沒有資本力卻加入競爭者眾多的人氣商品市場，而被埋沒其中）、原料錯誤（甚至以過剩的地方資源當作原料，而不是能賣得出去的原料來思考商品）、過度相信加工技術（以為只要導入跨界創新就能賣，未思考技術價值是否能移轉至商品價格）、地方特產有「生產結構」問題（由生產者、加工者、公務員組成的組織進行生產，關鍵消費者及販賣者沒有參與。商品價格是成本加成定價法，容易形成高價商品，或透過補助金降低價格，一旦補助消失就賣不出去）、特產開發須跑業務而不是政府預算（依靠政府預算無法面對市場）（木下齊著／張佩瑩譯，2018b：34-42）。

不足。因此，似乎要先建立長期居住於當地的長者們對於地方的認同與自信，對於年輕的地方創業者也需要秉持著在其他單元所敘述的「由下而上、由小而大、由內而外」方式，進行創業工作，一步一腳印做出成績，父母及親友逐漸放心，甚至一起加入產業鏈行列。

　　在自創地方品牌工作上，許多年輕人對於自創品牌充滿想像，但是要在市場上打出品牌知名度，建立顧客的品牌忠誠度等，都需要相當長的時間以及相當高的經費，一般年輕人無法負擔。許多人如能返鄉接手為第二代接班人，在原有的家族老字號品牌上再出發，也是需要解決原有品牌的問題。但是無論是接手原有老品牌或是自創新品牌，建立品牌風格、品牌辨識度等都相當重要，對於消費者而言才能有記憶點。這些地方品牌的打造過程都需要從地方性而來，也就是尋找地方的獨特性，濃縮地方獨特性成為品牌個性。

二、地方文化觀光設計

(一) 概念論述

　　在地方上發展文化觀光的景點類型，包括：遺產觀光（城堡、皇宮、考古現場、建築、紀念碑、博物館、宗教景點等）、藝術觀光（劇場參訪、演唱會、畫廊、節慶、嘉年華、大型活動、文學景點等）、創意觀光（攝影、繪畫、陶瓷、舞蹈、烹飪、手工藝品、創意產業等）、都市文化觀光（歷史城市、再生後的工業城市、濱水區開發案、藝術和觀光點、購物、夜生活等）、鄉村文化觀光（鄉村觀光、農業或農場觀光、生態博物館、文化地景、國家公園、酒莊等）、原住民文化觀光（山區部落、沙漠、叢林、雨林、山區、部落小城鎮、造訪文化中心、節慶）、體驗文化觀光（主題公園、主題餐廳、購物中心、流行音樂演唱會、體育賽事、電影及電視取景地、名人代言的旅遊產品等）（Smith, Melanie K. 著／劉以德譯，2014：21）[28]。

---

[28] 而喜歡前往各地進行文化觀光的觀光客，其類型及性質分別為：(1) 目標明確型

更深入分析，文化觀光其實是一種地方「文化符號消費」，其中「光」就是一種地方光影，是由各種符號所共同構成，而「觀」不只是看，是一種五感（視覺、嗅覺、味覺、聽覺、觸覺）體驗，因此，「觀光」是「一連串地方符號的經驗旅程」，「觀光設計」就是「一套地方符號及體驗程序的設計」。

首先，對於文化觀光之符號分析，符號是文化所實踐的對象及文化外顯形式。「文化」屬於一種個人、社群，或社會的特定價值、信仰、思想、意識、意義等，文化充滿在社會中且無所不在，但卻又相當抽象，但是由文化實踐在日常生活周遭的對象便相當具體，例如：在生活中的食衣住行等對象，其內在皆隱藏著特定的文化意涵。而由文化所實踐出來的各種對象，也是由一連串、多層次的符號系統所構成，並且形成一個社會整體的多重符號體系。

因此，文化對外展現的符號系統主要可以分成以下四大層次，且四個層次交織成為一個動態，處於一再變動中的整體文化氛圍或風格型態：

1. 人民：各種不同的社會階層、階級、角色、位置、人物等，個人及文化社群展現的外貌符號表徵，例如：化妝、裝飾、衣物等，甚至在某些社會中對於生物特徵還是存在著符號象徵，例如：膚色、性別差異等。

2. 活動：包括在生活中的例行性活動，例如：食衣住行等日常生活，以及特定日子的活動，例如：慶典、節日、生命禮俗、紀念日、生日等展現出屬於該特殊日子的特定符號系統，以及各種生活及生產的活

（造訪某一個目的地為首要理由，且獲得深刻文化體驗）。(2) 遊覽型（造訪某一個目的地為理由，但是體驗較前者淺）。(3) 意外發現型（不是為了觀光的原因而旅行，但在參觀文化觀光後卻獲得深刻的文化觀光體驗）。(4) 隨機型（造訪某一個目的地是隨機的，且產生的體驗是膚淺的）。(5) 偶然型（並非為了文化觀光的目的而旅行，但的確造訪了一些景點）（Smith, Melanie K. 著／劉以德譯，2014：21）。

動。而且，活動如同一種儀式，是將各種符號串連在一起的活動，換
個角度分析，具有獨特風格的活動設計（例如：神明廟會、潑水節或
結婚等等），就是透過活動將相近的特色符號集合串接在一起的儀式
設計。

3. 器物：包括所使用的各種生產工具、生活用具等及其使用的活動，無
論是生產或生活活動，所使用的器物都是身體文化的延伸，在功能上
是強化、協助或補充身體機能，而在文化上是身體符號的延展，並形
成相似的符號系統及文化風格。例如：我們在「挑選」自己喜歡的生
產工具（例如：電腦等）或生活用具（例如：禮服等），「挑選」本
身就是自己文化素養意識下所選擇的物件對象（當然會思考在使用
當時的社會情境，來加以互動回饋），所以，器物是自己文化的延伸
對象。

4. 空間：空間本身也更是一種符號類型，例如：古蹟、地標、建築、老
街、主題樂園、公園及花園、村落、城鎮、都市等等。另外，空間本
身更是承載一切複雜、符號交織系統的世界，在空間中形成特定文化
地景，也就是符號地景。

　　另外，文化觀光是一套符號設計與符號消費的程序與儀式。文化觀
光是業者對符號消費過程的設計，是旅遊者對符號體驗及蒐集的過程。

1. 人民：業者在觀光地區的人物符號設計與互動設計。包括：觀光客與
導覽人員、觀光客與紀念品等商家、觀光客與地方居民等接觸時的符
號設計與實境體驗儀式設計。另外，觀光客同時也成爲構成當地在當
時符號系統的其中一員，共同參與了符號的演出，景點中的觀光客也
成爲觀光客眼中的景點。

2. 活動：業者對於各種平常及特殊節日的活動。活動是一種符號儀式，
業者事先規劃一連串符號運作步驟、程序及展現的特定樣貌，觀光客
透過視覺、嗅覺、味覺、聽覺、觸覺等感官與符號互動，並一再經歷
各種體驗儀式，最後完成旅行。

3. 器物：業者對於器物的展現與販賣。業者訴求這些紀念品或其他器物

如何與地方發生關係，象徵地方哪些價值與意義，哪些器物非買不可。觀光客直接消費器物的符號，例如：參觀博物館的文物，或是購買當地紀念品符號等。同時，觀光客也間接透過器物完成活動儀式，例如：在自然觀光方面，透過當地原住民的木船、划槳等器物來完成具地方特色的遊湖活動等等，以及在人文觀光方面，透過文物體驗當地博物館，或器物在地方上的工藝製作等等。

4. 空間：觀光景點承載相關業者所規劃設計的符號系統。巧妙安排一切應注視的重要符號對象，並透過各種講解管道（例如：導覽解說、媒體報導等）讓符號事先產生了被包裝過的意義。觀光客吸收了原先業者所設計的地景符號，例如：觀光景點的拍照、打卡等符號蒐集，不過，觀光客在空間中具有自己的能動性，在空間中觀光客同時也自己在尋找及製造屬於自己的符號，例如：對空間地景中符號意義的解讀、照相取景角度與視窗等，都將可能因人而異。

所以，我們從符號及儀式分析文化觀光層次，將包括：當地「人民」成為特定的符號、「活動」是符號體驗旅程、「器物」是符號構成物件、「空間」承載地方所有符號。另外，以下更具體論述這些被觀光凝視的對象：

1. 人民：正式的歷史著名人物、國家偉人、名人、宗教教主等文化觀光，非正式的地方耆老、異能人士、特殊人物之觀光，或是村落的展演者、地方原住居民等等。
2. 活動：正式的國慶及節慶觀光、會議及展覽觀光、地方民俗活動觀光等，非正式的夜市活動、街道活動等一切地方特有的日常生活活動。
3. 器物：博物館、歷史館、美術館、手工藝、紀念品、衣服及首飾、地方上食衣住行等所有具特色的生活用品及生產用具等。
4. 空間：文化遺產、地標建築、歷史老街、商業街區、賭場、主題樂園等觀光 [29]。

---

[29] 空間街區藝術再生及文化觀光，例如：宮部浩幸（2018）分析葡萄牙里斯本舊

(二) 行動方法

　　Smith, Melanie K.（2014）曾提出在運用地方文化規劃發展為文化觀光時需要注意的因素，計有：在地多元文化的考量（以當地文化作為整合規劃的中心、美學的論述、考量文化多樣性、對於多重歷史和遺產的認同、多重表現、對於混合的和多重身分的認同、當地及國際全球間的協調）、在地關係人的參與和授權（民主及社區導向、由下往上的運作方式、多數決及多重關係人的手法、以人類學為主導、藝術及文化活動的在地參與、培養市民的自信及當地身分認同及所有權）、日常生活實務的強調（強調生活品質、對於無形文化層面的意識、公共空間的可及性、全新且更為包容的社會交流空間、精神意義上的空間、地方與文化分割的交融、強調在地的身分認同及行銷、在地真實性的保存）、創意和體驗的手法（創意的發展手法、高度創意及藝術性指標、透過文化及創意活化城市、奇幻的空間、美學的論述）（Smith, Melanie K. 著／劉以德譯，2014：204）。

　　我們可將地方文化觀光設計，視為宛如一場進行地方劇場參與地方展演的活動設計。無論如何規劃或規劃出哪些地方觀光主題，我們進入地方觀光時，都宛如在看及參與體驗一場綜合各種地方元素（或地方符號）的演出儀式，也就是「地方宛如劇場」。

　　所以，如果以西方戲劇基本四要素，對地方文化觀光設計的運用，則可以獲得如下的操作重點：

1. 劇本設計：地方故事的情感、情緒，非凡、獨特且不可替代等劇情發展的精彩內容（地方故事生產過程有地方故事盤點、找出故事線主軸、故事書寫等三個基本階段，在其他單元有詳加論述如何設計）。
2. 演員：地方導覽人員、地方民俗演出者、接觸觀眾的工作人員等（以

市街由數位年輕建築師及人類學家發起的「一樓計畫」，尋找街道再生團體來翻新、活化這個區域的一樓店面及空屋，加深地域社群的連結，在街道前方打造公共空間，也藉由一樓活化帶動二樓及整個街區再生（宮部浩幸著／林詠純譯，2018：105-122）。

及表情、語言、肢體動作、演出方式、服裝等設計）。

3. 舞台：具地方特色符號的場地、各個觀光景點（諸如：古蹟、老街、老城區、地標、市中心區、漁港、稻田、魚池、海岸，或博物館、餐廳與文創店等等不同表演場景設計）。

4. 觀眾：不同社群對象的觀光客（觀眾）如何親身經歷、參與驚奇、體驗非凡、印象深刻、符號蒐集（照相）等設計。

　　而這些重點正好依照不同地方其特有的「地方性」為基礎原料，進行規劃行程、體驗方式、所需時間與最佳日期等。就如同，將「地方性」轉為「地方症狀」（地方特徵）及潮流化來吸引各個不同階層的社會大眾 [30]。

　　在地方發展文化觀光是所有地方再生的重要策略（但不是全部），這是因為觀光可以帶動人潮，人潮進入地方能大力推廣地方與帶動觀光產業鏈產值（留意在其他單元所說的「最多」及「最大」作為評估地方文化觀光計畫的關鍵指標），因此，以下分別敘述分析數個具有獨特性特色的文化觀光主題，但再次強調需要從地方文化資源盤點中找出自己的地方性才是基礎，而不是套用國內外其他地方所謂的「成功」案例，畢竟每個地方的地方獨特性不同。如下：

1. 黑暗觀光（dark tourism）

　　「黑暗觀光」的起源可追溯到歐洲的黑暗時期在當時的教士墓地或宗教殉難地點等。黑暗觀光，其實就是將地方上過去發生的負面歷史事件（原本的地方暗點），轉為歷史文化遺產（轉為地方上獨有難得的特點），再規劃旅遊行程提供觀光體驗（成為賣點）。

　　例如：在美國西雅圖市過去曾經發生過大火，由於市中心區的火災現場規模過大，當時重新建造時直接覆蓋，將原有街道兩側建築物的

---

30 以「地方性」轉為「地方症狀」並加以潮流化的案例，例如：在 2019 年 12 月臺灣觀光局推出「臺灣症流行篇／台湾シンドローム編」（https://www.youtube.com/watch?v=W18EF6VOc4w），便是以此創造出一個具有話題性的文化觀光行銷案例，只是不巧同時正好遇到 2020 年 2 月 COVID-19 疫情。

二樓覆蓋變成一樓，將原有的一樓變成今日所見的地下室。這個原本城市大火變成廢墟的事件，在今日卻成為西雅圖特有的地下城市觀光旅遊。當我們進入城市中許多建築物的地下室（原本的一樓）時，保留許多在當時火災現場被燒過的痕跡，整個地下區域也變成一座大型博物館，有許多當時事件及城市歷史發展的文物、照片等展覽，部分還裝設蠟像想要真實呈現在當時的日常生活情景，也有許多復古的商店、文化創意產品等，轉型成為門票不便宜的「地下城市旅遊」（underground tour）。

　　因此，在上述的方法，就是將地方文化資源盤點後，發現地方特有的事件、故事、傳說等等，將原有被認為的地方「暗點」，轉為地方構成特色的「特點」，再一次思考轉為具有訴求的「賣點」的「光影分析法」。

2. 沉浸式觀光（immersive tourism）

　　屬於「沉浸體驗」（immersive experience）的觀光規劃設計方式。有時候運用擴增實境（A.R., augmented reality）與虛擬實境（V.R., virtual reality）、混合實境（M.R., Mixed Reality）技術，讓使用者自己融入環境中。沉浸式體驗主要是讓參與者在時間、空間、主題等三方面，融入所設計的對象之中。

　　除了虛擬實境等運用，在現實世界中「R.P.G.」（角色扮演，role-playing game）如果設計得宜，也能成為在現實中的沉浸式觀光的策略方式之一。或是，某些主題體驗也是將觀光客帶入所設計的情境之中，也是類似沉浸式旅遊方式，例如：韓國傳統飲食體驗教室（food and culture Korea），推出熱門韓國料理、素食料理、小吃（泡菜、烤肉、雜菜、韓式炸雞、海鮮煎餅、部隊鍋、炸醬麵等）、團體料理課程。同樣的，泰國也曾推出泰式傳統料理體驗之旅。

3. 生態觀光（eco-tourism）

　　「生態觀光」顧名思義，是運用地方自然生態或人文生態，並以對於生態衝擊最小的手法，發揮最大的經濟效益之做法，發展地方體驗旅

遊。因此，規劃設計的方式需要留意環境與文化的衝擊性。生態觀光主要呈現珍貴稀有物種、多元特色景觀、物種與棲息地關係，並在規劃時注意社區公平交易，對於當地人文的關懷等，因為生態保存除了自然以外另一個重要的層面是人文生態，而這卻是較容易被忽略的一環。

例如：祕魯的雅馬遜民宿「Posada Amazonas」便是訴求展現原始的雅馬遜原始森林風貌，在房屋及步道、橋梁等建築時都儘量避開樹木，或房屋結構善用現場樹木等方式，也僱用當地原住民進行客房服務、打掃清潔等。餐飲使用當地蔬菜水果等形成風味餐，也販賣居民所做的手工藝。生態體驗以不打擾現有生態系及雨林的保護為主，包括：食人魚、鸚鵡、鱷魚等白日探索與夜遊行程等，都以雅馬遜特有的「地方性」原始大自然及人文體驗為主。

生態觀光也可延伸發展為「綠色旅遊」[31]，例如：農村綠色旅遊。青木辰司（2016）認為「農村綠色旅遊」[32]是由「綠色旅遊」趨勢發展下所形成，是一種都市與農村互補的交流方式，不僅提供農村就業，也能創造地方資源及協助社會自主發展，但是需要注重倫理消費及共生。而「綠色旅遊」與過去的破壞性、大眾化、商業化、重硬體的觀光方式不同，為尊重地方發展、活用地方資源、地方社會整體營運及環境

---

[31] 與「綠色旅遊」相關的，還有一種非生態旅遊主流論述的「邊緣生態系旅遊」，如就如同松永安光（2018）認為邊陲是中央相對的概念，許多新創都是從邊陲開始，例如：早期美國矽谷等地。邊陲地區也會吸引觀光，某些邊陲地區擁有豐富森林的自然資源，我們能在邊陲地區看見文化的多樣性，以及許多異文化的共生（松永安光著／林詠純譯，2018：19-28）。

[32] 農村綠色旅遊還有一個好處就是避免因為人口外流過於嚴重而被廢村之命運。中橋惠（2018）分析義大利的村莊與聚落案例，發現分散型旅館解除了可能被廢村的危機。在義大利各種新創產業正在增加，手機幾乎可完成所有在旅行中所需的食衣住行，個人不需要透過旅行社而能自行處理。在沒有觀光名勝的地區，人情與飲食便是可發揮的素材，運用空屋打造成分散式旅館吸引遊客，在當地串連相關產業，都不只是經營住宿設施而已，而是以小鎮或村落為整體再生的目標，發展地方永續旅遊等。例如：位於羅馬東南方的 Zagarolo 小鎮，以空屋作為旅館，結合地方自然及地理資源、農夫市集、嘉年華會等，是分散式小旅館與當地居民合作的成功模式（中橋惠／林詠純譯，2018：53-68）。

保全、重視遊客與地方雙方利益等，綠色旅遊讓遊客住在農村民宿，可以農村勞動代替住宿費用之工作假期，也可成立民眾邊玩邊學的「綠色旅遊大學」，或將綠色教育納入教育課程及推廣體驗活動，進一步推動「社會福利型綠色旅遊」，讓民眾透過綠色旅遊過程產生自我療癒作用，無論如何是以綠色旅遊創造各種感動生命與心靈的故事。農村綠色旅遊也是一種「新旅遊主義」概念（強調生態主義、健康主義、綠色旅遊），屬於長期居住爲主，許多物品（禮物）需要自己手工，並重視與地方合作及分享、文化價值及人際互動交流，更是活用地方資源等特色（青木辰司著／蕭志強等譯，2016：319-325）。

4. 文學觀光

以曾經出現在文學著作的地方作爲觀光場域，例如：許多人前往蘇州旅行是爲了寒山寺而來，這是因爲唐朝詩人張繼所作的《楓橋夜泊》（月落烏啼霜滿天，江楓漁火對愁眠，姑蘇城外寒山寺，夜半鐘聲到客船）而慕名前往，同樣的浙江杭州西湖之《梁山伯與祝英台》「十八相送」（長橋不長）、《白蛇傳》「雷峰塔」傳說等，或像是金庸小說提及的少林寺等地亦是如此。在當地除了因爲文學吸引大量人潮前來，也以文學延伸出許多文化創意產品，在地方形成文學觀光的產業鏈與重大產值。

除了文學著作之外，一般坊間的民間故事、傳奇、童謠，甚至打油詩等都是一種不同社會階層的庶民文學，像是在中國浙江溫州雁蕩山，民謠爲：「牛眠靈峰靜，情侶月下戀，牧童偷偷看，婆婆羞轉臉。」雁蕩山風景區便以此四句打油詩個別介紹不同處的特殊山景，與串連了不同山峰山谷所有各個奇峰美景。

因此，規劃設計地方文化觀光的做法，最開始需要進行當地的地方文化資源盤點工作，找出地方性特色資源，如果從符號的角度，就是找出構成地方特有的（尤其是其他地方無法替代的、地方特有的）符號資源。這些內容整理在「天地人」（如其他單元的論述內容）各項中的地方符號以及多重的符號系統及其象徵價值與內容。

這些被地方文化資源盤點出來，構成地方性的符號及其符號系統，就是「共時性」（synchronicity）的符號（在同一個時間與空間中，一起出現具地方性特色的各種地方符號），然後設計在地方空間中如何移動的時間過程（例如：半日遊、一日遊、數日遊等）就成為「歷時性」（diachronique）符號的設計，也就是，觀光遊憩序列設計是符號的歷時程序之設計。

由分布在各個地方且共同構成整體地方性符號的「點」，利用觀光移動的「線」來加以串連，產生地方觀光的「面」，設計出一整套地方符號的體驗過程與體驗系統。這些符號體驗方式，不只是觀看而是體驗，也就是，這些地方符號要以哪一種體驗方式才會獲得的角度，思考進行符號體驗設計，例如：風味餐（味覺）、地方傳統按摩（觸覺）、特殊花香（嗅覺）、民謠（聽覺）、特殊地景（視覺）等，設計體驗的重點還是回到所盤點到的地方文化資本特色。

因此，地方文化觀光其實是地方符號體驗，在做法上首先盤點地方文化資源、分析構成地方性的符號、分析這些符號的體驗方式、進行觀光動線串連等，由點串連成為線，並同時設計體驗符號的方式。所以，包括：需要旅遊時間、費用、參與民眾、環境條件、法規、行銷等一般觀光規劃因素皆須注意，以及如同在其他單元所分析，地方文化觀光需要事先分析與了解地方的承載量，例如：建築物開發規模、觀光人數、活動強度、交通、給排水、垃圾處理、山坡地、環境敏感地區等相關容許量，在地方文化觀光規劃設計時須一併考量。

(三) 問題反思

地方發展觀光將大量外人引入地方、文化朝向商業發展等，具有一定程度的帶動地方經濟、地方創生之效果。觀光帶來人潮、人潮帶來錢潮，但是，在地方上卻一定會出現文化移轉現象，因此，在地方觀光設計同時需要一併評估正面效益與反面副作用。地方觀光的問題不僅帶來環境汙染、交通阻塞、空氣品質下降、大量噪音及垃圾等問題，一般都

是住家與商家等不同社群之爭，然而，更重要值得關心的是地方文化移轉與文化衝擊效應等問題，像是失去地方本質扭曲的發展，或是人與人之間的社會文化關係等等。

所以，需要事先進行地方文化觀光的文化衝擊評估，其評估的層面至少包括：生活、生產、生態、生命等「地方四生」。另外，在此「地方四生」之中還包括了：自然環境、社會人文等兩大層次，例如：自然生態及人文生態的衝擊、自然物種生命及地方社會價值精神的衝擊，在觀光計畫中是否讓更多地方居民一起投入生產、自然環境在觀光生產能提供素材的質與量、居民生活及動植物生存上的永續性等問題。

另外，地方觀光會產生地方文化的移轉，這個移轉是來自於個人微觀逐漸擴大成為宏觀的整體地方移轉，而其中原因之一，是來自於「觀光詮釋」，以「觀光」的視角重新看待並「詮釋」了原有的地方文化。由於詮釋使得觀光這件事產生了意義。詮釋的功能將有效凝聚觀光客的目光，並且建立一個可被消費的框架及注目的對象，而不只是有關視線注目的視窗（視野），就連身體移動的位置、方式、身體的束縛（例如：該有的禮儀、地方觀光警語等）、如何聽或如何品嚐等，都是由詮釋賦予及內容建構而來。

「觀光詮釋」工作具有特定目的及功能性。其目的及功能，簡單說，就是為了賺錢。因為觀光作為商品，如何吸引人（目標是市場對象）前來地方，以及現場體驗時如何精彩難忘，都是依賴事先「先驗」論述的詮釋內容。也就是，透過事先已經設計好的詮釋內容及體驗設計，號召產生興趣並前來的遊客，參考先前所詮釋的內容與體驗設計，進而帶著特定視角親自前來當地展開實際體驗活動。

「觀光詮釋」是由一套生產機制所共同完成。此套機制主要包括：資本家（投資客）、業者（食衣住行等合作廠商）、旅行活動規劃者（旅行社、踩線團等）、媒體（報導）、出版業（書籍、雜誌等）、旅遊專業達人（旅遊作家、名嘴等）、導遊（領隊及地陪等）共同完成。

「觀光詮釋」既然具有資本的目的性，便是逐漸遠離真實而趨近

於物，也就是將地方素材轉變爲商品化的工具性目的。而地方詮釋行動，背後其實是一套權力關係及其運作過程，地方素材透過商品化詮釋所產生的注目感及其內容，由於是權力不對等關係，也會影響非觀光客的當地住民對於該地方素材的角度及方式，而逐漸產生文化移轉，簡單說，就是因爲商業詮釋帶來原有文化產生變質。

另外，透過觀光客的「觀光凝視」也逐漸讓地方文化產生了移轉。Urry, J. and Larsen, J.（2016）認爲「凝視」（gaze）是「觀看的能力是要靠後天學習，而所謂的純潔、無暇的眼睛根本不存在。」（Urry, J. and Larsen, J. 著／黃宛瑜譯，2016：22），因此，觀光客的凝視通常都是符號建構，出遊的觀光客便是涉及符號蒐集行爲及過程，全世界的觀光客宛如是符號學家，而大批的觀光專業人士不斷爲觀光複製生產全新的被凝視對象，提供被凝視的對象中充滿利益競爭，凸顯觀光客的階級、性別及品味（同上：26）。所以，在凝視與被凝視對象之間，雙方都置身於一組有系統、從未間斷的社會關係中，在此關係上必須依靠攝影師、旅遊叢書、旅館業者、旅行社、電視節目、官員、建築師、觀光學者等專業者聯手打造，替參觀者建構魅力景點，所以，觀光客的凝視分成幾大類：教育、健康導向、團體凝聚力、享樂及玩耍、遺產和記憶導向、國家論述（國家推動）（同上：42-43）。

而體驗經濟不在於單純的「服務」，因爲消費者喜歡刺激，服務倘若一成不變，民眾就會很快覺得索然無味。業者應該把自己當成「劇場」，將員工視爲表演者，場所精心規劃營造現場氣氛，喚起顧客情感及在此一段難忘經驗，是召喚情感的角色扮演者及其場所，迪士尼樂園就是此類主題劇場（同上：84-85）。

因此，觀光景點經由再現展演，銘刻了特定「想像的地理」（imaginative geography），有可能轉化成爲書籍、宣傳手冊、明信片、相簿等，並透過這些媒介移動廣爲宣傳，也會形成「媒體朝聖」現象，也包括在電影中呈現的景觀成爲熱門觀光地，是具有潛力的「電影地理」（film geography）新景點，例如：電影《魔戒》。小說、電影、

故事才是造成遊客前往的目的（同上：163-164）。

　　所以，觀光景點其實是被特定的建構論述而成，不僅框架了、聚焦了觀光客應該矚目的範圍及對象，也同時產生了觀光的「先驗性」（先於觀光客前來地方之前），從地方性透過敘述、建構、生產轉爲展演性，加上各種體驗儀式轉爲朝聖的觀光商品。

　　而 Urry, J. and Larsen, J.（2016）進一步認爲觀光也是一種身體化的凝視，觀光客將以五感體驗方式實踐觀光行動與展演自身（同上：256-262）。並且，凝視也是一種社會關係，是一種規訓化的觀光身體、社會化的凝視範圍、景點與遊客相互凝視的社會關係（Urry, J. and Larsen, J. 著／黃宛瑜譯，2016：262-268）。

　　另外，在我們從事觀光活動時，喜歡四處拍照攝影，然而拍照攝影就是觀光客一連串符號體驗與符號蒐集的儀式，尤其是按下快門的那一個瞬間，更是此儀式中的重頭戲與高潮。我們透過各種被設計過的觀光儀式來自身經歷，以達到親臨「現場」的快感樂趣。我們在地方發展文化觀光中，需要進一步深入討論的是，地方將成爲一座提供觀光客凝視以及承載各種被包裝設計過的地方「現場」，在爲了吸引觀光客的展演性質中，許多地方性的「眞實性」其實是被一套商業權力運作的機制給生產而來。

　　至於「現場」的地方性是否眞實存在（或存在過），從不同角度切入地方性的「眞實性」（reality）將會有不同的看法，包括：(1) 實在論（realism）的眞實性：認爲地方有一個獨立於外的理性的、客觀的眞實性。(2) 唯名論（nominalism）的眞實性：認爲現實事物並沒有普遍本質，只有實質的個體是存在的。(3) 建構論（constructivism）的眞實性：認爲眞實性是社會建構而來。(4) 批判論（critical theory）的眞實性：認爲透過批判辯證才能找出眞實性。透過上述這些不同角度分析，都提供我們更深入的思考地方性的眞實性是否眞正存在，以及眞實性存在於地方的重要價值。畢竟一個地方的地方性才是吸引觀光客前來的重要基礎原料，當各地積極導入觀光旅遊作爲地方創生的策略時，要同時留意是否會扭曲在地方上獨特且珍貴的地方性之問題。

參考文獻

中文部分

30 雜誌（2015）。**SOCIAL DESIGN 社會設計的 18 個創新**。搜尋日期：20210516。取自：https://www.gvm.com.tw/article/53209

5% Design Action（2021）。**關於我們**。搜尋日期：20210302。取自：http://5percent-design-action.com/about.php

Altrichter, H., Posch, P., Somekh, B. 著／夏林清及中華民國基層教師協會譯（1997）。**行動研究方法導論　教師動手做研究**。臺北市：遠流。

Andrews, K. 著／池熙璿譯（2013）。社會設計：傳遞社會正面的影響力。Stickdorn, M. and Schneider, J. 編／池熙璿譯。**這就是服務設計思考！基礎概念、工具、實際案例**。頁 88-93。新北市：中國生產力中心。

Angrosino, M. 著／張可婷譯（2009）。**民族誌與觀察研究法**。新北市：韋伯。

Anthony Dunne, A. and Raby, F. 著／洪世民譯（2019）。**推測設計：設計、想像與社會夢想**。臺北市：何樵暐工作室。

Augé, Marc 著／陳文瑤譯（2017）。**非地方：超現代性人類學導論**。臺北市：田園城市。

Bosler, D. 著／謝雯仔譯（2016）。**創意設計的典型．非典型思考：有本事設計，有能力說服，更有創意造反**。臺北市：奇光。

Brown, Tim 著／吳莉君譯（2010）。**設計思考改造世界**。臺北市：聯經。

Carson, Lyn and Hartz-Karp, Janette 著／劉介修、陳逸玲譯（2012）。審議方法的改造與結合：陪審團、民調與論壇。Gastil, John and Levine, Peter 編／劉介修、陳逸玲譯。**審議民主指南：21 世紀公民參與的有效策略**。頁 187-210。臺北市：群學。

Casey, M. J. and Vigna, P. 著／林奕伶譯（2019）。**眞理機器：區塊鏈與數位時代的新憲法**。臺北市：大牌。

Castronova, Edward 著／黃煜文、林麗雪譯（2018）。**虛擬貨幣經濟學：從線上實物、紅利點數、比特幣到支付系統，數十億人都能從中獲利的新興經濟趨勢**。新北市：野人。

Christian Norberg-Schulz 著／施植明譯（2010）。**場所精神：邁向建築現象學**。大陸：華中科技大學。

Clatworthy, S. 著／池熙璿譯（2013）。AT-ONE：和您的消費者合而爲一。

Stickdorn, M. and Schneider, J. 編 / 池熙璠譯。**這就是服務設計思考！基礎概念、工具、實際案例**。頁 136-143。新北市：中國生產力中心。

Clatworthy, S. 著 / 池熙璠譯（2013）。互動設計：將服務視為一連串的互動過程。Stickdorn, M. and Schneider, J. 編 / 池熙璠譯。**這就是服務設計思考！基礎概念、工具、實際案例**。頁 80-86。新北市：中國生產力中心。

Cresswell, T. 著 / 王志弘、徐苔玲譯（2006）。**地方：記憶、想像與認同**。臺北市：群學。

Crosby, Ned and Nethercut 著 / 劉介修、陳逸玲譯（2012）。公民陪審團：產生值得信賴的人民之聲。Gastil, John and Levine, Peter 編 / 劉介修、陳逸玲譯。**審議民主指南：21 世紀公民參與的有效策略**。頁 177-186。臺北市：群學。

Dewey, John 著 / 高建平譯（2019）。**藝術即經驗**。臺北市：五南。

Dijk, G. V., Raijmakers, B. and Kelly, L. 著 / 池熙璠譯（2013）。這是一個工具箱，不是一本操作手冊。Stickdorn, M. and Schneider, J. 編 / 池熙璠譯。**這就是服務設計思考！基礎概念、工具、實際案例**。頁 148-213。新北市：中國生產力中心。

Fearon, James D. 著 / 李宗義、許雅淑譯（2010）。討論即審議。Elster, Jon 編 / 李宗義、許雅淑譯。**審議民主**。頁 63-94。臺北市：群學。

Filippi, P. D. and Wright, A. 著 / 王延川譯（2019）。**區塊鏈與法律：程式碼之治**。臺北市：元照。

Fishkin, James and Farrar, Cynthia 著 / 劉介修、陳逸玲譯（2012）。審議式民調——從實驗到社區資源。Gastil, John and Levine, Peter 編 / 劉介修、陳逸玲譯。**審議民主指南：21 世紀公民參與的有效策略**。頁 129-142。臺北市：群學。

Foucault, M. 著 / 莫偉民譯（2016）。**詞與物：人文科學的考古學**。上海：上海三聯書店。

Gastil, John and Levine, Peter 著 / 劉介修、陳逸玲譯（2012）。（有時）大家愛交換意見的國家：美國公共審議簡史。Gastil, John and Levine, Peter 編 / 劉介修、陳逸玲譯。**審議民主指南：21 世紀公民參與的有效策略**。頁 53-72。臺北市：群學。

Gray, A. 著 / 許夢芸譯（2007）。**文化研究：民族誌方法與生活文化**。新北市：韋伯。

Groys, Boris 著 / 郭昭蘭、劉文坤譯（2015）。**藝術力**。臺北市：藝術家。

Henri , Robert 著 / 陳琇玲譯（2017）。**藝術精神**。臺北市：大牌。

Hodges, Felice 等著 / 李玉龍、張建民譯（1995）。**新設計史**。臺北市：六合。

Kuang, Cliff and Fabricant, Robert 著／趙盛慈譯（2020）。**我們的行為是怎樣被設計的：友善設計如何改變人類的娛樂、生活與工作方式**。臺北市：大塊。

Kumar, K. 著／張書華譯（2013）。**打造不敗的創新方案：101 項設計思考法則**。臺北市：松崗。

La Vie 編輯部（2010）。**慢城**。臺北市：麥浩斯。

Laseau, P. 著／邱賢豐譯（1990）。**圖解思考：供建築師和設計師應用**。臺北市：博遠。

Leifer, L., Lewrick, M. and Link, P. 著／周宜芳譯（2019）。**設計思考全攻略：概念 X 流程 X 工具 X 團隊，史丹佛最受歡迎的商業設計課一次就上手**。臺北市：天下。

Lin, Hung（2018）。**有機農業的疆界：水耕與魚菜共生的定義之爭**。搜尋日期：20210201。取自：https://medium.com/@hung.c.lin/%E6%9C%89%E6%A9%9F%E8%BE%B2%E6%A5%AD%E7%9A%84%E7%96%86%E7%95%8C-%E6%B0%B4%E8%80%95%E8%88%87%E9%AD%9A%E8%8F%9C%E5%85%B1%E7%94%9F%E7%9A%84%E5-%AE%9A%E7%BE%A9%E4%B9%8B%E7%88%AD-e2c21c08c6c2

Lupton, E. 著／林育如譯（2012）。**圖解設計思考：好設計，原來是這樣「想」出來的！**臺北市：商周。

Lupton, Ellen 著／林育如譯（2015）。**圖解設計思考 2：進擊的使用者**。臺北市：商周。

Lyotard, Jean-Francois 著／車槿山譯（2019）。**後現代狀態**。臺北市：五南。

Marc Augé 著／陳文瑤譯（2017）。**非地方：超現代性人類學導論**。臺北市：田園城市。

Martin, R. 著／李仰淳、林麗冠譯（2011）。**設計思考就是這麼回事！**臺北市：天下。

Molotch, Harvey 著／李屹譯（2018）。**東西的誕生：談日常小物的社會設計**。新北市：群學。

Munari , Bruno 著／吳煒聲譯（2020）。**設計做為藝術：當代藝術大師布魯諾‧莫那利，半世紀不墜的設計論經典**。臺北市：臉譜。

Norman, Donald A. 著／陳宜秀譯（2014）。**設計的心理學：人性化的產品設計如何改變世界**。臺北市：遠流。

Papanek, Victor 著／楊路譯（2013）。**為真實世界設計：人類生態與社會變遷**。臺北市：五南。

Pat, B. Allen 著／江孟蓉譯（2013）。**療癒，從創作開始：藝術治療的內在旅程**。臺北市：張老師。

Pater, Ruben 著／蔡伊斐譯（2017）。**設計政治學：視覺影像背後的政治意義、文化背景與全球趨勢**。臺北市：麥浩斯。

Pentland, Alex 著／許瑞宋譯（2014）。**數位麵包屑裡的各種好主意：社會物理學——剖析意念傳播方式的新科學**。臺北市：大塊。

Rappaport, Laury 著／吳明富、陳雪均、江佳芸譯（2018）。**正念與各類型藝術治療：理論與實務**。臺北市：心理。

Raworth, K.（2017）。**《大富翁》遊戲初衷是想證明資本主義邪惡**。搜尋日期：20210129。取自：https://www.bbc.com/ukchina/trad/vert-cap-41087496

Rowe, Peter G. 著／王昭仁譯（1999）。**設計思考**。臺北市：建築情報雜誌社。

Rubin, Judith Aron 著／陸雅青等譯（2019）。**藝術治療取向大全：理論與技術**。新北市：心理。

Schafer, R. M. 著／趙盛慈譯（2017）。**聽見聲音的地景：100 種聆聽與聲音創造的練習**。臺北市：大塊。

Scully, Patrick L. and McCoy, Martha L. 著／劉介修、陳逸玲譯（2012）。學習圈：地方審議爲審議民主之基石。Gastil, John and Levine, Peter 編／劉介修、陳逸玲譯。**審議民主指南：21 世紀公民參與的有效策略**。頁 275-292。臺北市：群學。

Sellers, Michael 著／孫豪廷譯（2019）。**進階遊戲設計：系統性的遊戲設計方法**。臺北市：碁峰。

Sim Van Der Ryn and Cowan, Stuart 著／徐文慧、翁萊恩譯（2002）。**生態設計思考邏輯：一種整合的且負有生態義務的設計規則**。臺北市：地景。

Skolos N. and Wedell, T. 著／林育如譯（2014）。**圖解設計行爲：做設計，原來有這麼多的可能！**臺北市：商周。

Smith, Melanie K. 著／劉以德譯（2014）。**文化觀光學**。臺北市：桂魯。

Stickdorn, M. and Schneider, J. 著／池熙璿譯（2013）。設計背後的設計。Stickdorn, M. and Schneider, J. 編／池熙璿。**這就是服務設計思考！基礎概念、工具、實際案例**。頁 14-19。新北市：中國生產力中心。

Stickdorn, M. 著／池熙璿譯（2013）。什麼是服務設計。Stickdorn, M. and Schneider, J. 編／池熙璿譯。**這就是服務設計思考！基礎概念、工具、實際案例**。頁 28-53。新北市：中國生產力中心。

Strauss, A. and Corbin, J. 著／吳芝儀、廖梅花譯（2001）。**質性研究入門：紮根理論研究方法**。嘉義市：濤石。

Turner, Tammy 著／徐嘉君譯（2016）。Food forest 食物森林。**林業研究專訊**，**23**(2)，頁 1-14。

Urry, J. and Larsen, J. 著／黃宛瑜譯（2016）。**觀光客的凝視3.0**。臺北市：書林。

Verganti, Roberto 著 / 呂奕欣譯（2011）。**設計力創新**。臺北市：馬可孛羅。

Wade（2018）。**社區貨幣：一種保護與促進在地經濟的方式**。搜尋日期：
　　20210119。取自：https://blockcast.it/2018/04/14/community-currency-
　　blockchain/。

Whiteley, N. 著 / 游萬來等譯（2014）。**為社會而設計**。臺北市：聯經。

Wildevuur, S. et al. 著 / 顏志翔譯（2016）。**創造連結：用設計創造有同理心的
　　社會**。臺北市：遠流。

Zeisel, John 著 / 關華山譯（1996）。**研究與設計：環境行為研究的工具**。臺北
　　市：田園城市。

九野秀二 / 蕭志強等譯（2016）。多國籍農業綜合企業──對農業、糧食、種子
　　的支配。桝潟俊子等編 / 蕭志強等譯。**食農社會學：從生命與地方的角度
　　出發**。頁 51-90。臺北市：開學。

大塚雄介著 / 正正譯（2018）。**非知不可！區塊鏈與虛擬貨幣的經濟大革新：日
　　本最大虛擬貨幣交易所營運長帶你從五大面瞭解區塊鏈、搞懂虛擬貨幣投
　　資！**臺北市：遠流。

山崎亮著 / 莊雅琇譯（2015）。**社區設計：重新思考「社區」定義，不只設計空
　　間，更要設計「人與人之間的連結」**。臺北市：臉譜。

山崎亮著 / 莊雅琇譯（2018）。**社區設計的時代：用「不造物的設計」概念打造
　　二十一世紀理想社會，全面探究社區設計的工作奧義、設計總體方針，以
　　及如何與社群團體培養合作默契**。臺北市：臉譜。

中文百科知識（2022）。**包子〔中國傳統食品〕**。搜尋日期：20220402。取自：
　　https://www.easyatm.com.tw/wiki/%E5%8C%85%E5%AD%90

中橋惠著 / 林詠純譯（2018）。義大利的村莊與聚落；分散型旅館是廢村危機的
　　救世主。松永安光、德田光弘編 / 林詠純譯。**地方創生最前線：全球 8 個
　　靠新創企業、觀光食文化，和里山永續打開新路的實驗基地**。頁 53-84。
　　臺北市：行人。

井上明人著 / 連宜萍譯（2013）。**從思考、設計到行銷，都要玩遊戲！
　　Gamification 遊戲化的時代**。臺北市：時報。

木下齊著 / 林書嫻譯（2018a）。**地方創生戰鬥論：地區營造從活動到事業必備
　　的思考、實踐、技巧！**臺北市：行人。

木下齊著 / 張佩瑩譯（2018b）。**地方創生：觀光、特產、地方品牌的 28 則生存
　　智慧（地方創生大全）**。新北市：不二家。

王志強等（2011）。**走進西拉雅：民族植物手冊**。臺南市：交通部觀光局西拉雅
　　國家風景區管管理處。

王秀絨（2016）。**藝術治療理論與實務**。臺北市：洪葉。

史然（2000）。**藝術**。香港：三聯。

市來廣一郎著／張雲清譯（2019）。**熱海重生：地方創生的典範**。臺北市：天下。

田篭照博（2018）。**區塊鏈智慧合約開發與安全防護實作**。臺北市：旗標。

田麗卿（2016）。**無貨幣新生活**。搜尋日期：20210119。取自：https://yiri.com.
　　tw/category/yiri-living/73-%E7%84%A1%E8%B2%A8%E5%B9%A3%E6%9
　　6%B0%E7%94%9F%E6%B4%BB

江慧儀（2017）。**向大自然學設計──食物森林的營造筆記**。搜尋日期：
　　20210414。取自：https://www.agriharvest.tw/archives/16721

池文傑（2021）。**臺灣的候鳥**。搜尋日期：20210414。取自：https://www.ntsec.
　　edu.tw/LiveSupply-Content.aspx?a=6829&fld=&key=&isd=1&icop=10&p=1
　　&lsid=6928

自由空間教育基金會─FUDE（2017）。**高齡化社會需要「通用設計」，七原則
　　讓你活得老、住得好！**搜尋日期：20200104。取自：https://www.ilong-
　　termcare.com/Article/Detail/857

行政院國家發展委員會（2019）。**地方創生國家戰略計畫**。搜尋日期：
　　20210531。取自：https://colab.ngis.org.tw/lflt/docs/02-%E5%9C%B0%E6%
　　96%B9%E5%89%B5%E7%94%9F%E5%9C%8B%E5%AE%B6%E6%88%B
　　0%E7%95%A5%E8%A8%88%E7%95%AB%E7%B0%A1%E5%A0%B1(%E
　　8%A1%8C%E6%94%BF%E9%99%A21080103%E6%A0%B8%E5%AE%9A
　　%E7%89%88)v1(+%E6%B5%AE%E6%B0%B4%E5%8D%B0).pdf

行政院環境保護署（2021）。**生態綠化種植原生或誘鳥誘蝶植栽**。搜尋日
　　期：20210414。取自：https://lcss.epa.gov.tw/LcssViewPage/Responsive/
　　PrjDetail.aspx?WikiPrjMain_Id=A2D4445C1C6AED05

辻信一著／田園譯（2014）。**慢，理想的生活提案：慢食、慢城、慢設計、慢科
　　學、慢經濟、慢生態，慢得剛剛好的生活**。臺北市：果力。

吳明富、徐玟玲（2016）。**藝術治療工作坊：媒材應用與創作指引**。臺北市：洪
　　葉。

吳壽鶴等（2018）。**比特幣 out、以太坊 in：超越交易實作區塊鏈技術**。臺北市：
　　佳魁資訊。

李光中（2018）。**里山倡議的核心概念、推動架構和實踐案例**。搜尋日期：
　　20200224。取自：http://mindlife.dila.edu.tw/custom_files/106/MLEF-
　　Book-3-5.pdf

李光中、呂宜瑾（2012）。**里山倡議的核心概念與國際發展現況**。搜尋日期：
　　20200224。取自：https://e-info.org.tw/node/78570

李沂霖（2017）。**全球社區貨幣風潮：「自己的貨幣自己印」，擺脫被資本主**

義蠶食鯨吞的命運。搜尋日期：20210119。取自：https://www.seinsights.asia/specialfeature/5065/5092

杜聲峰（1989）。**拉康結構主義精神分析學**。臺北市：遠流。

周怡君（2020）。**食物森林種出 7 種可食作物？食農教育教孩子從零到一的實驗精神**。搜尋日期：20210414。取自：https://www.foodnext.net/life/education/paper/5593540270

孟磊、江慧儀（2011）。**向大自然學設計：樸門 Permaculture・啟發綠生活的無限可能**。臺北市：新自然主義。

岩佐十良著／鄭舜瓏譯（2018）。**地方創生 X 設計思考：「里山十帖」實戰篇**。臺北市：中衛發展中心。

松永安光著／林詠純譯（2018）。新創企業在邊陲誕生。松永安光、德田光弘編／林詠純譯。**地方創生最前線：全球 8 個靠新創企業、觀光食文化，和里山永續打開新路的實驗基地**。頁 19-32。臺北市：行人。

松尾眞一郎等著／何蟬秀譯（2019）。**區塊鏈技術的未解決問題**。臺北市：五南。

林祐聖（2019）。第三章審議模式的挑戰。**審議民主實作手冊**。頁 16-25。搜尋日期：20210302。取自：https://themefile.culture.tw/file/2020-08-12/f0b381e8-df38-4050-8c3d-5e53694acf81/%E5%AF%A9%E8%AD%B0%E6%B0%91%E4%B8%BB%E6%89%8B%E5%86%8A%20%E6%9D%8E%E6%B0%B8%E5%BE%97.pdf

林務局（2019a）。**TPSI 緣起**。搜尋日期：20210410。取自：https://conservation.forest.gov.tw/0002062

林務局（2019b）。**臺灣推動里山倡議的機會和問題分析**。搜尋日期：20200224。取自：https://conservation.forest.gov.tw/0002058

林崇宏（2007）。**設計基礎原理：造型與構成的創意思考**。新北市：全華。

林崇宏（2010）。**設計概論：新設計理論與基礎的思考方法**。新北市：全華。

林銘煌（2015）。**設計史與設計思潮**。新北市：全華。

林憲德（2009）。**誘鳥誘蝶植栽參考表**。搜尋日期：20210414。取自：http://treewalker-arborist.blogspot.com/2017/09/2009_27.html

社企流（2017）。**「把丟垃圾變成一場球賽」：荷蘭創意長椅，讓「清理街道」成為路人想參與的遊戲**。搜尋日期：20210516。取自：https://www.mydesy.com/wouter-vastenow

金門縣政府（2018）。**慢城運動是金門永續發展的價值**。搜尋日期：20210423。取自：https://www.kinmen.gov.tw/News_Content2.aspx?n=98E3CA7358C89100&sms=BF7D6D478B935644&s=94164BC4A3775B62&Create=1

青木辰司／蕭志強等譯（2016）。都市與農村交流。桝潟俊子等編／蕭志強等

　　　　譯。**食農社會學：從生命與地方的角度出發**。頁 319-344。臺北市：開學。

侯錦雄（2005）。土地適宜性。黃世孟（主編）。**基地規劃導論**。頁 295-322。
　　　　臺北市：建築學會。

城田魚菜共生健康農場（2021）。**認識魚菜共生**。搜尋日期：20210417。取自：
　　　　https://www.myfarm.com.tw/about_6.htm

胡昭民、吳燦銘（2010）。**遊戲設計概論**。新北市：博碩。

范聖璽（2009）。**行為與認知的設計：設計的人性化**。北京：中國電力。

原田泰著／許郁文譯（2012）。**創意設計的基礎訓練：100% 思考圖解力**。臺北
　　　　市：旗標科技。

宮部浩幸著／林詠純譯（2018）。里斯本、波爾圖、山賊村：充滿公共精神的小
　　　　型民間事業及政府的合作。松永安光、德田光弘編／林詠純譯。**地方創生
　　　　最前線：全球 8 個靠新創企業、觀光食文化，和里山永續打開新路的實驗
　　　　基地**。頁 105-132。臺北市：行人。

徐宗國（1997）。紮根理論研究法。**質性研究**。臺北市：巨流。

徐嘉君（2019）。**少即是多、慢即是快──大農大富食物森林的生態哲學體會**。
　　　　搜尋日期：20210414。取自：https://e-info.org.tw/node/220466

徐磊青、楊公俠（2002）。**環境心理學**。上海：同濟大學。

桝潟俊子／蕭志強等譯（2016）。食農在地化。桝潟俊子等編／蕭志強等譯。**食
　　　　農社會學：從生命與地方的角度出發**。頁 205-232。臺北市：開學。

神尾文彥、松林一裕著／王榆琮譯（2018）。**地方創生 2.0**。臺北市：時報。

耿一偉（2014）。**故事創作 Tips：32 堂創意課**。臺北市：書林。

財團法人梧桐環境整合基金會（2019）。**Together we grow－食物森林由西雅圖
　　　　落地新竹的奇幻旅程**。搜尋日期：20210414。取自：https://eyesonplace.
　　　　net/2019/09/27/12662/

國際慢食台灣分會（2021）。**我們做什麼**。搜尋日期：20210422。取自：https://
　　　　www.slowfood.com.tw/what-we-do.html

梁玉芳（2009）。**「花幣」台灣首見社區自印貨幣**。搜尋日期：20210119。取自：
　　　　https://www.coolloud.org.tw/node/36789

莊溪（2014）。**台灣蝴蝶食草與蜜源植物**。搜尋日期：20210414。取自：http://
　　　　kplant.biodiv.tw/0%E8%9D%B4%E8%9D%B6%E9%A3%9F%E8%8D%89/
　　　　%E5%8F%B0%E7%81%A3%E8%9D%B4%E8%9D%B6%E9%A3%9F%E8
　　　　%8D%89%E8%88%87%E8%9C%9C%E6%BA%90%E6%A4%8D%E7%89
　　　　%A9-%E4%BE%9D%E5%AD%B8%E5%90%8D.htm

設計趨勢（2017）。**社會設計：當世界不夠理想，設計就是必須！5 個社會設計
　　　　案例**。搜尋日期：20210516。取自：https://reddottaipei.com/2017/02/09/

csr_design/

許庭榮、彭冠今（2018）。**創富區塊鏈：從比特幣到 FinTech 即將改變世界商業規則的科技新趨勢**。臺北市：布克。

許榮哲（2019a）。**故事課 2：99% 有效的故事行銷，創造品牌力**。臺北市：遠流。

許榮哲（2019b）。**故事課 1：3 分鐘說 18 萬個故事，打造影響力**。臺北市：遠流。

陳孝榮、孫怡、陳嘩（2019）。**加密金融新格局：以太坊區塊鍊交易實作**。臺北市：佳魁資訊。

陳明鴻、謝定宇（2021）。**發生重大災害怎麼辦？探討都市防災**。搜尋日期：20210416。取自：https://aa39998.wixsite.com/letsnewsmedia/0811

陳南耘（2014）。**史上最重要的 10 個社會創新**。搜尋日期：20210126。取自：https://www.seinsights.asia/news/131/1972

陸雅青（2016）。**藝術治療**。臺北市：心理。

曾令懷（2020）。**「文化路徑」是什麼？它又能為觀光帶來什麼不一樣的思考？**搜尋日期：20210525。取自：https://www.thenewslens.com/article/144211

曾肅良（2016）。**藝術概論**。新北市：三藝。

須田文明／蕭志強等譯（2016）。地方品牌──針對兩個本真性。桝潟俊子等編／蕭志強等譯。**食農社會學：從生命與地方的角度出發**。頁 91-116。臺北市：開學。

黃昱珽（2017）。**禮物公民：從創新到反思**。搜尋日期：20210127。取自：https://communitytaiwan.moc.gov.tw/Item/Detail/%E7%A6%AE%E7%89%A9%E5%85%AC%E6%B0%91%EF%BC%9A%E5%BE%9E%E5%89%B5%E6%96%B0%E5%88%B0%E5%8F%8D%E6%80%9D

黃郁芸（2019）。**社區貨幣經濟大不易，蘭嶼達悟幣花了一年終於正式發行**。搜尋日期：20210119。取自：https://www.ithome.com.tw/news/130015

葉欣怡（2019）。第一章導言。**審議民主實作手冊**。頁 6-8。搜尋日期：20210302。取自：https://themefile.culture.tw/file/2020-08-12/f0b381e8-df38-4050-8c3d-5e53694acf81/%E5%AF%A9%E8%AD%B0%E6%B0%91%E4%B8%BB%E6%89%8B%E5%86%8A%20%E6%9D%8E%E6%B0%B8%E5%BE%97.pdf

梅原眞著／陳令嫻譯（2021）。**設計好味道**。臺北市：行人。

董超（2018）。**區塊鏈比你想的還簡單：重新定義錢的概念**。臺北市：佳魁數位。

廖世璋（2011）。**文化創意產業**。新北市：巨流。

廖世璋（2012）。**都市設計應用理論與設計原理**。臺北市：詹氏。

廖世璋（2016）。**地方文化產業研究**。高雄市：巨流。

廖世璋（2018）。**知識因：知識演化論（知識社會學）**。臺北市：五南。

臺灣國家公園數位典藏網線上特展（2020）。**候鳥棲息地**。搜尋日期：
　　20210414。取自：https://npda.cpami.gov.tw/exhibition/theme/1/introduction
臺灣設計研究院（2020）。**萌芽中的「防災設計」台日合作帶來全新設計觀點**。
　　搜尋日期：20210516。取自：https://www.tdri.org.tw/25375/
趙其剛（2018）。**區塊鏈2.0：以太坊應用開發指南**。中國：人民郵電出版社。
輕旅行（2019）。**小鎮漫遊，享受生活！2019到全台四個國際慢城放慢旅行步
　　調**。搜尋日期：20210423。取自：https://blog.tripbaa.com/2019-taiwan-
　　town/
增田寬也著／賴庭筠譯（2019）。**地方消滅：地方創生的理論起源地方消滅**。臺
　　北市：行人。
滕瀚（2017）。**環境心理和行為研究**。北京：經濟管理。
潘建志（2020）。**原住民的花花世界──細說部落神話**。搜尋日期：20210527。
　　取自：https://www.chinatimes.com/newspapers/20200316000605-
　　260107?chdtv
潘富俊（2014）。**福爾摩沙植物記：101種台灣植物文化圖鑑＆27則台灣植物
　　文化議題**。臺北市：遠流。
蔡培慧、台灣農村陣線、香港社區夥伴（2015）。**巷仔口的農藝復興！社區協力
　　農業，開創以農為本的美好生活**。臺北市：果力。
鄧國勝（2013）。**社會創新案例精選**。上海：社會科學文獻。
鄭漢文、呂勝由（2000）。**蘭嶼島雅美民族植物**。臺北市：地景。
鍾明哲、楊智凱（2012）。**台灣民族植物圖鑑**。臺中市：晨星。
藻谷浩介、NHK廣島採訪小組著／林宜佳譯（2016）。**里山資本主義：不做資
　　本主義的奴隸，做里山的主人**。臺北市：天下。

英文部分

Bjögvinsson, Erling; Ehn, Pelle; Hillgren, Per-Anders (2019). Design Things
　　and Design Thinking: Contemporary Participatory Design Challenges. In
　　Resnick, Elizabeth (Ed.), *The Social Design Reader* (pp.311-352). New York:
　　Bloomsbury Visual Arts.
Buchanan, Richard (2019). Wicked Problems in Design Thinking. In Resnick,
　　Elizabeth (Ed.), *The Social Design Reader* (pp.117-136). New York:
　　Bloomsbury Visual Arts.
Cannon, P. F. (2011). *Louis Sullivan: Creating a New American Architecture*.

Portland: Pomegranate Communications.

Derrida, Jacques (1982). *Margins of Philosophy*. Chicago and London: University of Chicago Press.

Dilnot, Clive (2019). Design As a Socially Significant Activity. In Resnick, Elizabeth (Ed.), *The Social Design Reader* (pp.63-72). New York: Bloomsbury Visual Arts.

Garfinkel, H. (1967). S*tudies of Ethnomethodology*. New Jersey: Prentice-Hall.

International Movement for the Defense of and the Right to Pleasure (1989). *SLOW FOOD MANIFESTO*. https://slowfood.com/filemanager/Convivium%20 Leader%20Area/Manifesto_ENG.pdf

Irwin, Terry (2019). The Emerging Transition Design Approach. In Resnick, Elizabeth (Ed.), *The Social Design Reader* (pp.431-454). New York: Bloomsbury Visual Arts.

Julier, Guy (2019). From Design Culture to Design Activism. In Resnick, Elizabeth (Ed.), *The Social Design Reader* (pp.327-344). New York: Bloomsbury Visual Arts.

Kimbell, Lucy (2019). Rethinking Design Thinking, Part I. In Resnick, Elizabeth (Ed.), *The Social Design Reader* (pp.277-293). New York: Bloomsbury Visual Arts.

Lynch, K. (1960). *The Image of the City*. Cambridge Mass: The MIT Press.

Mantilla, Andrés (2021). *P-Patch Community Gardening*. 20210414. http://www.seattle.gov/neighborhoods/programs-and-services/p-patch-community-gardening

Manzini, Ezio (2019). Social innovation and design: Enabling, replicating and synergizing. In Resnick, Elizabeth (Ed.), *The Social Design Reader* (pp.403-416). New York: Bloomsbury Visual Arts.

Margolin, Victor (2019). Social Design: From Utopia to the Good Society. In Resnick, Elizabeth (Ed.), *The Social Design Reader* (pp.17-30). New York: Bloomsbury Visual Arts.

Margolin, Victor and Margolin, Sylvia (2019). A "Social Model" of Design: Issues of Practice and Research. In Resnick, Elizabeth (Ed.), *The Social Design Reader* (pp.201-208). New York: Bloomsbury Visual Arts.

McCoy, Katherine (2019). Good Citizenship: Design as a Social and Political Force. In Resnick, Elizabeth (Ed.), *The Social Design Reader* (pp.137-144). New York: Bloomsbury Visual Arts.

Museum fur Gestaltung Zurich (Eds.) (2018). *Social Design—Practicipation and empowerment*. Germany: Lars Muller Publishers.

Resnick, Elizabeth (2019). Introdution. In Resnick, Elizabeth (Ed.), *The Social Design Reader* (pp.3-8). New York: Bloomsbury Visual Arts.

Sachs, Angeli and Banz, Claudia and Krohn, Michael (2018). *Social Design* (English) Paperback. Zurich: Lars Müller Publishers, Museum für Gestaltung Zürich.

Sangiorgi, Daniela (2019). Transformative Services and Transformation Design. In Resnick, Elizabeth (Ed.), *The Social Design Reader* (pp.257-276). New York: Bloomsbury Visual Arts.

Thorpe, Ann (2019). Design's Role in Sustainable Consumption. In Resnick, Elizabeth (Ed.), *The Social Design Reader* (pp.241-256). New York: Bloomsbury Visual Arts.

Tonkinwise, Cameron (2019). Is Social Design A Thing? In Resnick, Elizabeth (Ed.), *The Social Design Reader* (pp.9-16). New York: Bloomsbury Visual Arts.

Toorn, Jan van (2019). Design and Reflexivity. In Resnick, Elizabeth (Ed.), *The Social Design Reader* (pp.175-178). New York: Bloomsbury Visual Arts.

Tuan, Yi-Fu (1977). *Space and Place: The Perspective of Experience*. 20210206. https://www.semanticscholar.org/paper/Space-and-Place%3A-The-Perspective-of-Experience.-Grantham-Tuan/43f8eab260c12f85ad51e23019947d90ed01f236

UNU-IAS (2010). *Biodiversity and Livelihoods: the Satoyama Initiative Concept in Practice*. Institute of Advanced Studies of the United Nations University and Ministry of Environment of Japan.

Warka Water (2020). *EVERY DROP COUNTS*. 20210311. https://www.warkawater.org/

國家圖書館出版品預行編目資料

社會設計：理論與方法＝Social Design:
Theory and Method／廖世璋著. ——初
版.——臺北市：五南圖書出版股份有限公
司, 2022.10
　面；　公分
ISBN 978-626-343-382-3（平裝）

1.CST: 社會學 2.CST: 論述分析

540　　　　　　　　　　111014761

1JOX

社會設計：理論與方法
(Social Design: Theory and Method)

作　　者— 廖世璋（334.11）

發 行 人— 楊榮川

總 經 理— 楊士清

總 編 輯— 楊秀麗

副總編輯— 陳念祖

責任編輯— 黃淑真、李敏華

封面設計— 姚孝慈

出 版 者— 五南圖書出版股份有限公司

地　　址：106臺北市大安區和平東路二段339號4樓

電　　話：(02)2705-5066　　傳　　真：(02)2706-6100

網　　址：https://www.wunan.com.tw

電子郵件：wunan@wunan.com.tw

劃撥帳號：01068953

戶　　名：五南圖書出版股份有限公司

法律顧問　林勝安律師事務所　林勝安律師

出版日期　2022年10月初版一刷

定　　價　新臺幣420元

經典永恆 · 名著常在

五十週年的獻禮——經典名著文庫

五南，五十年了，半個世紀，人生旅程的一大半，走過來了。

思索著，邁向百年的未來歷程，能為知識界、文化學術界作些什麼？

在速食文化的生態下，有什麼值得讓人儁永品味的？

歷代經典 · 當今名著，經過時間的洗禮，千錘百鍊，流傳至今，光芒耀人；

不僅使我們能領悟前人的智慧，同時也增深加廣我們思考的深度與視野。

我們決心投入巨資，有計畫的系統梳選，成立「經典名著文庫」，

希望收入古今中外思想性的、充滿睿智與獨見的經典、名著。

這是一項理想性的、永續性的巨大出版工程。

不在意讀者的眾寡，只考慮它的學術價值，力求完整展現先哲思想的軌跡；

為知識界開啟一片智慧之窗，營造一座百花綻放的世界文明公園，

任君遨遊、取菁吸蜜、嘉惠學子！